L'ART DANS LA MAISON

★

Cet ouvrage a été honoré d'une Souscription du Ministère de l'Instruction Publique et des Beaux-Arts et d'une Souscription du Conseil municipal de Paris. Il a été adopté comme Livre de Prix par l'Administration des Beaux-Arts pour les Écoles Nationales de dessin, et comme Prix d'Excellence par la Ville pour ses Écoles Primaires et Supérieures.

L'ART

DANS

LA MAISON

(GRAMMAIRE DE L'AMEUBLEMENT)

PAR

HENRY HAVARD

Nouvelle Édition, Revue, Corrigée et Illustrée de 260 Gravures

PAR

CORROYER, E. PRIGNOT, CH. GOUTZWILLER,
FAVIER, KAUFFMANN, P. LAURENT, H. TOUSSAINT, ETC.

TOME PREMIER

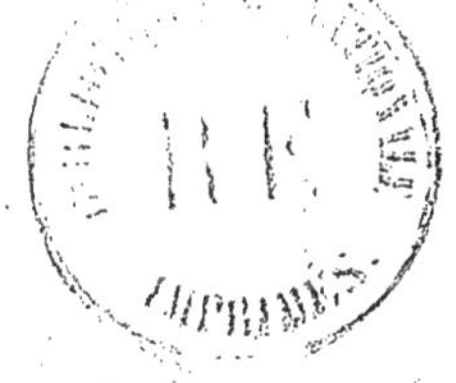

PARIS

EDOUARD ROUVEYRE, ÉDITEUR

45, RUE JACOB, 45

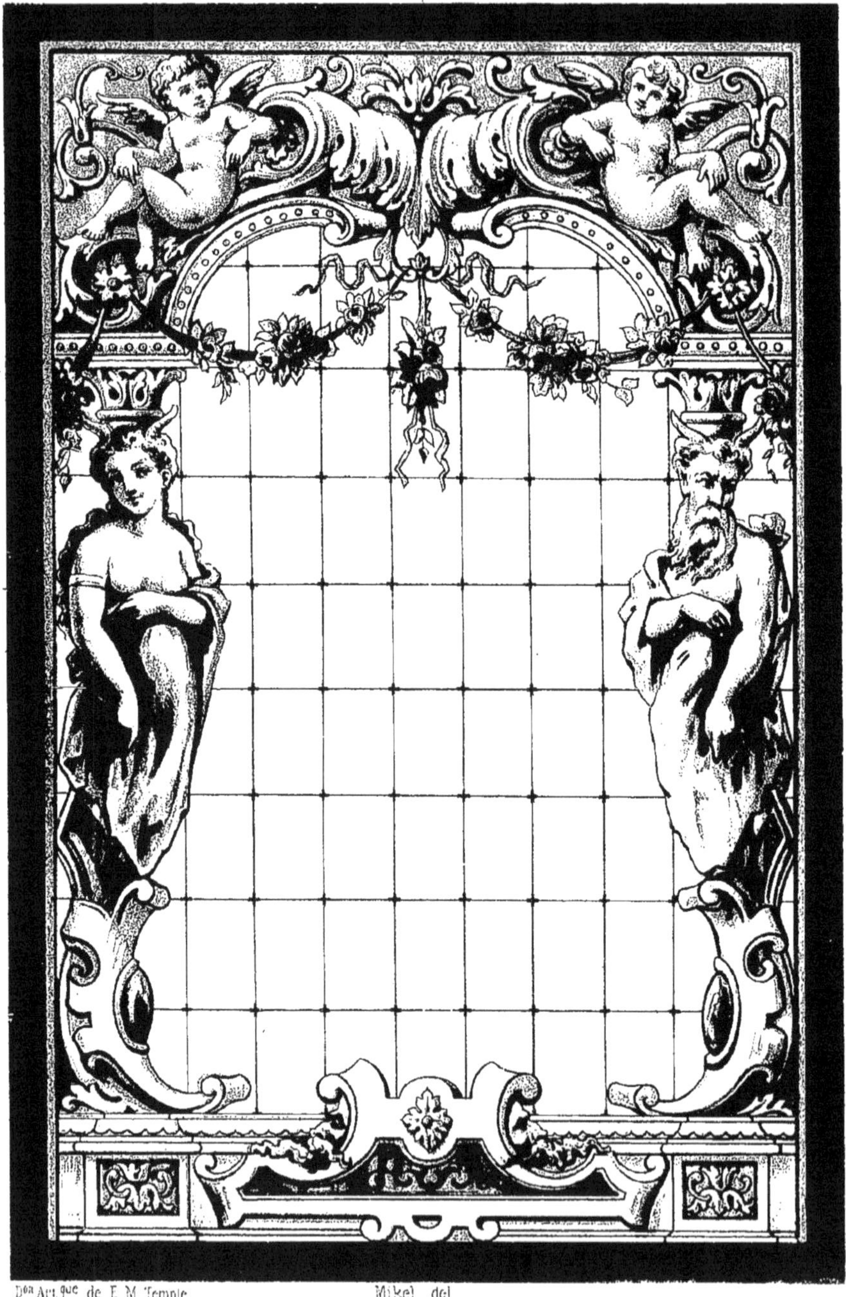

VITRAIL DE STYLE ÉPOQUE LOUIS XIII

Exécuté par Mᵖ Mikel

AVERTISSEMENT DE L'ÉDITEUR

*L*E succès *persistant* de L'Art dans la Maison *prouve,
mieux que tous les éloges qu'on en pourrait faire,
de quelle utilité est ce beau livre, guide indispensable de tous ceux qui souhaitent d'être convenablement logés
et meublés avec goût.*

*Cinq éditions, qui se sont succédé à de rapides intervalles,
ont montré, en effet, que le public ne se lassait pas de consulter et de lire avec fruit ce précieux travail. C'est pourquoi,
bien que cette vogue légitime ne se soit pas encore ralentie,
nous nous décidons à satisfaire, aujourd'hui, un désir maintes
fois exprimé par un grand nombre de nos correspondants
en donnant de L'Art dans la Maison une édition en plus petit
format et d'un prix moindre.*

*C'est, en effet, le moyen de faire pénétrer cet utile ouvrage
dans des mains nouvelles, de le rendre accessible à tout un
public de travailleurs, qui jusque-là n'avaient pu l'acquérir,
alors que son format réduit et sa division en deux volumes;
en le rendant plus maniable, en feront un vrai livre de travail*

vlus aisé à emporter avec soi, et par conséquent d'une consultation plus facile.

Nous croyons inutile d'ajouter que nous avons fait tous nos efforts pour que cette-nouvelle édition, malgré son prix relativement modeste, soit aussi parfaite que ses aînées. Entièrement recomposée en caractères neufs, elle a été revue avec soin par l'auteur. Aussi sommes-nous en droit d'espérer qu'elle nous vaudra les mêmes compliments que les éditions antérieures, et qu'elle recevra de la vresse et du vublic un non moins chaleureux accueil.

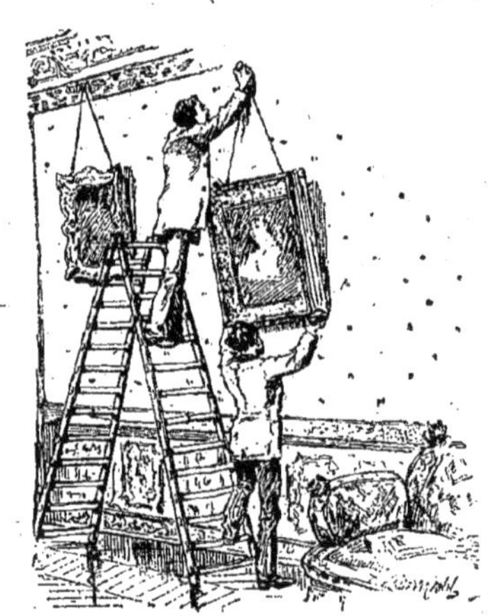

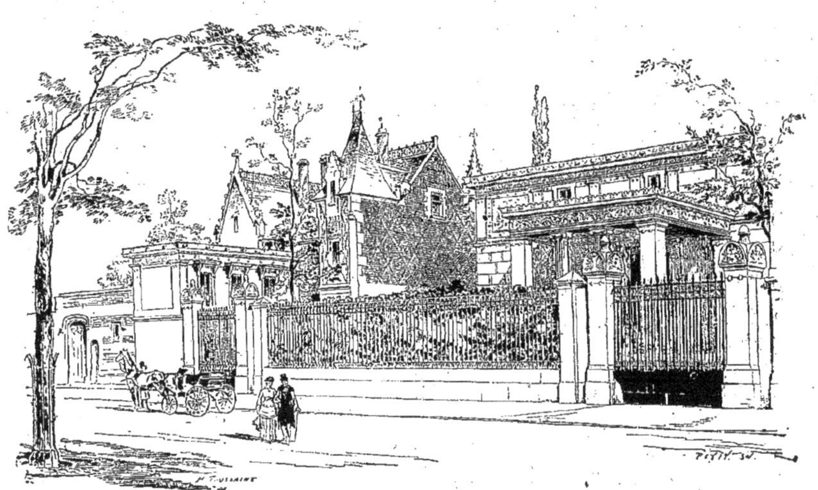

Fig. 1. — « ... la maison pompéienne côtoie le castel du moyen âge. »

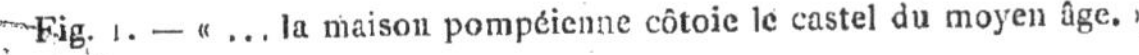

PREMIÈRE PARTIE

I

EXPLICATIONS PRÉLIMINAIRES

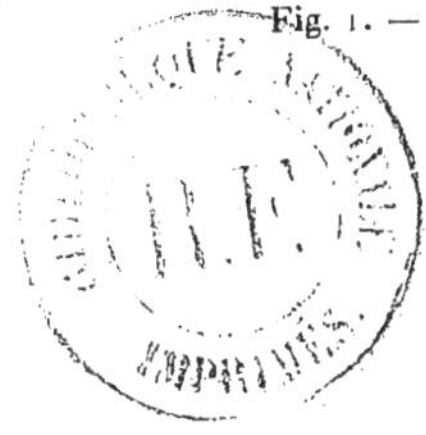

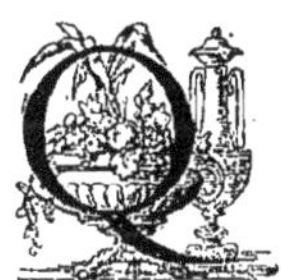

Qui de vous, chers lecteurs, n'a point été frappé des difficultés sans nombre, et parfois insurmontables, avec lesquelles tout homme de sens et toute femme de goût se trouvent aux prises, dès que, voulant sortir de l'ornière banale, ils essayent de se constituer un intérieur logiquement conçu, convenablement décoré, conforme à leurs besoins, répondant à leurs goûts?

L'homme du monde le plus instruit, en apparence le mieux préparé, capable de juger sainement d'un livre, d'apprécier une statue, de comprendre et d'expliquer un tableau, est, sous ce rapport, presque aussi pris au dépourvu que l'ignorant le plus vulgaire. Bien mieux, ayant conscience de son infériorité relative, prévoyant les embarras sans nombre qui vont l'assaillir, redoutant des mécomptes, et craignant de commettre quelques lourdes erreurs, il s'estime trop heureux de se débarrasser de ce soin dangereux et pesant sur un intermédiaire. Artiste, artisan, parfois même simple commerçant, plus ou moins instruit, plus ou moins habile, celui-ci compose un projet, impose un plan, soumet un devis; après quoi il aménage, meuble, décore à sa fantaisie personnelle un logis où d'autres devront vivre, aimer et mourir.

Car, si l'on discute presque toujours le devis, il est bien rare qu'on ose critiquer le plan, et lorsqu'on le modifie, il est tout aussi rare qu'on l'améliore. Et puis à l'aide de quels arguments battre en brèche les projets d'un homme qui se sait compétent? Comment expliquer ce qu'on entr'aperçoit vaguement, quand les termes font défaut, et quand on doute de soi-même? Comment enfin se dérober à l'influence pressante d'un personnage aussi autorisé, et ne pas s'incliner sous le poids de décisions si savamment déduites?

Eh quoi! dira-t-on, sommes-nous donc, nous autres du dix-neuvième siècle, tellement rivés à un art officiel, à des préceptes définis, à un style inflexible, qu'il nous soit interdit d'y mêler une parcelle de nous-mêmes? Eh quoi! les formules qui nous régissent sont-elles donc si précises, qu'en dehors d'elles tout soit mensonge, imposture, mauvais goût? — Une pareille prétention serait insoutenable.

Contemplez en effet nos habitations, fouillez nos intérieurs, partout vous trouverez le plus curieux mélange d'idées de toutes provenances, d'ornements de tous styles, d'inspirations de tous les temps, image d'une société brusquement jetée en dehors de sa route.

Parcourez nos voies récentes, la maison pompéienne y côtoie le castel du moyen âge, et l'hôtel Renaissance la maison de rapport, rappelant vaguement le style épais du grand roi. Chacun de nos nouveaux boulevards fait penser à cette fameuse *Rue des Nations,* qui fut, il vous en souvient, une des plus grandes attractions de la dernière exposition universelle. Si maintenant du dehors nous pénétrons au dedans, le plus souvent la salle à manger contredit le salon, et l'on franchit deux siècles en passant d'une pièce dans une autre. En présence d'un pareil amalgame, on est bien forcé de convenir que ces incohérences, que ce mélange hétéroclite, inconnu avant nous, est la conséquence logique, la résultante fatale des idées contradictoires qui, de notre temps, se choquent d'un cerveau à l'autre et parfois dans le même cerveau.

Après cela, on se plaint que le sceptre de l'art industriel vacille entre nos mains; on déplore que l'Europe cesse, en ses ouvrages, de s'inspirer de notre goût. Mais ce goût, où est-il? Qu'en avons-nous fait? De créateurs que nous étions, nous sommes devenus d'ingénieux copistes; dès lors pourquoi s'adresser encore à nous? Si, durant ce qu'on est convenu d'appeler les grands siècles de l'art français, notre génie national devint l'arbitre du monde, si nos aïeux furent, en ces délicates matières, pendant près de trois cents ans les « législateurs de l'Europe », pour employer le mot même de Voltaire, c'est que riche ou pauvre, modeste ou brillant, l'art de ces époques privilégiées était intéressant, attrayant, passionnant même, c'est que nos productions avaient ce mérite précieux d'exprimer clairement le goût de ceux auxquels elles étaient destinées.

Nos ancêtres, en effet, voulaient des meubles taillés sur leur patron, et non à l'usage des générations disparues. Les adjectifs *ancien* et *vieux* étaient fort incivils à leurs yeux, et, sous la plume des plus érudits, le mot *gothique* devenait une cruelle injure[1]. Un grand seigneur, comme le prince de Conti ou le prince de Soubise, commandant, en 1750, un mobilier Renaissance ou de style Louis XIII, aurait paru tout aussi extravagant

---

1. Voir Boileau dans son *Art poétique*, Voltaire dans son *Siècle de Louis XIV*, Jean-Jacques Rousseau dans son *Émile*, Diderot dans ses *Salons*, La Bruyère, etc.; pour tous ces grands écrivains le mot *gothique* est un terme de mépris.

qu'un élégant de nos jours se faisant habiller suivant la formule de 1845. « Il est presque honteux de n'être pas à la mode tant dans ses meubles que dans ses habits, » écrivait Roubo fils[1], ce maître compétent, dont nous aurons maintes fois à invoquer l'autorité. « Nous sommes des gens qui donnons dans la mode, écrivait de son côté Mme de Simiane[2]. Nous ne voulons pas de vieilleries. C'est bien assez d'être de soi-même une antique, sans en orner ses poches et son appartement. »

Aujourd'hui sommes-nous assez loin de ce langage et de cette raison? Ce sont les idées contraires qui dominent. Tout semble beau pourvu qu'il soit vieux. L'hôtel des ventes est devenu le temple du goût, et le commissaire-priseur son arbitre. Le marteau d'ivoire paraît une *ultima ratio* devant laquelle tout le monde s'incline, et la grande invention de notre temps, ç'aura été de nous faire asseoir dans des sièges disparates, qui ne sont plus à notre taille, de nous faire coucher dans des lits qui n'avaient point été faits pour nous. Voilà le beau résultat produit par nos idées indécises.

Est-il encore d'autres raisons à cette aberration du goût? — Certes! et peut-être de plus concluantes. La première de ces raisons est que le mobilier a perdu le caractère de durée qu'il avait autrefois. Il serait bien imprudent, en effet, d'exiger de lui une perpétuité qui n'existe plus dans nos mœurs. A chaque génération, après chaque décès, les meubles sont partagés, dispersés, donnés ou vendus, et l'on fait maison nette. Dès lors, à quoi bon meubler sa demeure pour un temps indéfini, quand la durée même du mobilier est définie par la mort? Dans les grandes villes, ce caractère limité s'accentue par la multiplicité des déménagements, et l'incertitude s'y fait encore plus pressante. Qui

---

1. Roubo (Jacques-André), auteur de *L'Art du menuisier*, ouvrage considérable, en 4 volumes in-folio, publié de 1769 à 1775, encore regardé, à l'heure actuelle, comme le meilleur travail qui ait été écrit sur la menuiserie.

2. Cette lettre est datée d'Aix le 30 avril 1731. Voir lettres de Mme de Simiane, dans la *Correspondance* de Mme de Sévigné. Édition Racinet, 1790, t. X, p. 115.

donc, au moment où il meuble une chambre à sa façon, peut savoir qui l'habitera dans trois ou six années ! Ajoutez enfin aux incertitudes de la mort celles de la fortune et l'instabilité de nos établissements. Il n'est pas rare, en notre temps, de voir un chef de famille changer quatre fois de meubles, en moins de trente années. D'abord le mobilier élémentaire de garçon, puis un autre très modeste pour l'entrée en ménage, un troisième plus luxueux quand la position grandit, mobilier qui plus tard

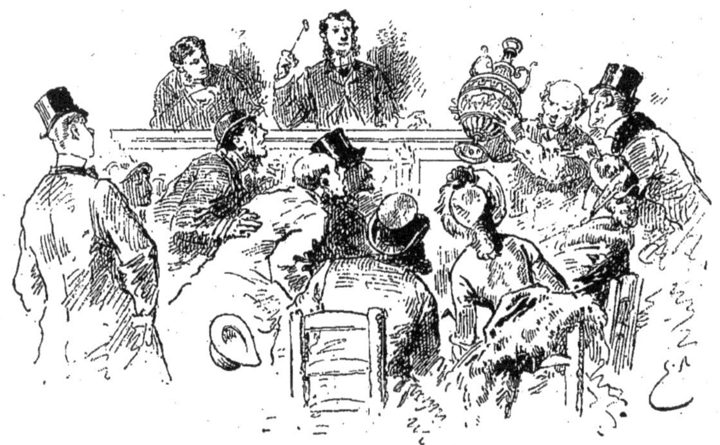

Fig. 1 *bis*. — « L'hôtel des ventes est devenu le temple du goût..... »

se verra relégué dans quelque maison de campagne, lorsque la fortune aura dit son dernier mot.

Parfois la marche se modifie, et l'ordre se transpose. Le besoin d'égalité s'est, en effet, depuis longtemps traduit chez nous par le besoin du luxe. Le désir des belles choses s'est répandu dans toutes les classes. On ne veut plus admettre qu'un intérieur superbe puisse être le privilège exclusif d'une classe privilégiée. Escomptant les grandeurs à venir, la fortune espérée, on veut être meublé, à ses débuts, comme un financier parvenu à l'apogée de sa situation, et, sans avoir les ressources

nécessaires, étaler un ameublement somptueux. De là une disposition nouvelle de l'industrie mobilière. De là, l'obligation
pour le fabricant de s'évertuer à donner à ses produits, les
plus vulgaires comme façon et comme matière, les apparences
du luxe le plus dispendieux. De là, cette profusion de faux
meubles de Boule, qui boitent, ferment mal et s'écaillent, de
fauteuils grossièrement sculptés, mais dorés de la plus éblouis-
sante façon, de tentures de coton qui simulent la soie. De là
enfin, la substitution du marchand, qui fait fabriquer à la
grosse et doit se maintenir dans les données vulgaires d'un
goût banal, au fabricant, à l'artisan qui travaillait lentement,
solidement, et d'après le goût individuel de chacun de ses
clients.

Les marchands! ce sont eux que tous les contemporains
de cette transformation pénible accusent d'avoir compromis
notre génie national, et d'avoir déprécié l'industrie du meuble.

Roubo fils[1] les signale à l'indignation publique. « Ils s'in-
gèrent, nous dit-il, à fournir des meubles tout finis aux particuliers, trompent ceux-ci, déprécient la main-d'œuvre, et poussent,
par l'avilissement des prix, l'ouvrier à ne plus rien soigner. »
Mercier est encore plus explicite. « La plupart des meubles qu'ils
fournissent, écrit-il, n'ont plus que le souffle... C'est de la colle
qui en joint les parties; dès que la table s'approche du feu, elle
se décompose et tombe en morceaux... Méfiez-vous de ceux
(des marchands de meubles) qui habitent le faubourg Saint-
Antoine. Tel vous vend un secrétaire, qui se décolle au bout
de trois semaines. Vous avez une armoire, attendez la fin du
mois. Il y a des meubles, sortis de leurs boutiques, qui, au
bout de vingt jours, sont boiteux, caducs, vermoulus[2]. »

Quelques écrivains de nos jours, assez mal renseignés sur
les conditions de la production à cette époque, ont cru qu'il

1. *L'Art du menuisier en meubles,* pages 600-601.
2. *Tableau de Paris,* tome IX, page 146. Cette plainte curieuse date de 1789.

leur était permis d'attribuer à la « division du travail » une
décadence dont nous découvrons autre part l'origine. Tout d'a-
bord, il faudrait bien s'entendre sur la signification et la valeur
de ce mot. Il est un grand nombre d'industries et même d'arts,
où la division du travail est une condition absolument forcée
de réussite, et où cette division ne nuit en rien à l'effet final,

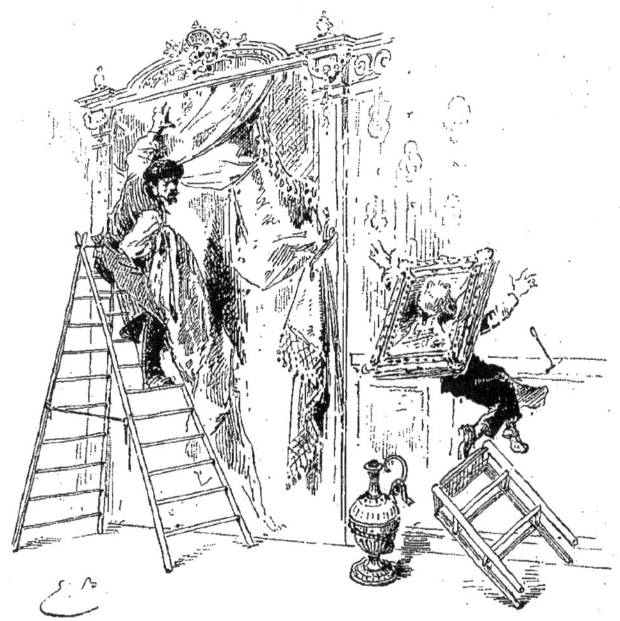

Fig. 2. — « ... se mettre à la discrétion d'ouvriers maladroits... »

bien au contraire. L'architecture, par exemple, est dans ce cas.
L'art du maçon, celui du charpentier, ceux du serrurier, du
menuisier, du plombier, du sculpteur, constituent des branches
d'industrie fort diverses, et qui n'ont qu'un lien de raison pour
les faire concourir à la confection de l'œuvre commune. Il y
a plus : il est nécessaire, indispensable que la division soit bien
accentuée, la séparation bien tranchée ; et tous ces artisans
commettraient une très lourde faute en voulant s'emprunter

réciproquement leurs moyens d'action. Mais il suffit qu'une pensée unique les mette en mouvement, les inspire, les domine, les dirige, pour qu'ils arrivent à enfanter des chefs-d'œuvre de logique et d'unité.

Il en est de même dans le mobilier. Le menuisier, l'ébéniste, le tapissier, le bronzier, ont chacun leur rôle défini. On est donc mal venu à prétendre, comme certains auteurs[1], que, « entièrement exécutées par celui qui les concevait les œuvres industrielles du dix-septième et du dix-huitième siècle sont nécessairement plus variées que les nôtres ». Nous verrons bientôt, au contraire, que leur extrême variété provenait justement du nombre considérable de ceux qui en avaient l'idée et qui inspiraient les artistes, sans cependant prendre aucune part directe à leurs travaux. Pareillement lorsqu'on ajoute : « fussent-elles même, à ces différentes dates, fabriquées par un artisan sur un modèle, et non par celui qui avait dessiné ce modèle, au moins étaient-elles achevées par les mains qui s'y étaient portées au début. Ce sont là des conditions *sine quâ non* (sic) de grâce, de verve, de variété dans le détail. L'ouvrier était alors forcément plus artiste qu'il n'est aujourd'hui. » Erreur, triple ou quadruple erreur! Au dix-huitième siècle, la division, l'éparpillement du travail, existaient tout comme de nos jours. Mercier, à ce propos, ne nous laisse aucun doute sur ce qui se passait dans certaines industries.

« L'orfèvre, nous dit-il, occupe une foule de graveurs, ciseleurs, guillocheurs, polisseurs et polisseuses. Tel homme haut de cinq pieds six pouces, robuste, ne fait toute sa vie que tirer des filets sur des boîtes; tel autre fait un trophée; celui-là grave un cachet, un chiffre, et celui-ci donne une couleur plus vive à l'or, etc.[2]. » Et Roubo nous confirme, quant

1. Chesneau, *Dessins de décoration des principaux maîtres.* Paris, Quantin, 1881, page 5.

2. *Tableau de Paris*, tome XI, page 139.

aux menuisiers, ce que Mercier dit des orfèvres : « Toute leur habileté ne consiste que dans une routine plus ou moins heureuse. La plupart ne sachant qu'une sorte d'ouvrage, et encore avec des calibres que souvent ils n'ont pas le talent de faire eux-mêmes, sont obligés d'abandonner la décoration de leurs ouvrages à des sculpteurs, qui non seulement y font les ornements nécessaires, mais encore y poussent les moulures[1]. » Voilà, semble-t-il, qui est concluant.

Ajoutons que ceux qui abusent de ce préjugé de l'unité de conception et de la totalité d'exécution, pour dénigrer notre temps, commettent une faute d'autant moins pardonnable, qu'en dépit de la division du travail, ou peut-être à cause de cette division, la main-d'œuvre est redevenue, dans certaines spécialités du mobilier, aussi parfaite de nos jours qu'à aucune autre époque. Dans la sculpture en bois, notamment, et dans le traitement des bronzes, on trouve des mains d'une habileté prodigieuse, et, comme conséquence, une facture souple, un travail qui demeure gras jusque dans ses plus exquises finesses, une exécution enfin qui peut supporter la comparaison avec n'importe quel ouvrage du temps passé. Si donc, nous péchons par quelque chose, c'est uniquement par l'invention, par cette ingéniosité qui fait découvrir des modes nouveaux d'accommoder ce qui existe de toute éternité.

Car, au fond, le monde ne change guère. A bien prendre, nos distractions, nos plaisirs, nos amusements se transmettent fidèlement d'âge en âge et sans modifications sérieuses. Mais ils prennent une saveur très diverse par le cadre qui les entoure, par les transformations de toutes les conditions physiques et plastiques au milieu desquelles ces actions identiques s'accomplissent à de longs intervalles.

« Les peuples, a dit avec infiniment de raison Voltaire, sont ce qu'est chaque homme en particulier. » La mode a ses exi-

[1]. *L'Art du menuisier en meubles*, page 601.

gences que nous subissons tous, mais elle a aussi ses raisons, qui le plus souvent nous échappent. Croyez bien que lorsque toute une nation se pare d'un ornement, adopte une couleur, se rue sur une forme, il y a pour cela un motif plus ou moins aisé à définir. « Celui qui regarderait le temps qu'il fit le jour de la mort de César comme une circonstance étrangère à l'événement, écrit Grimm, ne connaîtrait pas la nature. » On peut dire, en effet, que rien ne se produit au hasard, au sens brutal de ce mot. Si donc nos ancêtres des siècles précédents sont parvenus à imprimer leur cachet à tous les ouvrages sortis de leurs mains; s'ils sont arrivés, sans se mettre à la remorque de fournisseurs plus ou moins bien inspirés ou à la discrétion d'ouvriers parfois maladroits, à créer, sans effort apparent, un art répondant toujours à leurs besoins, conforme à leur caractère, en harmonie parfaite avec leurs aptitudes, encore existe-il une raison pour qu'ils aient pu réaliser ce problème dont nous poursuivons vainement la solution. C'est cette raison qu'il s'agirait de rechercher avant toute chose, afin de profiter de l'expérience et des faits acquis.

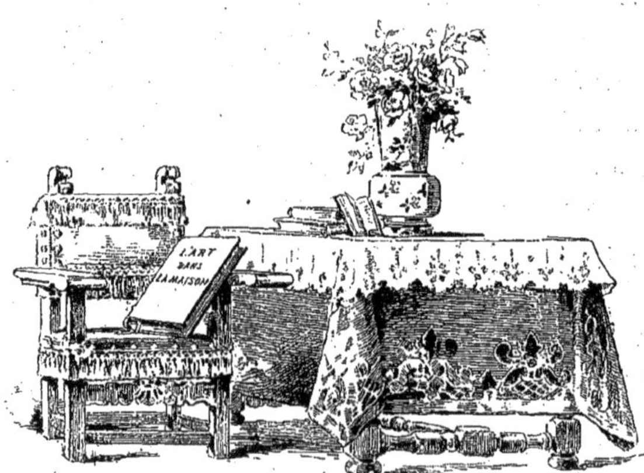

Fig. 2 bis. — « ...la mode a ses exigences. »

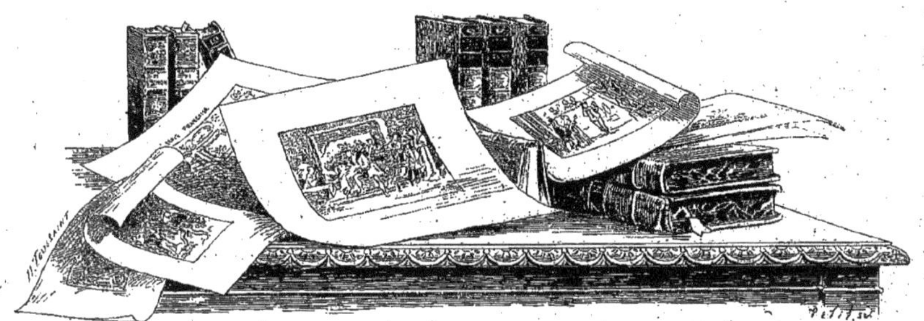

Fig. 3. — « ...à travers les vieux livres et les vieilles estampes. »

II

OÙ L'ON EST ENTRAINÉ A FAIRE, DANS LE PASSÉ, UNE INCURSION
JUGÉE NÉCESSAIRE

ÉPONDRE à la question qui termine le chapitre précédent n'est point aussi malaisé qu'on pourrait le penser tout d'abord. Si nos ancêtres nous ont laissé tant de preuves d'un goût heureux, d'une inspiration féconde, et d'une infatigable imagination, c'est qu'ils étaient en possession de cette qualité qui distingue les races vieillies sur le sol qui les a vues naître : une sève absolument personnelle, secondée par une longue initiation ; c'est qu'ils étaient, pour me servir d'une expression de Saint-Simon, des gens « possédant l'écorce de tous les arts, de toutes les fabriques, de tous les métiers ».

Jadis, en effet, bien loin d'avoir recours au marchand, à ce marchand honni par Mercier et conspué par Roubo, le prince, le riche et puissant seigneur, l'homme noble, le bourgeois à son aise, prétendaient faire exécuter spécialement pour eux-mêmes, — en tenant compte de leurs avis, sur leur plan, parfois même sur leur dessin, — tout objet qui présentait à leurs yeux une certaine importance artistique; et leur éducation, leurs connaissances, leur compétence, autant que leur fortune, leur en fournissaient les moyens.

De là résultait plus de diversité dans la conception, une variété surprenante dans la forme et dans l'ajustement, une union plus intime entre l'œuvre terminée et son heureux possesseur. Voilà une vérité dont il faut avant tout bien nous pénétrer, et pour cela, nous allons, si vous le voulez bien, tenter une rapide incursion à travers le passé, c'est-à-dire à travers les vieux livres et les vieilles estampes, sans remonter toutefois au delà de la Renaissance.

Que rencontrons-nous, au point d'épanouissement de cette glorieuse époque? Un prince, que Benvenuto Cellini, artiste peu maniable et écrivain peu retenu, qualifiait, longtemps après sa mort, — c'est-à-dire en un temps où il n'avait plus de raison pour le flatter, mais peut-être bien quelques motifs pour se plaindre de lui, — de « Prince rarissime et même unique au monde [1] ».

François Ier, au point de vue spécial où nous nous plaçons, méritait d'autant mieux ces louanges, que son plaisir le plus grand consistait à surveiller par lui-même les travaux des artistes qu'il employait, et qu'il « ne se délassoit jamais plus agréablement qu'à dessiner et à peindre [2] ». A sa mort, son fils Henri II, se conformant à son auguste exemple, continua d'entretenir à l'hôtel de Nesle toute une colonie d'orfèvres et d'artistes italiens et allemands, de discuter les plans de ses architectes, de contrôler leurs ouvrages [3], et l'on sait quel ca-

---

1. *Benvenuto Cellini, orfèvre, émailleur, médailleur, statuaire.* E. Plon, p. 167.

2. *Anecdotes des beaux-arts,* etc., à Paris, chez François Bastien, 1776, tome Ier, page 32.

3. Dans la dédicace de son premier *Livre d'architecture,* publié en 1559, du Cerceau rappelle à Henri II « qu'il a pris maintes fois plaisir à voir et contempler aucuns petits plans et pourtraicts de bâtiments, temples et logis domestiques par

chet personnel ce prince parvint à imprimer à toutes les productions de son règne.

Dans l'entourage intime du roi, deux femmes se disputaient
alors la prééminence : une maîtresse, Diane de Poitiers, dont
mon savant ami Anatole de Montaiglon a mis récemment en relief l'influence décisive sur les
arts de son temps [1], et dont le
cachet se retrouve jusque sur les
moindres objets à son usage ; et
une légitime épouse, Catherine
de Médicis, dont le rôle est
moins apprécié ou moins connu,
mais qui fut cependant, elle
aussi, la providence des artistes.
Ses admirables collections, dont
l'inventaire nous a été conservé,
son incomparable bibliothèque,
qui est aujourd'hui l'un des
ornements de notre grand
dépôt national, nous apprennent qu'elle était une femme
éminemment distinguée, d'un
goût irréprochable et d'une
érudition rare [2]. Bien mieux,
elle savait dessiner et se mêlait
d'architecture. « Vous-même, écrit Philibert de Lorme en lui
dédiant son *Traité d'architecture*, vous-même, prenez la peine

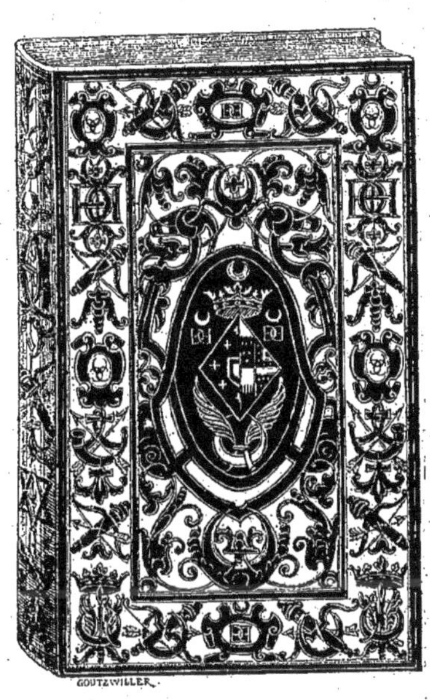

Fig. 4.
Reliure aux armes de Diane de Poitiers
(Musée de Poitiers).

lui dessignés et imprimés », et plus loin il termine en disant : « Et davantage
votre Majesté prenant plaisir et délectation même à l'entretenement de si excellens
ouvriers de notre nation, il ne sera plus besoing avoir recours aux estrangers. »

1. *Diane de Poitiers et son goût dans les arts*, par Anatole de Montaiglon.
Paris, 1879.

2. Du Cerceau, en lui dédiant son livre : *Les plus excellents bastimens de
France*, déclare que cet ouvrage long et pénible n'a été entrepris que « suyvant
son commandement et poursuivi par sa libéralité ».

de portraire et esquicher les bâtiments qu'il vous plaît commander estre faicts, sans y omettre les mesures des longueurs et lar-
geurs[1]. » Un autre artiste, poète celui-là, confirme cet hommage,
en vers alexandrins :

> Venez, painctres françois, et vous, trouppe sçavante,
> Venez pour tesmoigner à la postérité
> Quelle est, en vostre endroict, la libéralité
> D'une Royne, qui est des Roynes la première
> Pour maintenir les artz et leur montrer comment
> Ce n'est rien, sans les artz, que leur gouvernement.
>
> . . . .
>
> Soyez aussi tesmoing comme votre maistresse
> Ayme bons ouvriers, les prise et les caresse,
> Et comme l'architecte a esté de son temps
> Autant favorisé qu'il fut onc de nos ans[2].

Enfin on sait que Catherine se passionna pour la céramique, et qu'elle établit Bernard Palissy à deux pas de son palais préféré, dans ce jardin des Tuileries, où, parfois, « en fille
des Médicis, elle venait voir l'artisan à l'œuvre[3] ».

Henri IV ne fit donc que suivre l'exemple de cette reine,
dont l'image nous paraît si sombre, lorsqu'il établit « une
colonie de sculpteurs, d'architectes, de tapissiers et autres semblables occupant les galeries du Louvre », avec l'intention,
nous dit Sauval, « de loger dans son Louvre les plus grands
seigneurs et les plus excellents maîtres du royaume, afin de
faire comme une alliance de l'esprit et des beaux-arts avec la
noblesse et l'épée[4] ». Cet asile donné, dans son propre palais,

1. Voir *Épitre dédicatoire à Madame Catherine, royne de France, mère du roy
très chrétien Charles IX* de ce nom, placée en tête de l'*Architecture*.

2. Voir l'excellent article publié par M. Lechevallier-Chevignard dans la
Gazette des beaux-arts, 2ᵉ période, tome XI, page 141.

3. *Œuvres de Bernard Palissy*, Paris, 1880, avec une notice par Anatole France,
page xviii. Précisément à la même époque, le grand-duc François de Médicis avait
établi, à son palais du Casino, une fabrique de porcelaine, et se passionnait
pour les ouvrages céramiques. Voir à ce sujet l'ouvrage de M. le baron Davillier : *Les origines de la porcelaine en Europe*, Paris, 1882, page 47.

4. Voir *Histoire et recherches sur les antiquités de Paris*.

à des artistes d'un mérite reconnu, était une des preuves les plus considérables d'estime et de protection qu'un roi pût alors accorder aux beaux-arts. En outre, il marque bien cette persuasion où l'on était, dans ces temps reculés, que la gloire du producteur rejaillit directement sur celui qui commande l'œuvre d'art, car tout le monde pensait alors avec le commissaire Girolamo degli Albizzi, que : « Toutefois que l'artiste travaille comme serviteur reconnu et pensionné du prince, l'honneur de la perfection de ses œuvres revient au prince autant qu'à l'artiste, parce que le choix dudit artiste vient du prince qui a su distinguer son talent[1]. »

Ce logement au Louvre constituait, du reste, un précieux et enviable privilège. Il en résultait, pour ceux qui en étaient favorisés, d'être considérés comme les commensaux du roi. Certains même d'entre eux étaient pourvus de fonctions officielles, à l'exemple des Beaubrun, qui furent, de père en fils « valets de la garde-robe ». Pour les autres, quoique chez le roi, ils étaient bien chez eux, la plus grande liberté leur était laissée, parfois ils y établissaient leurs ateliers, parfois leurs magasins, et attestaient leur prise de possession par des familiarités d'un goût plus qu'équivoque. Tallemant, parlant de du Moustier[2] « logé aux galeries du Louvre comme un célèbre artisan », raconte que « son cabinet étoit curieux, qu'il y avoit sur l'escalier une grande paire de cornes et au bas : « Regardez les vôtres », et au bas de sa bibliothèque : « Le « diable emporte les emprunteurs de livres. »

Ajoutez encore, que ce privilège d'appartenir au roi dispensait peintres, sculpteurs, orfèvres, tapissiers, de toutes les entraves inventées par les corporations, et les émancipait de l'étroite surveillance des jurés et syndics.

Ces hautes prérogatives, les artistes français les conservè-

1. Voir *Benvenuto Cellini*, etc., page 85.
2. Tallemant des Réaux, *Historiettes*, tome III, page 99.

rent pendant près de deux siècles, c'est-à-dire presque jusqu'à la fin de la monarchie. Un certain nombre d'entre eux abandonnèrent le Louvre, il est vrai, lorsque Colbert transporta aux Gobelins la Manufacture des meubles du roi; mais Petitot y demeura jusqu'à la Révocation de l'édit de Nantes; Boule, l'illustre ébéniste, y mourut en 1732[1], Coustou, le célèbre sculpteur, en 1746[2]. Ce fut seulement en 1769, lorsqu'on agita la question de reconstruire le vieux séjour royal et de le transformer en *Museum* ou *Palais des Arts*, que l'on songea à déposséder les artistes de leurs logements. On les invita même à se pourvoir ailleurs[3], mais il ne fut pas donné suite à cette invitation, car nous voyons encore, en 1780, Caffieri exposer, dans son atelier du Louvre, la statue de saint Satyre qu'il venait d'achever pour l'église des Invalides[4]. Ajoutons que, pendant toute sa durée, ce privilège avait été si hautement considéré, non seulement par les artistes français, mais encore par ceux de l'étranger, que la perspective d'être admis à un logement au Louvre figure parmi les avantages que Mariette fait miroiter aux yeux de Rosalba Carriera, pour attirer à Paris cette pastelliste célèbre[5].

Cette faveur insigne ne doit pas, toutefois, nous faire abandonner la revue que nous avons commencée. Après la mort du galant Béarnais, les relations de Marie de Médicis avec Rubens et Philippe de Champagne, ses négociations avec son oncle le grand-duc Ferdinand pour obtenir que Jean Bologne exécutât la statue de Henri IV et ce fameux *Cheval de bronze*,

---

1. A l'âge de quatre-vingt-dix ans, « infiniment regretté par les amateurs de beaux-arts » et laissant « des fils de sa profession, héritiers de son talent et de son logement aux galeries du Louvre » (*Mercure de France*, mars 1732).

2. L'appartement de Coustou fut donné à l'abbé Nollet (*Mémoires du duc de Luynes*, tome VII, page 238).

3. Bachaumont, *Mémoires secrets*, tome XIX, page 125.

4. Bachaumont, *ibid.*, tome XV, page 170.

5. Voir *Diario degli anni 1720-21, scritto di propria mano, in Pariji, da Rosalba Carriera*, etc., Venezia, 1793, pages 62 et 63, en note.

qui fit si longtemps l'admiration des Parisiens[1], la part directe qu'elle prit à l'édification du Palais du Luxembourg et à sa décoration, prouvent que cette reine possédait, comme dit Saint-Simon, « l'amour et la pratique des arts ». Il était dans les destinées de son fils aîné, quoiqu'il aimât la musique et dessinât passablement[2], d'être en toutes choses un homme effacé, un personnage de second plan ; mais sa femme Anne d'Autriche témoigna de son goût pour la peinture en attachant à sa personne le peintre Otto Marcellis[3] ; et son frère, ce Gaston d'Orléans, qui donna tant de tablature à son aîné, était un amateur des plus distingués. Il passait sa vie à Blois, à faire peindre en miniature, par Jules Donabella d'abord, ensuite par l'incomparable Nicolas Robert[4], les plus belles fleurs de son admirable jardin botanique. Grand collectionneur de médailles, il légua à son neveu Louis XIV sa collection, la plus considérable de son temps, et cette collection, on le sait, devint par la suite la pierre angulaire de notre Cabinet national.

Ce goût des médailles, Louis XIV l'eut aussi au plus haut point. Il passait une grande partie de ses après-dîners à voir et à étudier celles que lui avait léguées son oncle. Cette passion, inoffensive en apparence, devint même, s'il faut en croire

1. Voir *La Vie et l'Œuvre de Jean Bologne,* par Abel Desjardins, pages 122 et 181.

2. Voir le *Journal d'Héroard* et *Anecdotes des beaux-arts,* tome Ier, page 32.

3. Voir *Histoire de la peinture hollandaise,* Paris, 1882, page 260. Anne d'Autriche, pendant sa régence, se rendait souvent au palais Mazarin (aujourd'hui la Bibliothèque nationale) pour voir travailler Romanelli au plafond de la grande galerie, et neuf des dames qui l'accompagnaient sollicitèrent de poser pour les Muses qui ornent ce plafond (*Anecdotes,* tome Ier, page 457).

4. Ce Nicolas Robert est assurément l'un des plus admirables peintres de fleurs qu'on ait jamais connus. Ce fut lui qui exécuta, pour la belle et précieuse Julie-Lucine d'Angennes, cette fameuse *Guirlande de Julie,* que M. de Montausier offrit à celle qui devait un jour devenir sa femme (voir Tallemant à l'article Montausier). L'ouvrage que Robert commença pour Gaston d'Orléans, continué, après sa mort, par Joubert, Mlle Basseporte, Van Spaendonk, Redouté, etc., comprend aujourd'hui 98 volumes in-folio. Il est déposé à la Bibliothèque du Muséum du Jardin des Plantes.

I. — 3

l'abbé de Choisy[1], nuisible à l'État. Le père La Chaise, cet insinuant jésuite, en profita pour s'introduire plus avant dans la confiance du roi et préparer, avec l'avènement de Mme de Maintenon, la Révocation de l'édit de Nantes. Remarquons, en passant, que le goût du roi pour l'architecture fut peut-être encore plus funeste à la France. Non seulement il concourut dans une large part à épuiser les finances du pays, mais encore, au dire de Saint-Simon[2], il nous valut la guerre désastreuse de 1688, qui commença le déclin de ce long et brillant règne.

C'était, du reste, l'habitude de Louis XIV de revoir avec soin, de discuter les plans de tous les bâtiments qu'il faisait édifier, d'y ajouter souvent, de retrancher parfois, et même à l'occasion de les remanier de fond en comble[3]. On sait comment à la mort de Louvois, ce grand roi modifia brusquement l'ordonnance de la place Vendôme. Les transformations que, par ses ordres, Mansart fit subir au palais de Versailles ne furent pas moins radicales. A la mort de ce dernier, « il se déclara lui-même le surintendant et l'ordonnateur de ses bâti-ments[4] ». Sa surveillance, d'ailleurs, ne s'étendait pas uniquement à ses édifices personnels. « Jeudi 15 juillet 1688, écrit Dangeau, le roi alla à Saint-Cloud et donna plusieurs avis à Monsieur pour embellir sa maison, et lui alloua 50,000 écus pour faire exécuter une partie des avis qu'il lui avait donnés[5]. »

1. « Le roy s'amusoit les après-dînées à voir ses médailles, et ce fut ce qui augmenta beaucoup le grand crédit du Père La Chaise, son confesseur. Ce père aimoit fort les médailles et prétendoit s'y connoître. Il prit ce prétexte pour être presque toujours seul avec le roy » (*Mémoires de l'abbé de Choisy*, dans l'édition de Michaud, tome XXX, page 599).

2. Voir le *Journal du marquis de Dangeau publié en entier pour la première fois*. Paris, Didot, tome II, page 76, note de Saint-Simon.

3. Dangeau, tome Ier, page 168. — De son côté, l'auteur des *Anecdotes* ajoute : « Louis XIV, s'il faut en croire certains auteurs, a tracé lui-même l'idée de plusieurs édifices » (*Anecdotes*, tome Ier, page 32).

4. Saint-Simon, *Mémoires complets et authentiques*. Paris, Sautelet, 1829, tome VI, page 181.

5. Dangeau, tome II, page 153.

Peut-être fera-t-on observer que toutes ces constructions n'ont
point énormément gagné à cette intervention toute-puissante.
On ne niera pas cependant, qu'à cause de cela même, elles
portent davantage l'empreinte du grand roi. C'est ainsi que se
forment les styles.

Rien ne prouve mieux, au surplus, la place énorme que
l'art tenait dans la vie de cet orgueilleux potentat, que la
familiarité relative avec laquelle il traitait les artistes. Pour
eux seuls, il se départait de cette morgue terrible qui tenait à
une distance gênante ses favoris, ses ministres et jusqu'à ses
plus proches parents. Mansart, Le Brun, Mignard, le trouvèrent presque uniformément bienveillant et affable. Le Bernin
osa porter la main sur son auguste perruque, ce que son fils
lui-même, le dauphin de France, ne se serait pas permis.
Enfin, il fut pour Le Nôtre d'une telle prévenance, nous di-
rions presque d'une telle bonhomie, si un pareil mot pouvait
s'appliquer à un pareil homme, qu'aucun membre de sa famille ne rencontra jamais chez lui un aussi aimable et aussi
cordial accueil.

Un semblable exemple donné par un tel roi ne pouvait
que développer singulièrement, dans son entourage direct, le
goût et la pratique des arts. Le dauphin, fils de Louis XIV,
à l'instar de son père [1], dessinait et peignait. « Mercredi
12 avril 1684, écrit Dangeau, Monseigneur prit médecine et
me donna deux petits tableaux de sa propre main [2]. » Le duc
de Bourgogne, fils du dauphin, et père de Louis XV, dessina également, car on voit figurer, à la vente de Coypel, un

---

1. « M. Joly, garde des Estampes du cabinet du roi de France, nous a montré
l'un des dessins faits par Louis XIV » (*Anecdotes*, etc., tome II, page 303).

2. Dangeau, tome Ier, page 6. — Plusieurs dessins au crayon ou à la plume, exécutés par le Dauphin, sont conservés au Cabinet des estampes, et le catalogue de
la galerie du château d'Eu (1836) mentionne, sous les numéros 21, 22 et 35, trois
dessins au crayon rouge ou à la plume, derrière lesquels on voit écrit de la main
de Mme de Montpensier : « Faict par Monsieur le Dofin, 1677. »

grand nombre de dessins de sa façon[1]. Le duc de Chartres, depuis duc d'Orléans, le même qui, après la mort de Louis XIV, devint régent du royaume, étudia la peinture avec Coypel. « Mon fils a un si fort génie pour tout ce qui touche à la peinture, écrit la duchesse d'Orléans, sa mère, que Copel *(sic)* qui a été son maître[2] dit que tous les peintres doivent s'estimer heureux qu'il soit un si grand seigneur, car, s'il était un homme du commun, il les surpasserait tous[3]. » Il y a sans doute un peu et même beaucoup de maternelle exagération dans ces louanges[4]. Cependant la princesse qui les trace n'était rien moins qu'indulgente. En outre, elle n'était point ignorante en matière d'art, et possédait, pour les camées et médailles, un goût au moins aussi vif que celui du grand roi son beau-frère.

Ajouterai-je que Philippe II d'Orléans n'était pas seulement peintre ; il était encore musicien. Détail peu connu de sa carrière agitée, il fit représenter à Saint-Cloud, en 1704, un opéra de sa façon[5]. La pratique de la musique fut, au

---

1. Voir Ch. Blanc, *Trésor de la curiosité.* A la vente de Coypel, ces dessins furent retirés.

2. Il eut pour premier maître le peintre Arlaud. Ayant un jour offert à son ancien professeur de choisir deux tableaux dans sa galerie, Arlaud, en fin courtisan, jeta son dévolu sur deux productions de son illustre élève. Philippe d'Orléans, sensible à cette délicate flatterie, lui envoya, outre ces deux tableaux, deux œuvres de maître et 25,000 livres en or (voir *Anecdotes*, etc., tome II, page 109). En 1725, le conseiller Nemeitz vit encore un de ces deux tableaux chez Arlaud (voir *Séjour de Paris, c'est-à-dire Instructions fidèles*, etc., Leide, 1727, tome Ier, page 368).

3. *Correspondance de Madame, duchesse d'Orléans.* Édition Jaegle (lettre à la duchesse de Hanovre, 6 mai 1700), tome Ier, page 249.

4. En 1752, à la vente de Coypel, une copie de la *Vierge du Corrège* par le duc d'Orléans, mesurant 20 pouces sur 18, fut adjugée pour 9 livres, prix qui n'indique pas une œuvre de grand mérite (voir Ch. Blanc, *Trésor de la curiosité*). En 1783, un tableau de ce prince fut exposé chez un marchand dans un passage public des Tuileries. Mercier, qui signale le fait, ajoute : « On le regarde, on lit le nom auguste, on sourit, et personne ne veut en donner trente-six livres » (*Tableau de Paris*, tome IV, page 34). M. de la Live posséda également un tableau du Régent représentant *Débutade dessinant le portrait de son amant* (*Anecd.*, t. Ier, p. 33).

5. *Correspondance de Madame*, tome Ier, page 314.

reste, pendant tout le dix-huitième siècle très bien portée à la cour de France. Marie Leczinska jouait de la vielle[1]. Mme Henriette jouait du pardessus de viole et du violoncelle[2], et Natier nous a conservé ses traits dans cet exercice qui semble un tant soit peu trop masculin pour une jeune princesse[3]. Mme Adélaïde jouait du violon et avait, paraît-il, une voix assez forte pour chanter les rôles d'homme mieux que le dauphin ; quant à celui-ci, il avait appris non seulement la musique et l'accompagnement du clavecin avec Royer, mais encore le violon avec le célèbre Mondonville, et avec Quignon, qui donna également des leçons à Mme Adélaïde[4].

Pour en revenir aux arts du dessin qui nous intéressent d'une façon plus spéciale, nous constaterons, avec le duc de Luynes, que Mme Henriette peignait en miniature et que Mme Adélaïde dessinait à la perfection[5]. Louis XV dessina lui aussi[6], et, quoique son tempérament semble l'avoir plus spécialement porté vers d'autres exercices, il manifesta son goût pour les arts avec une autorité qui n'est pas niable. L'habitude qu'il avait de travailler régulièrement avec l'architecte Gabriel en est une preuve bien évidente[7], et tout ce qui touche à son règne porte si bien l'empreinte de sa personne et de ses passions, qu'il serait dangereux de contester son influence directe sur les artistes de son temps.

Son successeur, on le sait, poussa les choses plus loin

1. *Mémoires du duc de Luynes,* tome VI, page 31.

2. *Ibid.,* page 432.

3. Ce portrait est encore visible au château de Versailles. Différents autres portraits montrent cette princesse jouant du violoncelle.

4. *Mémoires du duc de Luynes,* tome VII, page 472.

5. *Ibid.,* tome VII, page 432.

6. M. Joly, garde des estampes du cabinet du roi, avait formé un recueil précieux de dessins des plus célèbres amateurs. « On est agréablement surpris, écrit un auteur du siècle dernier, de trouver à la tête des ouvrages répandus dans ce recueil les noms de nos princes du sang, ceux de Philippe V, de la reine Marie Leczinska, de Louis XV, etc. (*Anecdotes,* tome II, page 303).

7. Voir les *Mémoires du duc de Luynes* déjà cités.

qu'aucun des rois qui l'avaient précédé. Pendant que Marie-Antoinette s'adonnait au dessin et à la musique, jouait même la comédie, au grand scandale de la ville et de la cour[1], imprimait son estampille à ce délicieux mobilier qui porte le nom de « Mobilier à la reine », **Louis XVI** mettait, comme on dit, la main à la pâte, et s'amusait, sous la direction de Gamain, à étudier le bel art de la serrurerie. C'est au reste un des caractères de cette époque, point final du grand goût français, que cette pratique par des mains princières des arts industriels.

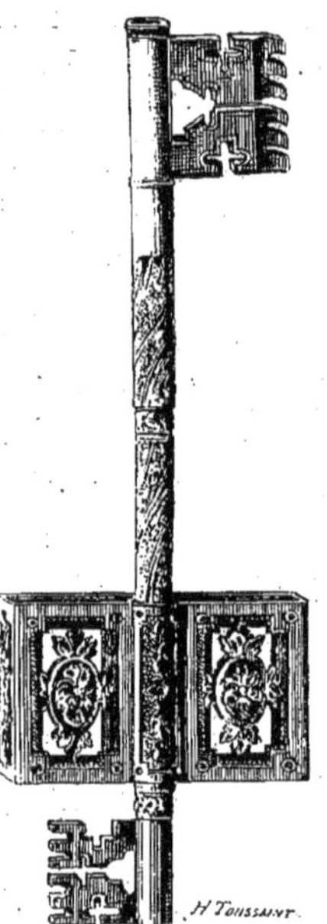

Fig. 5.
Passe-partout de Louis XVI.

Louis XIV, qui trouvait fort convenable de danser dans un ballet, et de faire des grâces devant toute sa cour, aurait cru déroger en maniant un pinceau. Le régent, nous l'avons vu, fit de la peinture. Ses petits-fils apprirent à la fois le dessin, sous la direction du polonais Mérys, l'état de gainier et celui de menuisier ; et l'on vit les ducs de Valois et de Montpensier exécuter des tables de chêne pour les paysans de Saint-Leu[2]. Quant à Mlle de Bourbon, fille de ce prince de Condé qui devait finir si misérablement sa longue vie par un douteux suicide, elle avait un goût à tout le moins singulier pour la maçonnerie[3]. A Vanves, où le prince son père faisait agrandir son château, on la vit s'affubler d'un sarrau de toile et de mauvais gants pour gâcher le mortier, et porter aux compagnons maçons les matériaux nécessaires. La poésie

1. Voir les *Mémoires de Mme Campan.*
2. *Mémoires de Mme de Genlis,* édit. Barrière, page 195.
3. Voir Bachaumont, *Mémoires secrets,* tome VI, page 11.

légère de ce temps s'empara même de ce beau dévouement pour
en faire une aimable chanson :

> D'un enfant l'instinct malfaisant
> Trop souvent le porte à détruire.
> Princesse, ton goût, en naissant,
> Est d'élever et de produire.
>
> Un palais, dans tes nobles jeux,
> Réparé de tes mains fragiles,
> Nous rappelle ces temps heureux
> Où les dieux bâtissaient des villes, etc.[1].

Voici pour les princes! Un roi serrurier, deux princes du
sang menuisiers et gainiers, une princesse *maçonne*, il est
difficile d'aller plus loin. Eh bien! les rois de France et leur
famille n'eussent pas donné ce fécond exemple à leur entourage et au pays, que la haute société française n'en aurait pas
moins abondé dans cette voie généreuse. Il est à remarquer,
en effet, qu'à partir de Louis XIII tous les grands ministres
qui ont gouverné la France ont été des amateurs d'art for-
cenés. Richelieu, le premier et le plus grand de tous, éprou-
vait pour les ouvrages d'art, pour les tableaux et notamment
pour les portraits une véritable passion. L'inventaire des
trésors artistiques entassés par lui au palais Cardinal compte
trois cents tableaux, parmi lesquels des Léonard de Vinci, des
Raphaël, des Jules Romain, des Jean Bellin, des Titien, des
Solaris, des Luini, des ouvrages exquis du Corrège et de

---

1. Les Condé furent, du reste, de tous temps, grands amateurs d'art. Le fils du
grand Condé, celui qu'on appelait « Monsieur le prince », avait, nous dit Saint-
Simon, un grand savoir « dans presque tous les genres et la plupart à fond, jusqu'aux arts et aux mécaniques, avec un goût exquis et universel ». « Chantilly
était ses délices, ajoute Saint-Simon; il s'y promenait toujours suivi de plusieurs
secrétaires, avec leur écritoire et du papier, qui écrivaient à mesure ce qui lui
passait par l'esprit pour raccommoder et embellir. Il y dépensait des sommes pro-
digieuses, mais qui sont des bagatelles en comparaison des trésors que son petit-
fils y a enterrés et des merveilles qu'il y a faites » (*Mémoires*, tome VII, pages
118 et 122).

l'Albane, des toiles exceptionnelles du Poussin, de Claude Lorrain, de Porbus le Jeune, de Rubens et de Philippe de Champaigne. La collection de ses sculptures comptait environ cinquante statues, cent têtes ou bustes, la plupart antiques, et beaucoup de bronzes modernes. Les tapisseries à personnages, à histoires, à verdures, les tapis de Perse et de Turquie, les orfèvreries, les ameublements de velours et de soie brochés d'or et d'argent, les cabinets de Flandres et d'Italie, les tables de porphyre, les paravents de laque, etc., tout était à l'avenant[1].

Indépendamment de son palais Cardinal, le grand ministre possédait deux autres résidences, le château de Rueil et celui de Richelieu, tout aussi somptueusement décorés et meublés. Constatons, en outre, que ces divers palais avaient été édifiés, décorés et meublés sur les indications précises du cardinal, et en suivant au pied de la lettre ses minutieuses instructions. Un mémoire manuscrit émanant de la propre main de Richelieu[2] nous le montre, en effet, réglant lui-même les dimensions des pièces, les hauteurs des lambris, les couleurs et le sujet des peintures, etc. Quel homme d'État de nos jours ne croirait pas déroger en s'occupant de futilités pareilles ?

Au cardinal de Richelieu succéda, après un court interrègne, le cardinal de Mazarin, amateur non moins distingué et plus célèbre encore. L'inventaire de ses richesses artistiques, inventaire dont la confection ne dura pas moins de cent douze jours, comprenait cinq cent quarante-six tableaux, parmi lesquels, le *Saint Jean* de Léonard, l'*Antiope* du Corrège, le *Repas d'Emmaüs* et la *Maîtresse* du Titien. Ajoutez encore trente statues et cent quatre-vingt-seize bustes, la plupart antiques[3], des tapisseries, des cabinets, des orfèvreries, des

---

1. Voir *Notes sur les collections du cardinal de Richelieu*, par M. Bonnaffé, dans la *Gazette des beaux-arts*, tome XXVI, 2ᵉ période.

2. Voir *Mémoire du cardinal à M. de Bordeaux*, dans la *Revue universelle*, tome III, page 120, cité par M. Bonnaffé.

3. *Histoire des plus célèbres amateurs français*, tome II, pages 207 et suiv.

meubles du plus haut prix. Comme Richelieu, Mazarin aimait également à bâtir. Son hôtel, devenu de nos jours la Bibliothèque nationale, atteste encore son grand goût, et si son illustre prédécesseur emplissait de trésors un château qu'il ne

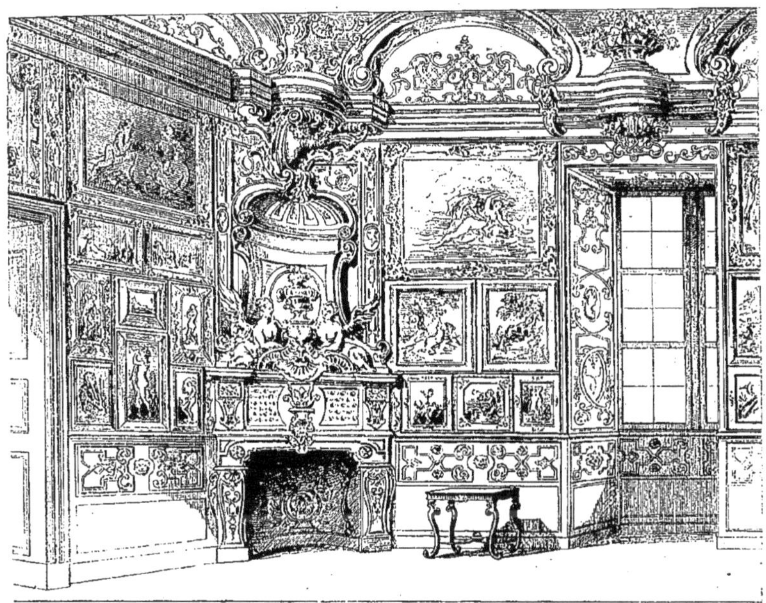

Fig. 6. — Un cabinet d'amateur au dix-septième siècle, d'après un dessin conservé au Louvre.

devait jamais habiter, et comme dit Desmarests de Saint-Sorlin [1] :

> Fit bastir la merveille et ne la vit jamais,

Mazarin, non moins magnifique, laissa à Rome un palais qu'il ne devait jamais revoir, qui n'allait même pas conserver son nom [2], et où il avait fait peindre cet admirable plafond connu

---

1. *Promenades à Richelieu*, page 53. Par une sorte de coquetterie singulière, le cardinal ne mit jamais les pieds dans son château de Richelieu, voulant témoigner par là que le service du roi ne lui laissait pas un jour de loisir.

2. Aujourd'hui palais Rospigliosi.

sous le nom de l'*Aurore* du Guide [1]. Si bien que la foule, en allant, encore de nos jours, contempler ce plafond comme une des merveilles de la Ville éternelle, oublie qu'il fut exécuté sous les yeux d'un homme d'État, qui tient dans notre histoire une place aussi grande.

A Mazarin succéda Colbert, lequel dut son étonnante et rapide fortune à l'estime de Mazarin, sans doute, mais surtout à la chute de Fouquet. Encore un amateur émérite, ce Fouquet, un collectionneur effréné, peut-être pas à la façon du cardinal Albani, qui envoyait quatre mille hommes nuitamment s'emparer d'un obélisque antique que le prince Palestrina avait refusé de lui vendre [2], mais certainement à celle de Richelieu qui, à la prise de la Rochelle, confisqua à son profit la bibliothèque de la ville et absorba, dès leur arrivée en France, les livres que M. de Brèves avait achetés à Constantinople pour le roi [3].

Fouquet, dont l'audace et la convoitise ne connaissaient point de bornes ; Fouquet, prodigue au point de raser trois villages pour arrondir son parc et de dépenser neuf millions pour embellir son château ; Fouquet, regretté des artistes même longtemps après sa disgrâce, et pleuré par les écrivains de son temps ; Fouquet, qui employa Le Nôtre à dessiner ses jardins, Le Brun à peindre ses appartements, Puget à meubler ses terrasses de statues et de vases, et créa la fabrique de tapisseries de Maincy, qui devait donner naissance à celle des Gobelins ; Fouquet, renversé, écrasé, était un exemple trop fertile en enseignements, pour que Colbert renouvelât à ses dépens une aussi dangereuse expérience. Mais, tout en travaillant sous le couvert et pour le compte de son maître, ce

---

1. Felibien, *Entretiens sur les vies des plus excellents peintres*, tome II, page 291.

2. *Mémoires de Mme de Genlis* (éd. Barrière), page 170.

3. *La Bibliothèque nationale, son origine et ses accroissements*, par T. Mortreuil, page 25.

grand ministre mérita de s'entendre qualifier de « Mécène des beaux-arts », même par les étrangers[1], et d'être considéré par la postérité comme le personnage « auquel l'art français, du temps de Louis XIV, est en grande partie redevable de son développement et de ses progrès[2] ». On peut dire, en effet, que tout ce qui s'exécuta, en matière d'art, pendant son long ministère lui passa sous les yeux et fut contrôlé par lui[3].

Avec Louis XV, le ministère tomba en quenouille, mais l'art ne perdit rien, pour cela, de ses droits. Mme de Pompadour, ministre à tout faire de ce galant monarque, était une artiste de talent et une femme de goût. Elle dessinait assez joliment pour que Voltaire crût pouvoir lui adresser la fadeur suivante :

> Pompadour, ton crayon divin
> Devrait dessiner ton visage ;
> Jamais une plus belle main
> N'aurait fait un plus bel ouvrage.

En outre, elle maniait la pointe d'une main fort légère, et son œuvre gravé ne compte pas moins de 69 numéros[4].

C'est à elle que revient l'ingénieuse idée d'avoir fait dessiner par Bouchardon et intailler par Guay les principaux événements du règne de Louis XV. Elle réussit encore à faire établir à Sèvres cette manufacture de porcelaine, qui allait devenir la première du monde, et quand le roi lui donna Bellevue, elle en dirigea elle-même la décoration. Coustou, Rousseau, Maurissan, la veuve Chevalier et Verbreck furent

---

1. Notamment par l'Italien Bellori dans ses *Vite di pittori, scultori ed architetti moderni*. Rome, 1674.

2. *Histoire des plus célèbres amateurs français*, tome II, page 2.

3. On voit au Louvre deux dessins de Coypel assez insignifiants et qui sont relatifs à la décoration de l'oratoire de la reine. Ces deux dessins portent la mention : « Soumis à l'approbation de Monseigneur Colbert. » Ce simple exemple suffit à montrer que Colbert ne négligeait aucun de ces menus détails que nos ministres jugent, aujourd'hui, être sans importance.

4. Voir à la Bibliothèque nationale, cabinet des Estampes, portefeuille A. D. 7 a.

employés par elle à la sculpture ; Oudry, Neilson, Gavau, Brunelli, travaillèrent sous ses ordres à la peinture ; Caffieri fut chargé des lambris et des corniches, Janson des ornements, La Martinière des émaux. L'impulsion qu'elle donna à tous ces artistes fut si personnelle, elle les pénétra si bien de son esprit et de son goût, que la décoration de ce temps prit son nom, le garda, et personne aujourd'hui n'ignore ce qu'est le « style pompadour ».

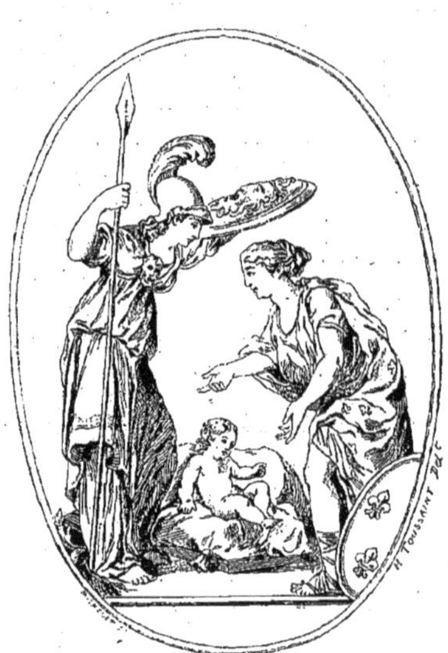

Fig. 7. — Copie d'une gravure exécutée d'après Guay, par Mme de Pompadour.

Comme amateur, elle ne fut guère moins célèbre que comme inspiratrice des artistes ses contemporains. Le catalogue de sa galerie de tableaux, dressé par le peintre Pierre Remy, ne compte pas moins de 32 pages. Sa bibliothèque comprenait 3,545 numéros, c'est-à-dire près de 5,000 volumes magnifiquement reliés. Ses porcelaines anciennes étaient estimées 150,000 livres, ses vieux laques 111,945, et ses boîtes en or, menus bijoux et *colifichets*, à près d'un demi-million [1].

Non seulement elle fut de son vivant l'arbitre du ton et de la mode, mais la réputation de son goût lui survécut si bien, qu'en mars 1782, c'est-à-dire dix-huit années après sa mort, quand on vendit les tableaux et objets d'art du marquis de Ménars, « comme la grande partie des morceaux précieux de

1. *Histoire des plus célèbres amateurs français*, tome Ier, page 164.

cette collection, nous dit Bachaumont, provenoit de la succession de Mme de Pompadour, très connue pour son discernement et son goût pour les arts, la foule des amateurs s'empressa d'aller voir ces merveilles [1] ».

Nous passerons rapidement sur Mme Dubarry, personnage moins intéressant à tous égards, et à qui nous devons cependant de voir au Louvre cet admirable portrait de Charles Ier par Van Dyck, tableau qui sans elle serait aujourd'hui à l'étranger, avec le reste du cabinet de Thiers [2]. Ce que nous voulons montrer maintenant c'est que, alors même que ces ministres, si grands et si bien doués, auraient fait défaut à notre pays, l'art français, j'entends notre art somptuaire, n'en aurait pas moins été poussé dans cette voie féconde, originale, personnelle, où il s'est si fort distingué ; car à défaut des encouragements officiels, il aurait encore subi l'heureuse

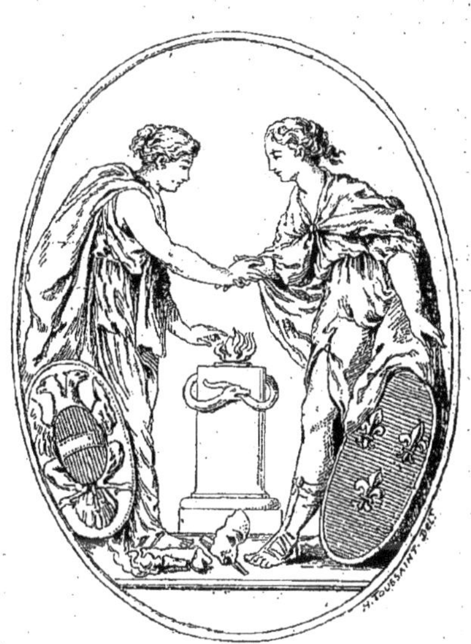

Fig. 8. — Copie d'une gravure exécutée d'après Guay, par Mme de Pompadour.

influence d'un nombre incalculable de gens d'une éducation remarquable et d'un goût supérieur.

Richelieu et Mazarin n'étaient point, en effet, les seuls amateurs de leur temps. On en rencontrait alors à foison, et des plus savants, des plus intelligents, des plus distingués, des

1. *Mémoires secrets*, tome XX, page 149.

2. Ce chef-d'œuvre fut payé à la vente du comté de Thiers 24,000 livres. Voir Bachaumont, *Mémoires secrets*, tome V, page 277.

plus capables, non pas dissimulant une armée de spéculateurs, comme on en voit hélas! beaucoup trop aujourd'hui, mais aimant l'art pour lui-même et les belles choses uniquement pour le plaisir qu'elles leur causaient. Tels étaient, au dix-septième siècle, le maréchal de Créqui, le duc d'Epernon, Charles de Gonzague, duc de Nevers; Charles de l'Orme, médecin ordinaire de Henri IV et de Louis XIII; Mathieu Molé, Paul Peteau, conseiller au parlement; MM. de Gondi, d'Ornano, et de Villeroy dont la galerie établie à Conflans était justement célèbre. Ajoutez encore de Thou, Michel de Marolles, auquel nous devons les bases de notre Cabinet des Estampes; Evrard Jabach, le marquis d'Aumont, M. de Charmois, M. de Bagarris, M. d'Effiat, dont le château de Chilly passa longtemps pour une merveille; MM. de Bullion, la duchesse d'Aiguillon, héritière des biens et des goûts du cardinal de Richelieu; Lambert de Thorigny, dont l'hôtel est encore un des ornements de Paris[1]; Moreau, premier valet de chambre de Louis XIV[2]; le président le Cogneux, le maréchal de Tallard[3], le chancelier Seguier, et cent autres.

Au dix-huitième siècle le nombre des amateurs est encore plus grand et leur qualité n'est pas moindre : Pierre Crozat, Antoine de Laroque, Jean de Julienne, le comte de Lassay, le prince de Conti, Crozat, baron de Thiers, le duc de Lavallière, le marquis de Menars, le duc d'Antin, le duc de Choiseul, Pierre-Jean Mariette, Blondel de Gaigny, Randon de Boisset, de La Live de Jully et Quentin de Lorangère tiennent le premier rang avec la belle et galante comtesse de Verue,

---

1. Sous le nom de « Hôtel Lambert ».

2. Voir dans la *Correspondance de Madame* la description de sa collection.

3. M. de Tallard est peut-être le seul exemple d'un amateur assez passionné de peinture pour avoir acheté des tableaux en viager et qui devaient être restitués après sa mort. « Il avoit un mobilier considérable, dit le duc de Luynes; il aimoit les tableaux, les livres, les estampes; il avoit plusieurs tableaux qu'il avoit achetés à vie ». *Mémoires*, tome XIV, page 259.

> Cette dame de volupté,
> Qui, pour plus de sûreté,
> Fit son paradis en ce monde.

Après cela, venaient encore le comte de Guiche, le député Pasquier, le comte de Vence, MM. de Pontchartrain, de Fonspertuis, Gaillard de Gaigny, l'abbé Terray, Poullain, Nogaret, le duc de Grammont, Mme Geoffrin, Thélusson, Grimod de la Reynière, le comte de Vaudreuil, le duc d'Orléans, Blondel d'Azincourt, le duc de Choiseul-Praslin, etc.

Ajoutez, que presque tous les grands artistes de ces deux siècles inventifs étaient, eux aussi, des collectionneurs de goût et des amateurs de premier mérite. Le Nôtre aimait à la folie les médailles, et les connaissait si bien que le roi le consultait souvent; il avait en outre de fort beaux tableaux[1]. André-Charles Boule, le grand ébéniste, était amateur d'estampes et de dessins au point d'en perdre, comme on dit vulgairement, « le boire et le manger ».

« Cet homme, écrit Mariette[2], qui a travaillé prodigieusement et, pendant le cours d'une longue vie, qui a servi des rois et des hommes riches, est pourtant mort mal dans ses affaires. C'est qu'on ne faisoit aucune vente d'estampes ou de dessins, etc., où il ne fût, et où il n'achetât souvent sans avoir de quoi payer; il falloit emprunter presque toujours à gros intérêts. Une vente nouvelle arrivoit, nouvelle occasion de recourir aux expédients. Le cabinet devenoit nombreux, les dettes davantage, et, pendant ce temps-là, le travail languissoit, c'étoit une manie dont il ne fut pas possible de le guérir. »

Cressent, ébéniste du régent, qui succéda à Boule dans la faveur publique, aimait aussi passionnément les œuvres d'art.

---

1. Voir Félibien, *Entretiens sur les vies et ouvrages des principaux peintres*, tome III, page 491; tome IV, page 151.

2. Dans l'*Abecedario*.

Il n'est, d'ailleurs, qu'à voir les ventes après décès de Coypel, en 1752; de Bouchardon et du peintre Manglard, en 1762; de J.-B. de Troy et de Sébastien Leclerc, en 1764; du sculpteur Cayeux, en 1769; des peintres Baudouin, en 1770, Boucher et Le Brun fils, en 1771, Louis-Michel Van Loo, en 1772, du sculpteur J.-B. Lemoyne, en 1778; de Chardin et de Soufflot, en 1780, pour se rendre compte de la place énorme que l'art ancien tenait dans les préoccupations de ces vaillants artistes, qui furent cependant des maîtres si modernes.

Et, pour en revenir à ces amateurs, à ces gens distingués, à ces érudits possédant « l'écorce de tous les arts et de tous les métiers », leur préparation était si grande, leur compétence en tout si complète, que non seulement ils inspiraient les artistes, mais qu'à la rigueur ils se substituaient à eux, et pouvaient encore leur faire une confraternelle concurrence.

Certes, il en était bien, dans le nombre, quelques-uns dont l'ignorance semble digne de passer en proverbe, le marquis de Gesvres, entre autres, qui s'imaginait que la plupart des crucifiements étaient peints par un artiste nommé *INRI*, parce que ce mot s'étale en belle place sur un grand nombre de tableaux de cette sorte[1]. Il s'en rencontrait aussi, dont les instincts de collectionneur tournaient au moins à la manie; le comte d'Estrées, par exemple, qui laissa toute sa vie cinquante-deux mille volumes en ballots chez Mme de Courtenvaux, sa sœur, et qui lançait des agents à la recherche d'un buste de Jupiter Ammon, qu'il possédait dans un grenier[2].

Mais, à côté de ces exceptions singulières, quelle surprise c'est pour nous, que de voir un médecin comme Perrault se transformer sans effort en architecte de génie; un professeur de mathématiques, comme Blondel, se charger de tous les ouvrages d'architecture de Paris et improviser des monu-

---

1. Saint-Simon, *Mémoires,* tome II, page 248.
2. *Ibid.,* tome III, page 430.

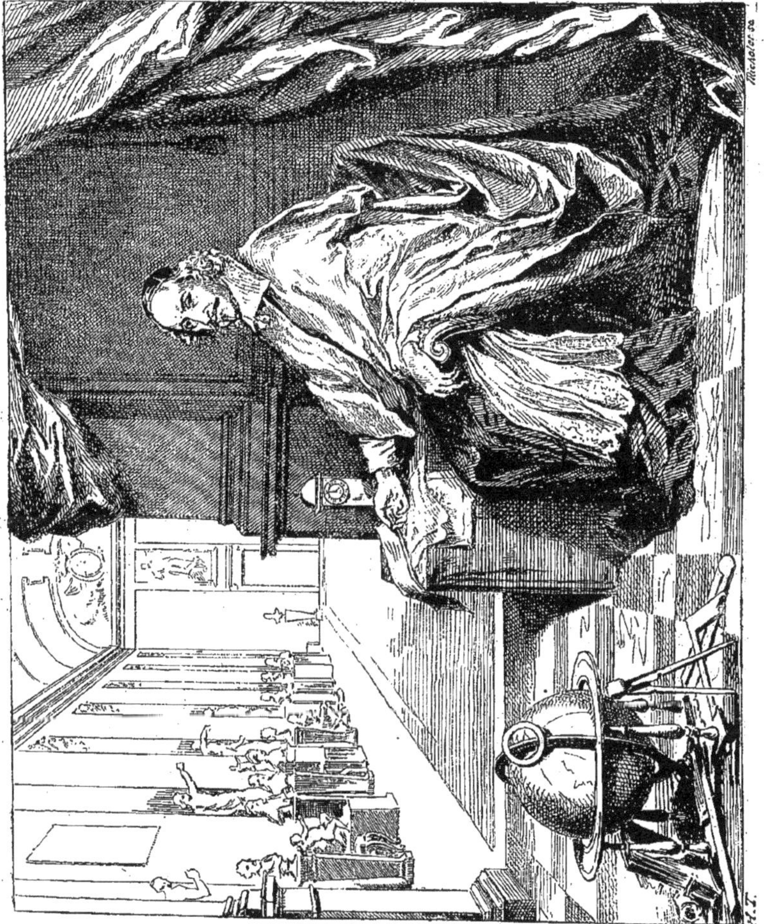

LE CARDINAL DE MAZARIN DANS SA GALERIE

ments aussi considérables que la porte Saint-Denis ou un géomètre, comme Clévault, exceller dans la peinture de paysage[1]. Dans un ordre moins actif, n'est-il pas intéressant de voir un surintendant de la maison de Monsieur, Bechameil, doué d'un goût exquis, « en tableaux, en pierreries, en meubles, en bâtiments, en jardin », présider à l'édification d'un palais aussi vaste que celui de Saint-Cloud, être consulté avec attention par le roi, et cela au point de donner de l'ombrage à Mansart[2] ? N'est-il pas un peu humiliant pour nous de rencontrer, installé chez M. de la Rochefoucauld, un duc Fornaro qui construit à Liancourt « un escalier charmant dont personne n'avait pu venir à bout[3] », et à la cour, un Lenglée réputé de tant de goût qu'il « ne se bâtissait ou ne s'achetait point de maisons qu'il ne présidât à la manière de la monter, de l'orner, de la meubler[4] ».

Je passe rapidement sur les simples gentilshommes artistes qui, à l'exemple du duc de Bourgogne et du régent, manièrent le crayon, le pinceau et même le burin. Cependant M. de Caylus, tout le monde le sait, inventa la peinture à la cire et grava, avec un réel talent, les dessins du cabinet du roi et ceux du cabinet Crozat ; le marquis de Bizemont « dessinait et maniait le burin avec un goût infini[5] » ; le comte de Choiseul-Gouffier dessinait d'une façon charmante[6] ; Grimod de la Reynière « peignait au pastel », et, au dire du peintre Cassas, le chevalier de Lorimier « peignait comme un ange[7] ». Bien mieux « M. de Bouflers (*sic*), officier amateur plein de goût et de talents » dessina le portrait de Voltaire à Ferney, et le

1. *Histoire des progrès de l'esprit humain dans les sciences exactes*, page 500.
2. Saint-Simon, *Mémoires*, tome IV, page 5.
3. Dangeau, tome Ier, page 104.
4. Saint-Simon, tome II, page 425.
5. *Histoire des plus célèbres amateurs*, tome III, page 61.
6. Lettre de Cassas à M. Desfriches, *ibid.*, tome III, page 229.
7. *Ibid.*, tome III, page 256.

grava à l'eau-forte[1]. Ce fut le chevalier de Chaumont, architecte improvisé, qui donna les plans du théâtre de Versailles[2], et le chevalier de Lorge exécuta le portrait de Marie-Antoinette, en Diane chasseresse, avec assez de talent, pour obtenir les suffrages de toute la cour[3].

D'autres, le marquis d'Argens, le président de Brosses, Dezallier d'Argenville, le marquis de Choiseul[4], se sont montrés critiques d'art achevés, dans un temps où la critique d'art existait à peine. Nous les laisserons de côté cependant, car il nous tarde d'arriver aux femmes, à ces nobles et intelligentes femmes du dix-septième et du dix-huitième siècle, qui exercèrent une influence si considérable sur la société française et sur l'art européen.

Comme tous les hommes illustres d'alors, elles se piquaient également de la pratique des beaux-arts. Ainsi Mme de Rambouillet fut, elle-même, l'architecte de son fameux hôtel[5], et quand on croyait cet hôtel achevé, aussi ingénieuse et discrète qu'habile à ménager des surprises, « elle fit bâtir, peindre et meubler un grand cabinet, sans que personne de cette foule de gens qui alloient chez elle s'en fût aperçu[6] ». Mme de Montespan, elle aussi, dirigeait en personne ses maçons et ses charpentiers[7], et Mme de Sévigné écrivait, aux Rochers, cette phrase devenue invraisemblable : « J'ai dix ouvriers qui me divertissent fort[8]. » Quant à Mme de Schomberg, l'aimable auteur d'un livre qu'on ne saurait assez louer[9], elle transforma

1. Bachaumont, *Mémoires secrets*, tome III, page 72.

2. *Ibid.*, tome IV, page 57.

3. *Ibid.*, tome VII, page 217.

4. Il laissa en manuscrit un poème sur la peinture « très estimé des personnes qui l'ont lu et infiniment préférable à tout ce qui a été composé de pareil en ce genre ». Bachaumont, tome IV, page 370.

5. Tallemant des Réaux, *Historiettes*, tome II, page 215.

6. *Ibid.*, tome II, page 216.

7. *Lettres de Mme de Sévigné*, Paris, 12 janvier 1675.

8. Lettre à M. de Grignan, datée des Rochers, 13 octobre 1675.

9. Voir *Règlement donné par une Dame de haute qualité à sa petite-fille.*

Liancourt, et en fit l'une des plus belles résidences de France[1].
Ainsi s'explique l'empreinte que les femmes de l'ancien régime
laissèrent sur toutes les grandes œuvres de leur temps.

Dans les plus petites et les plus mignonnes, leur participation n'était ni moins active, ni moins intelligente. Mme de
Maintenon, pariant contre le dauphin, perd une canne ; à qui
s'adresse-t-elle pour la faire faire ? à un marchand ? — non
point — à un artiste ? — pas même — à Mme de Coulanges,
son amie, qui en fournit le dessin et la fait exécuter d'après
ses indications précises. « La pomme est une grenade d'or et
de rubis ; la couronne s'ouvre, on voit le portrait de Mme la
Dauphine et au-dessous *il piu grado nasconde*[2]. » Voilà certes
une ingénieuse attention qui ne serait point venue à l'idée
d'un fabricant ordinaire. Le cardinal d'Estrées veut offrir, en
forme d'étrennes, un écran à Mme de Savoie. Désirant quelque
chose d'exquis, c'est à Mme de Lafayette qu'il a recours, et
Mme de Lafayette dessine elle-même cet écran qui passe pour
un véritable bijou[3].

A tous ses échelons hiérarchiques, ce grand monde de belles
dames ne reste point oisif, et s'occupe de créer et de produire.
A l'instar de la reine Mathilde, la seconde épouse de Louis XIV
donne l'exemple de cette persistante activité. « On voit encore,
parmi les meubles de la couronne, écrit Mme de Genlis, un
superbe lit, travaillé en soie, en or, en petites perles fines et
pierreries, fait par Mme de Maintenon pour Louis XIV[4]. » A
Saint-Cyr, tout un atelier de nobles filles travaille, sous la
surveillance de cette femme d'Etat, et crée un point de broderie qui porte encore le nom de cette célèbre maison.

Une autre reine, plus légitime, Marie Leczinska, brodait
également. « Il y a quelques jours, écrit le duc de Luynes à

1. Tallemant des Réaux, *Historiettes*, tome II, page 260.
2. *Lettres de Mme de Sévigné*, tome V, page 381.
3. *Ibid.*, tome V, p. 149.
4. *Mme de Maintenon*, tome II, page 266.

la date du 24 mai 1746, que la reine fit présent, à Mme de Luynes, d'un meuble en tapisserie avec de l'or, qui est en partie son ouvrage[1]. » Les quatre filles de Louis XV, que ce monarque sans façon appelait familièrement *Coche, Loque, Graille* et *Chiffe*, n'avaient pas de distraction plus chère que broder la tapisserie[2]. Cette occupation noble jouissait à Versailles et à Trianon de prérogatives spéciales ; et Marie-Antoinette « entrait dans le salon sans que les métiers à tapisserie fussent laissés par les dames[3] ». Bien mieux, on vit longtemps chez une marchande, Mlle Dubuquois, « un tapis de pied fait par la reine et Mme Elisabeth, pour la grande pièce de son appartement du rez-de-chaussée des Tuileries[4] ».

On comprend mieux, semble-t-il, après cette profusion d'exemples, comment les époques précédentes portent si franchement l'empreinte de leurs générations respectives. D'autant plus que chaque personnage un peu considérable tenait, pour se modeler sur l'image du roi et des princes, à posséder, dans son entourage direct, je dirai même dans sa domesticité, un ou plusieurs artistes, exécuteurs immédiats de ses fantaisies et qui travaillaient exclusivement pour lui.

Un vulgaire financier, M. de la Popelinière, traînait un orchestre à la suite de son opulente personne[5] ! Mme de Sévigné nous montre un simple gentilhomme, M. de La Garde, emmenant partout avec lui un jeune peintre de talent[6]. M. de Choiseul-Gouffier, partant pour son ambassade de Constantinople, se fait accompagner par le peintre Cassas[7], et Mme de Simiane, implorant pour un malheureux homme dont le fils vient d'être condamné aux galères : « Voilà, dit-elle, un

1. *Mémoires du duc de Luynes*, tome VII, page 321.
2. *Mémoires de Mme Campan* (édition Barrière), page 49.
3. *Ibid.*, page 173.
4. *Ibid.*, page 260.
5. *Mémoires de Mme de Genlis* (édition Barrière), page 21.
6. *Lettres de Mme de Sévigné*, tome IV, page 328.
7. *Histoire des plus célèbres amateurs*, etc., tome III, page 227.

pauvre vieillard affligé que je vous présente, il n'étoit pas domestique, mais sculpteur, qui a travaillé toute sa vie au château de Grignan et de La Garde. C'est un ouvrier qui a été admirable et de pair avec les plus fameux. » Ce dernier trait me paraît achever le tableau.

Après cela, nous pouvons conclure. — Il est clair, en effet, que l'art, en ces temps prodigues, était vraiment original, parce qu'il n'était point la propriété, le bien, la chose d'un petit nombre de producteurs indécis, désireux de satisfaire des clients incertains, et redoutant de s'aventurer dans des voies inconnues; mais parce que, au contraire, il était la chose, le bien, la propriété de la société tout entière, l'expression de ses préférences, la résultante de ses aspirations, la satisfaction intelligente et raisonnée de ses besoins et de ses goûts.

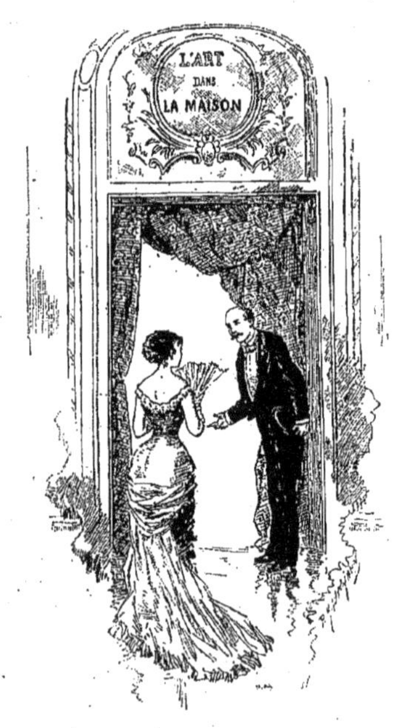

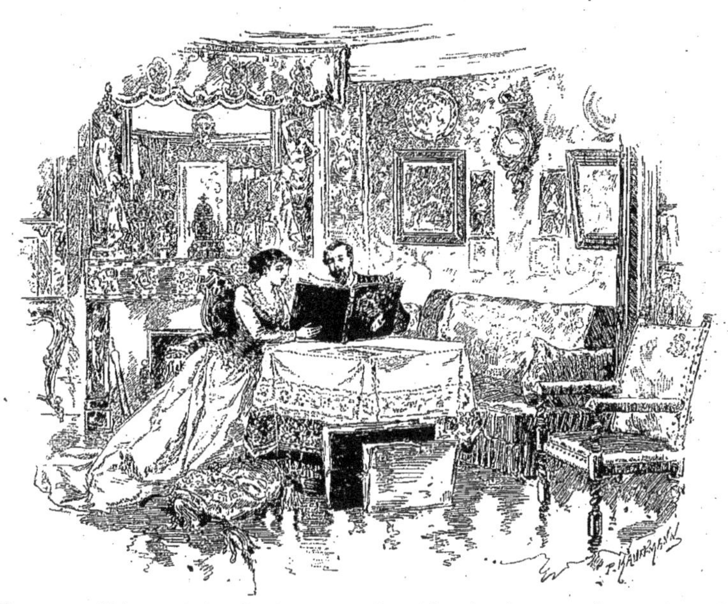

Fig. 10. — « Mais en résulte-t-il qu'on sera condamné à ne jamais comprendre cette langue ? »

III

APRÈS AVOIR SIGNALÉ LE MAL, ON CHERCHE LE REMÈDE

ORSQU'UN mal est connu, lorsqu'on en sait la cause, et dans une certaine mesure, le remède, il semble qu'il soit presque facile de le guérir. Dans notre cas spécial, il n'en est pas tout à fait ainsi, par cette raison péremptoire que nos mœurs, nos besoins et nos fonctions sociales se sont étonnamment modifiés depuis cent ans.

Les conditions de la production, nous l'avons vu dans notre premier chapitre, ont subi une transformation radicale. A l'artisan travaillant à façon s'est substitué l'entrepreneur qui se charge de livrer l'ouvrage complet, et affranchit son client de l'embarras de le faire exécuter lui-même. A l'ouvrier exécutant, à son compte et avec l'aide de quelques compagnons, l'œuvre qu'on lui commande et dont on lui fournit le « dessin », s'est substitué l'industriel alimentant, avec son atelier abondamment peuplé, le magasin du marchand ou qui, marchand lui-même, mais travaillant d'avance, est obligé de produire, régulièrement et par quantité, des ouvrages d'un goût moyen, seul procédé qui soit à sa portée, pour ne pas s'exposer à de graves mécomptes.

Ajoutons que cette transformation fort curieuse, typique même, ne s'est pas opérée seulement dans le mobilier. De même qu'on ne voit plus, comme jadis, un honnête homme se rendre chez le marchand de drap pour lever un coupon et le livrer ensuite au culottier, au giletier et au tailleur d'habits; de même on ne voit plus un jeune couple entrant en ménage, ou une famille renouvelant son mobilier, s'adresser à des corps d'état séparés, demander à l'ébéniste ses bois, au tisseur ses étoffes, les guider l'un et l'autre par son choix, et forcer le tapissier à façon à compléter l'œuvre par de bonnes garnitures.

En huit jours, un tailleur vous habille, non suivant votre tempérament, votre âge et votre position, mais à la mode. Pareillement, en quelques semaines, le tapissier, vous débarrassant de toute préoccupation et de tout souci, meuble et drape la maison, de la cave au grenier.

Et nos idées sont telles, qu'on croit se trouver bien de cette innovation. Par nonchalance, par paresse d'esprit, on s'applaudit de cette économie de démarches et de temps. Mais qu'en résulte-t-il ? C'est qu'en outre de la solidité qui désormais fait défaut, tailleur et tapissier vous ont vêtu et meublé d'après des formules générales, d'après des modèles d'une vulgarité obligatoire. — Meubles et vêtements portent l'empreinte de ce goût moyen, dont nous parlions à l'instant, qui convient à tout le monde et ne satisfait personne.

Cette paresse, qui nous pousse à admettre ainsi la participation prédominante d'un tiers — car tailleurs et tapissiers abusent de leur compétence relative pour nous faire choisir ce qui leur convient — cette paresse est-elle excusable? Elle l'est assurément. L'effort que réclamerait une résistance raisonnée de notre part est, en effet, hors de proportion avec le résultat que nous pourrions obtenir. Car, non seulement il est difficile d'imposer sa volonté à des gens spéciaux, mais encore, il faut bien le reconnaître, nous manquons de confiance dans nos propres lumières. — Et comment, du reste, pourrait-il en être autrement?

Jadis, les jeunes gens de la haute société, arrivant à la maturité de leur discernement, avaient, en matière artistique, subi une sorte d'initiation latente, qui commemçait pour ainsi dire au berceau. Filles et garçons passaient presque toujours leurs jeunes années au logis paternel. En hiver, habitant une grande ville, et l'été, un château domanial, ils se trouvaient préparés, dès leur plus tendre enfance, aux fonctions qu'ils devaient exercer un jour et surtout au rang qu'ils devaient tenir. Ils entendaient leur père discuter avec les artistes, leur mère discuter avec les domestiques et les fournisseurs; car la vie d'une châtelaine n'était, aux siècles derniers, rien moins qu'une sinécure.

« Ce n'est pas une chose indifférente pour la dépense, que le bel et bon air dans une maison, » écrit Mme de Sévigné [1]. « Une dame de château a mille occupations, écrit Mme de Simiane, il faut distribuer mon lard, ma chandelle, mon huile, prendre bien garde à tout [2]... » En ces temps, plus encore que maintenant, la parole de Sénèque à Polybe était d'une vérité pressante. Une grande fortune était une servitude de tous les instants.

Lorsque, de l'administration domestique, les dames de château, comme les appelle Mme de Simiane, passaient à la déco-

---

1. Lettre à M. de Grignan. Voir tome VII, page 393.
2. *Lettres de Mme de Sévigné*, tome X, page 154.

ration et à l'embellissement de leurs demeures, elles n'étaient
ni moins compétentes, ni moins absorbées par les menus détails, et n'hésitaient pas à s'occuper, elles-mêmes, d'une foule
de questions qui de nos jours sembleraient, à certaines bourgeoises, singulièrement mesquines. Écoutez plutôt Mme de
Sévigné raisonner ameublement avec le président du Moulceau :
« Voilà le sentiment d'un bon tapissier sur les questions de
Madame votre femme ; mais quoi qu'il vous dise d'une crépine
d'or à deux taffetas, et qu'il y en ait ici, rien n'est si joli, si
bien et si frais pour l'été, que de faire, de ces beaux taffetas,
des meubles tout unis et la tapisserie aussi[1]. » Sentez-vous
combien les avis du tapissier (et encore d'un bon tapissier)
pèsent peu sur le sentiment de l'incomparable marquise. Sa
petite-fille, elle aussi, avec moins d'autorité, mais non moins
d'abandon, ne se faisait pas faute d'entretenir ses amis de ces
questions, alors considérées comme d'une gravité spéciale.
« Oserois-je, écrit elle à la date du 3 juin 1735, oserois-je,
Monsieur, vous demander votre avis et tout de suite votre
secours, pour l'exécution du projet que j'ai formé pour mon
nouveau sallon qui ne vous plaît pas, dont je suis moult at-
tristée ? Le voici : puisqu'il ne mérite pas votre approbation,
il ne mérite pas de meubles ; d'ailleurs je ne veux point en
faire davantage. J'ai donc imaginé un lambris, une peinture,
tout ce qu'il vous plaira, dans le goût de votre petit arrière-
appartement, un peu plus orné et différent de ma salle à
manger. Je crois que cela vaudra mieux que tout blanc. Vous
voudriez peut-être des moulures, des encadrures ? Vous avez
raison, mais cela coûte trop[2]. » Vous le voyez, Mme de Simiane connaît les expressions techniques. Elle parle de lambris, de moulures, d'encadrures, comme un décorateur. Elle
sait le prix de ces divers travaux. Elle ne dit pas qu'elle ne

1. Voir *Lettres de Mme de Sévigné*, tome X, page 71.
2. *Ibid.*, tome X, page 197.

veut plus acheter des meubles, mais qu'elle ne veut point *en faire* davantage.

Je demande pardon à mes aimables lectrices de tant insister sur un point futile en apparence, mais en réalité fort important. Il serait éminemment souhaitable, en effet, qu'il fût bien entendu et définitivement admis, pour la bonne interprétation de ce qui va suivre, qu'une femme charmante, bien élevée, riche et distinguée par sa naissance, sa fortune, ses relations, non seulement ne déroge pas en s'occupant de ces détails de décoration et d'aménagement intérieur, mais encore ne fait que reprendre une tradition intelligente et fort digne, que nos mœurs utilitaires et hâtives nous ont fait très fâcheusement abandonner.

Aujourd'hui, en effet, les enfants sont, le plus souvent, brusquement séparés de leurs parents. On met les garçons au collège, c'est-à-dire entre quatre murs, nus, délabrés parfois, odieux toujours, d'où l'art est impitoyablement banni comme une distraction dangereuse et profane. Là, leur vie s'écoule en présence de professeurs fort érudits assurément, mais dont le goût en matière artistique peut être justement suspecté; sous les yeux de maîtres d'études, certainement dévoués, mais auxquels ce qu'on est convenu d'appeler le luxe est inconnu, et pour cause. Que veut-on qu'ils apprennent, ces pauvres enfants, dans un semblable milieu? Aussi, quand ils sortent de là, non seulement leur goût n'est pas formé, mais leurs idées ne sont même pas éveillées, leurs yeux ne sont pas même ouverts.

Pour les filles, la vie de famille est plus respectée, mais pour combien d'entre elles encore la lumière demeure-t-elle sous le boisseau? Comment, au reste, une mère, apprendrait-elle à sa fille ce qu'elle-même bien souvent ignore? L'exemple est là qui fait son œuvre. Père et mère s'en remettant au marchand, pourquoi les enfants s'ingénieraient-ils à faire autre chose que ce qu'ils voient faire ? Est-ce donc à dire que nous soyons condamnés à tourner éternellement dans un cercle vicieux ? En aucune façon.

Placez auprès d'un jeune enfant une personne parlant une langue étrangère; en peu d'années, cet enfant, sans études sérieuses, sans efforts, en se jouant, arrivera à parler, lui aussi, cette langue. Mais de ce que vous aurez négligé ce soin, en résulte-t-il que votre enfant sera condamné à ne jamais connaître la langue qu'il n'a point apprise en se jouant ? Il pourra, avec un peu d'attention, d'efforts et d'études réparer la lacune laissée dans son éducation. Eh bien! il en est de même pour les arts, et c'est là l'explication de notre livre, son but et aussi sa raison d'être.

Le moment nous a paru d'autant mieux choisi pour le publier, que, par un retour très frappant, nos goûts présentent en ce moment une singulière analogie avec ceux du siècle dernier. Les choses de l'art recommencent à nous passionner. Le mobilier a repris à nos yeux l'importance à laquelle il a droit, et l'on commence à se préoccuper très sérieusement du luxe intérieur et de l'élégance intime.

Mille traits de mœurs, que nous regardons comme de dangereuses nouveautés, ne sont à bien prendre que des réminiscences. L'empressement que marquent, au grand scandale de la presse bien pensante, les dames du meilleur monde à assister aux ventes d'actrices et à visiter leurs hôtels somptueux n'approche certes pas de celui que marquaient leurs élégantes bisaïeules. En faut-il une preuve ? Choisissons comme exemple la vente de Mlle Deschamps. Cette demoiselle avait été la maîtresse du duc d'Orléans et de M. Brissart, fermier général. Son mobilier était justement réputé pour un des plus beaux de ce temps, si prodigue pourtant en meubles somptueux. La vente eu lieu le 15 avril 1760, et, « dans l'intervalle du 11 au 15, nous dit Barbier, il y a eu un concours considérable

de gens de considération en femmes et en hommes, par curiosité, pour voir d'avance l'appartement, les meubles et les
raretés en porcelaine[1] ».

Ajouterons-nous qu'il n'était même pas besoin du prétexte
d'une vente, pour que la foule élégante fît preuve d'un extrême
empressement à voir de beaux appartements. En 1770, le sieur
d'Auberval, danseur à l'Opéra, s'étant fait construire dans son
hôtel un salon dont la décoration lui coûtait 45,000 livres, le
Tout Paris d'alors y courut[2]. En 1781, lorsque l'architecte
Ledoux eut achevé, pour Mme Telusson, cet hôtel en forme de
temple, que beaucoup de nos contemporains ont connu à
l'extrémité de la rue d'Artois, l'empressement fut tel à le visiter, qu'on dut délivrer des billets pour contenir la foule[3].

Un autre symptôme de ces traditions qui renaissent après
un long assoupissement, c'est l'importance qu'on nous voit
attacher de nouveau aux beaux meubles. Jadis, ils constituaient
les plus nobles présents qu'on pût offrir. Louis XIV, pour
marquer son estime aux ambassadeurs de Siam, leur donne
des miroirs d'argent, des candélabres, des lustres de cristal,
des bureaux, des tables en marqueterie, etc.[4]. Au doge de
Gênes, il offre de fort belles tapisseries des Gobelins[5]. Lorsque
M. de Puisieux quitte le ministère, Louis XV, pour lui témoigner son regret de le voir partir et sa reconnaissance pour
les services rendus, lui fait cadeau d'une superbe pendule représentant les trois Parques[6]. Aujourd'hui, on s'en tire à
meilleur compte, avec les croix et les décorations; mais aussi,
en ces temps primitifs, un pays n'était point exposé à compter,

1. *Chronique de la Régence et du règne de Louis XV*, tome VII, pages 245 et
suivantes.
2. Bachaumont, *Mémoires secrets*, tome V, page 64.
3. *Ibid.*, tome XVI, page 146.
4. Voir le *Mercure de France*, février 1685, page 295.
5. Dangeau, tome Ier, page 179.
6. *Mémoires de Mme de Genlis* (éd. Barrière), page 112.

parmi ses plus ardents ennemis, les plus hauts dignitaires de ses ordres.

Malgré cela, en dehors des sphères officielles, on reprend goût aux beaux meubles, les enchères les font monter à des prix que nous jugeons excessifs; et, sans pousser l'enthousiasme aussi loin que cette comtesse de Fiesque, qui cédait un domaine en échange d'une glace et s'écriait gaiement : « J'avais une méchante terre qui ne me rapportoit que du blé, je l'ai vendue et j'en ai eu ce beau miroir, est-ce pas faire merveille ? du blé ou ce beau miroir ! »; encore un joli meuble est-il redevenu un de ces présents acceptables, qu'on peut se permettre d'offrir, en témoignage d'amitié ou de reconnaissance, à une dame ou à un ami.

Le moment nous semble donc bien choisi, pour réapprendre ce langage du bon goût qui nous était sorti de la tête, pour acquérir de nouveau cette « écorce de tous les arts, de toutes les fabriques, de tous les métiers », qui faisait la supériorité de nos ancêtres. Mais l'entreprise est moins facile qu'elle ne paraît tout d'abord, car les enseignements nous permettant de reconstituer l'ensemble de connaissances indispensables sont singulièrement dispersés.

Rien que pour parcourir ce qui a été écrit sur la matière, c'est quelques centaines de volumes à lire et à résumer. Pour beaucoup de sujets, les documents précis font même défaut. Pour la plupart, les ouvrages écrits ne sont plus au courant des progrès du bien-être ou de la science. Il va donc nous falloir revoir tout par nous-mêmes. Cet énorme travail doit-il nous arrêter ? — Certes non pas. Sans trop en avoir l'air, nous avons bien fouillé plus de trois cents volumes de *Lettres* et de *Mémoires*, pour saisir le secret de nos ancêtres. Le présent et l'avenir nous importent pour le moins autant que le passé.

Donc, mettons-nous vite à la besogne ; et, pour procéder avec méthode, nous commencerons par étudier les matériaux nombreux qui trouvent leur emploi dans la confection du mobilier et dans la décoration intérieure de nos habitations. Nous rechercherons quelles sont leurs qualités et à quelle destination ils sont propres. Puis, passant à la mise en œuvre de ces matériaux, nous déterminerons les conditions de résistance, d'équilibre, de proportions, de convenances, qui doivent présider à leur emploi. Cela composera la première partie de nos études.

Dans la seconde, appelant à notre secours le bon sens, la raison et, quand il sera nécessaire, les sciences exactes, nous nous efforcerons d'établir le rôle que doivent jouer les formes et les couleurs ; et, nous basant sur les impressions plus ou moins exactes qu'elles produisent sur nos sens, nous déterminerons la façon dont il faut les unir et les grouper, pour composer des ensembles harmonieux et corrects.

Ces deux points acquis, nous ferons en sorte d'appliquer nos connaissances techniques fraîchement conquises et les règles générales par nous constatées à l'ornementation et à l'ameublement de chaque pièce du logis. Refaisant leur histoire, pour en bien établir le caractère, nous les passerons toutes en revue, soit qu'elles dépendent des pièces de réception, comme le salon et la salle à manger, etc., des appartements intimes comme la chambre à coucher et le cabinet de toilette, ou encore des *accès* comme le vestibule, l'escalier, l'antichambre.

Grâce à ces divisions logiques, nous ne risquons pas de nous égarer, et nous nous trouverons, à la fin de notre travail, en possession d'une grammaire d'un nouveau genre, bien fournie en règles certaines, s'appuyant sur une suite d'expériences concluantes, et qui nous permettra d'imprimer à notre intérieur, luxueux ou modeste, le cachet du bon goût.

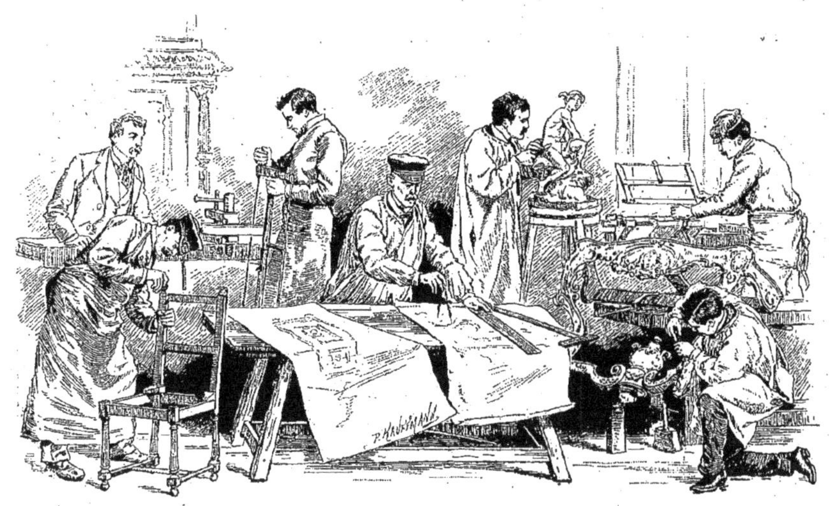

Fig. 11. — La mise en œuvre du bois.

DEUXIÈME PARTIE

DES PRINCIPAUX MATÉRIAUX EMPLOYÉS DANS LA DÉCORATION
DE L'HABITATION HUMAINE

I

LE BOIS

'ON peut dire qu'il n'est presque pas de matériaux, dans la nature, qui ne soient employés dans l'habitation humaine. Les calcaires les plus divers (marbres et pierres de toutes provenances et de toutes sortes), presque tous les métaux, les argiles sous forme de céramique, la laine, la soie, le chanvre, le coton, le lin sous forme de tissus, les bois de tout pays et de toutes couleurs, les joncs, les fourrures, les os d'animaux, l'ivoire, tout, en un mot, trouve sa place dans cette sorte d'encyclopédie domiciliaire ; comme si l'homme, après avoir conquis le monde, avait voulu, pour édifier sa demeure, forcer tous ses sujets vivants ou inertes à lui fournir un tribut.

I. — 7

Des diverses matières que nous venons d'énumérer, il n'en est aucune, parmi celles qu'on peut qualifier de résistantes, qui soit d'un emploi plus général et plus fréquent que le bois. C'est le bois qui se plie au plus grand nombre d'usages et aux plus intimes.

Son abondance, sa légèreté spécifique, sa résistance, sa souplesse, son élasticité, l'étonnante variété de formes et d'aspect qu'il peut revêtir, les multiples ressources décoratives qu'offrent son grain, sa fibre, sa couleur, suivant l'essence qu'on met en œuvre et la façon qu'il reçoit, sont autant de précieuses qualités qui le recommandent d'une manière toute spéciale.

A ces avantages, que lui seul possède au même point, il faut ajouter un toucher agréable, et qui, par le poli, peut devenir d'une extrême douceur. Ses profils et ses contours, en outre, ne présentent jamais la rigidité et la dureté du métal. Les chocs et les heurts contre lui semblent moins douloureux, et sa température paraît, au contact, se rapprocher en tous temps de celle du corps humain.

Ce dernier phénomène est le résultat de son peu de conductibilité. On sait, en effet, que la sensation de froid produite par les corps solides est en raison directe de leur faculté de transmettre la chaleur. Plus leur conductibilité est grande, plus la chaleur, qui leur est communiquée par le contact de notre corps, est vite absorbée et transmise aux parties qui ne sont point en contact direct avec notre épiderme. Or, la conductibilité des principaux matériaux employés dans l'habitation peut s'établir comme suit :

La conductibilité du cuivre . . . . . . est de 64,00
   —   du fer . . . . — 29,00
   —   du zinc . . . . — 28,00
   —   du marbre . . . . . . — 3,48
   —   de la pierre calcaire — 2,08
   —   de la terre cuite . . . — 0,65

La conductibilité du bois de chêne. . est de   0,21
      —   du bois de sapin . .   —   0,17
      —   du bois de noyer. .   —   0,10

Voilà pourquoi le bois ne glace jamais notre main quand il est à sa portée, et pourquoi son toucher ne nous est jamais pénible ni même désagréable[1].

Toutes ces qualités si variées, si nombreuses, si précieuses à tant de titres, devaient faire rechercher le bois pour les applications et les usages les plus divers. Dans l'habitation humaine, non seulement il peuple nos pièces préférées, mais encore il les enveloppe en quelque sorte. Il apparaît à nos pieds sous forme de *parquet*, et l'art peut déjà s'occuper de lui dans cette première application ; car si, le plus souvent, nous ne le rencontrons que sous l'aspect assez élémentaire et essentiellement condamnable du point de Hongrie[2], parfois il se manifeste aussi sous l'aspect plus élégant de parquet d'assemblage, et sous celui plus délicat de parquet en mosaïque ou en marqueterie. Après l'avoir vu sous nos pieds, nous le retrouvons sur nos têtes. C'est également lui qui forme souvent le *plafond*, et parfois le décore, soit que l'architecte ait laissé à découvert les poutres, poutrelles et solives qui portent le plancher supérieur, soit qu'il demande l'ornementation de son plafond à des caissons ou compartiments combinés avec plus ou moins de correction et de goût. Pour les lambris qui habillent la muraille, et pour tous les meubles qui garnissent la pièce, depuis la chaise jusqu'au lit, depuis l'armoire jusqu'à la table, c'est encore à lui qu'on a recours. On voit que

1. Parmi les matières non résistantes, l'édredon, le papier et le coton sont les moins bonnes conductrices de la chaleur, c'est pourquoi nous les employons à nous isoler de l'air ambiant.

2. Le point de Hongrie, très généralement employé, présente l'inconvénient, surtout lorsqu'il est neuf, de simuler des vagues ou des ondulations. Rien n'est plus ridicule que cette simulation pour une surface sur laquelle on doit marcher.

l'homme n'a pas de serviteur plus empressé, et se pliant à des attributions plus multiples.

Les parquets et les plafonds sont plus particulièrement liés à la structure même de l'habitation, ils relèvent en consé-

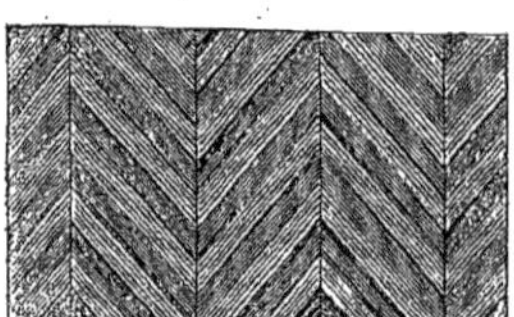

Fig. 12. — Parquet en point de Hongrie.

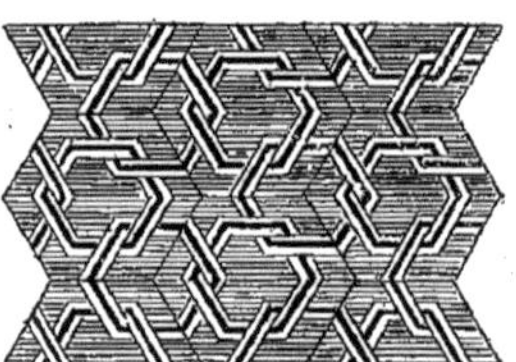

Fig. 13. — Parquet en mosaïque.

quence plus directement de l'architecture. Les lambris qui peuvent se déposer (c'est le mot technique), sans que la pièce cesse d'être matériellement habitable, les meubles, qui, leur nom l'indique [1], sont par destination sujets à de continuels

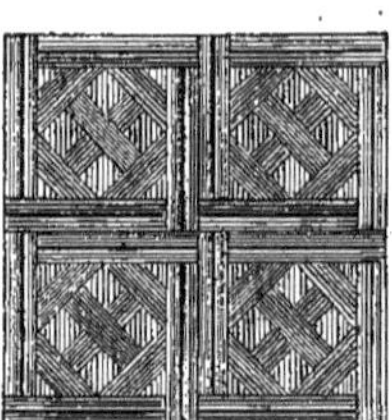

Fig. 14. — Parquet d'assemblage.

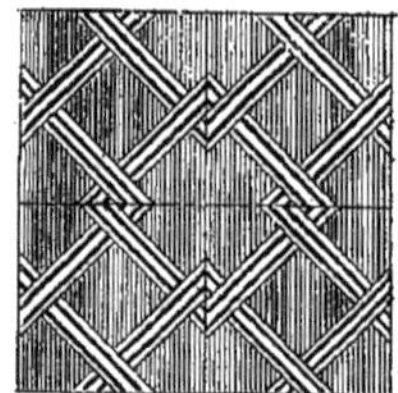

Fig. 15. — Parquet en mosaïque.

déplacements, se trouvent plus spécialement compris dans cet aménagement, dans cette parure de la demeure, où notre acti‑ vité et notre goût peuvent s'employer utilement. C'est donc principalement des lambris et des meubles que nous allons nous occuper.

1. Du latin *mobilis*, qui peut être remué. Le mot meuble a du reste conservé cette signification quand il est employé sous forme d'adjectif.

Ces divers ouvrages rentrent dans la spécialité des menuisiers, ainsi nommés parce qu'ils emploient de *menus* bois, comparés à ceux que le charpentier met en œuvre, et parce que leurs ouvrages sont relativement *menus* et délicats.

Le bois arrive chez le menuisier à l'état de *grume*, c'est-à-dire coupé, mais non équarri, et ayant encore son écorce. Le menuisier le débite lui-même à la scie, le tranchant, dans le sens de sa longueur, en planches ou plateaux d'épaisseurs diverses. Toutefois, pour les ouvrages de valeur, le menuisier soigneux, voulant éviter que son bois ne joue, tient compte de sa maille et le débite par quartier, employant ensuite, pour le trancher, le procédé qui s'applique le mieux à l'essence qu'il

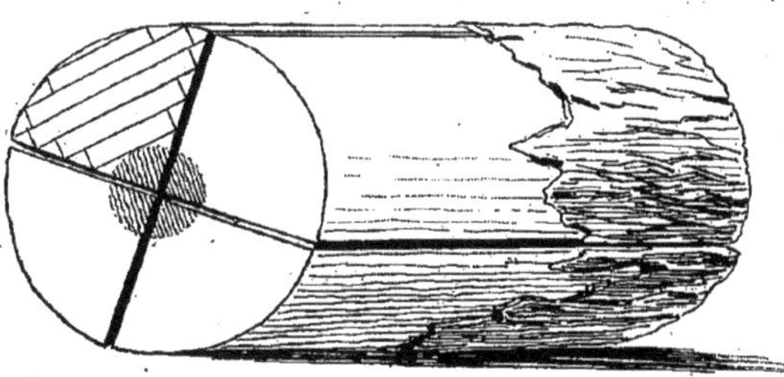

Fig. 16. — Tronc d'érable à débiter en plateaux.

traite et à l'usage auquel le bois est destiné[1]. Tous les bois se débitent de l'une de ces deux façons, sauf l'érable dont le cœur est mauvais. Pour parer à cet inconvénient, on commence par couper la *grume* en quartiers, que l'on tranche ensuite diagonalement, afin d'obtenir des plateaux plus régulièrement larges (voir fig. 16)[2].

Les divers bois employés par le menuisier, pour ses travaux habituels, portent le nom de bois d'œuvre, et le rôle important que joue leur prix d'achat, dans la confection des

---

1. Il arrive souvent, de nos jours, que le bois est reçu tout débité par le menuisier. Ce mode de livraison en plateaux, qui économise une certaine main-d'œuvre, présente de grands inconvénients, car le menuisier n'a plus que des garanties illusoires sur la sécheresse et la qualité.

2. Aujourd'hui on est parvenu à *dérouler* l'érable et un certain nombre de bois de placages.

meubles et des lambris, engage le menuisier à les rechercher parmi les essences indigènes, c'est-à-dire nationales. Toutefois les menuisiers des villes, ignorant les ressources que pourrait leur offrir notre pays, limitent volontairement le nombre des essences employées, et parfois même ont recours, pour certains travaux, à des bois importés, très inférieurs comme qualité à ceux que produisent communément nos campagnes.

Les essences indigènes, dont on se sert le plus ordinairement, sont le chêne, le peuplier ou *grisard*, l'orme, le frêne, le noyer dont la finesse de grain convient bien au sculpteur, le poirier qui se travaille admirablement, et qui, lorsqu'il est noirci, remplace l'ébène dans une certaine mesure, le hêtre, l'érable, et le tilleul qui se laque supérieurement. Quant à l'acacia, au merisier, à l'aulne, au bouleau, au châtaignier, injustement négligés, ils sont accaparés par des industries spéciales, par les tourneurs, les charpentiers, les ébénistes, les charrons. Enfin, il nous faut mentionner encore le pin, le sapin et le mélèze, qui sont plus spécialement employés dans la menuiserie commune.

De tous les bois que nous venons d'énumérer, soit qu'on exige d'eux de l'élasticité et de la résistance, ou qu'on recherche plutôt la durée ou la tenacité, le chêne est à tous égards le plus précieux. C'est lui qui convient le mieux aux travaux de menuiserie, à cause de la variété de son grain, de la finesse et de la solidité de ses fibres, de sa dureté, de sa durée et de son homogénéité. Le peuplier, appelé aussi bois blanc ou *grisard*, et le sapin sont également beaucoup employés, mais presque exclusivement pour les remplissages et pour la confection des parties non apparentes.

DES LAMBRIS. — On donne le nom de lambris aux panneaux de menuiserie qui servent de revêtement intérieur aux appartements. Il y a deux sortes de lambris : premièrement, ceux qui garnissent toute la muraille prenant naissance au parquet pour s'élever jusqu'à la corniche ; ceux-là portent le nom de *lambris de hauteur;* — en second lieu, les lambris qui règnent au-dessus du sol, faisant le tour de l'appartement, et laissant la partie moyenne de la muraille libre pour recevoir une décoration. Ces derniers sont appelés *lambris d'appui.*

Tous les lambris, qu'ils soient de hauteur ou d'appui, se composent d'une série de cadres assemblés avec soin, dans lesquels sont, le plus souvent, insérés des panneaux.

La principale difficulté, dans la construction des lambris, consiste dans le bon assemblage de leurs diverses parties, et c'est dans leurs bonnes proportions et dans la richesse des moulures qu'ils trouvent leur beauté. Occupons-nous d'abord des assemblages.

Des assemblages. — On appelle de ce nom l'action de réunir et de joindre plusieurs morceaux de bois, de telle façon qu'ils paraissent n'en former qu'un seul. L'assemblage, quand il est bien fait, ajoute au bon aspect de l'ouvrage. C'est en lui que réside principalement sa solidité. Dans les travaux de menuiserie, les assemblages varient suivant qu'ils ont pour mission de réunir les extrémités des diverses pièces composant les bâtis ou cadres, ou bien de réunir, sur toute leur longueur, deux feuilles de même épaisseur composant un panneau.

On compte trente-cinq sortes d'assemblages. Les plus usités sont :

1° L'assemblage carré à moitié bois, le plus ancien et le plus grossier de tous (voir fig. 18);

2° L'assemblage en *anglet* ou *onglet* à moitié bois, qui est plus spécialement employé pour les lambris (fig. 19);

3° L'assemblage à tenon et mortaise, qui est employé presque uniquement pour les sièges, tables, etc. (fig. 20);

4° L'assemblage par enfourchement, d'une grande solidité,

et qui est usité pour les armoires et autres meubles à panneaux, quand ils sont bien soignés (fig. 21);

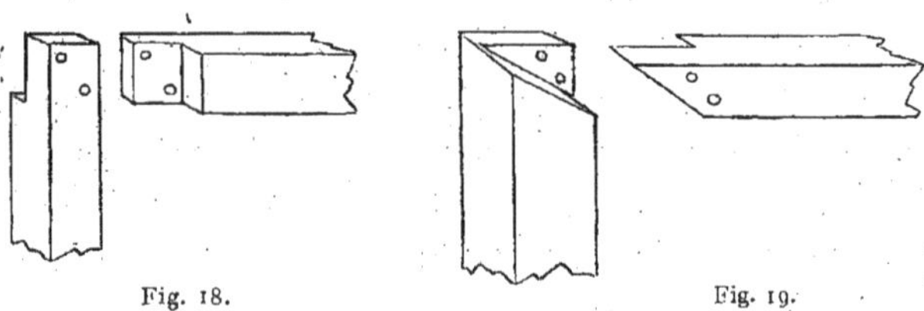

Fig. 18.   Fig. 19.

5° L'assemblage à tourillons;
6° L'assemblage à emboîture, qui, composé d'une languette

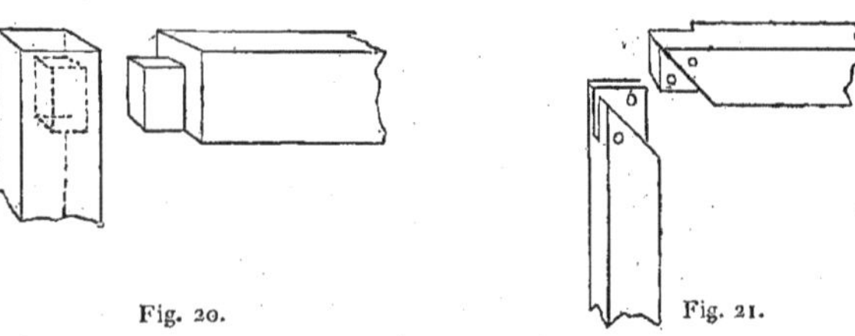

Fig. 20.   Fig. 21.

et d'une rainure, réunit deux pièces de bois sur toute leur
longueur (fig. 22);

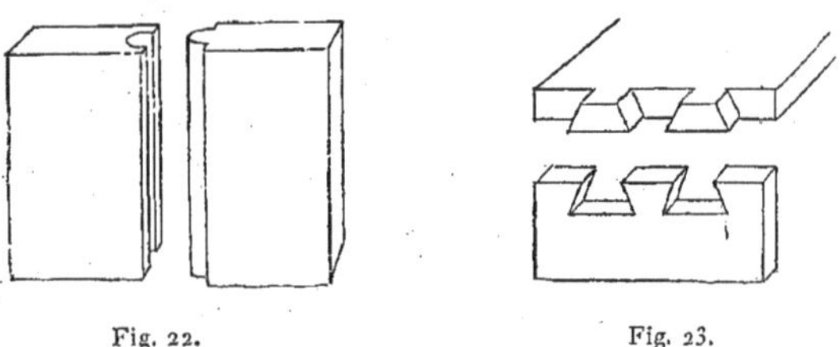

Fig. 22.   Fig. 23.

Et 7° l'assemblage à queue d'aronde [1] qu'on n'emploie guère
que pour les tiroirs (fig. 23).

1. Aronde ou hirondelle, on donne ce nom aux fragments de bois qui pénètrent
dans la planche latérale, parce qu'allant en s'élargissant du sommet à la base, ils
rappellent vaguement la queue de l'hirondelle.

Comme les assemblages à tenon et à mortaise et ceux en emboîture présentent toujours une certaine difficulté, on remplace, autant qu'on le peut, les premiers par l'assemblage à tourillons qui substitue une simple cheville au tenon pris dans la masse, et les seconds par les assemblages en feuillures ou à pattes, qui coûtent moins cher et réclament moins de temps.

L'assemblage le plus employé pour les cadres des lambris est, nous l'avons dit, celui à anglet [1] ou onglet. Une fois les cadres formés, on *embrève* les panneaux, c'est-à-dire qu'on insinue leurs bords dans une rainure pratiquée sous la moulure qui termine intérieurement le cadre, et on ferme le cadre, en plaçant la traverse supérieure, et en laissant le panneau libre de façon qu'il puisse jouer.

Les MOULURES sont, on le sait, le principal ornement des lambris. Ce sont elles qui complètent et achèvent leur décoration. Elles sont, en menuiserie comme en architecture, d'une grande importance. En architecture, où elles portent le nom de *profils*, on les a comparées à une sorte d'alphabet, parce que non seulement elles servent à caractériser les styles, mais encore les différentes époques de ces styles. En menuiserie, elles n'ont pas moins de significa-

1. Ainsi nommé, parce que les pièces en se joignant forment un angle apparent de 45 degrés, qualifié petit angle.

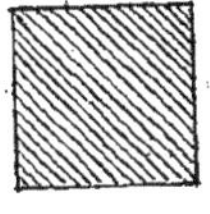

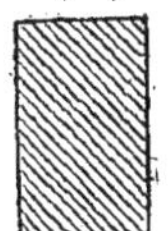

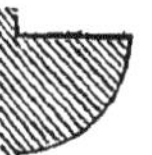

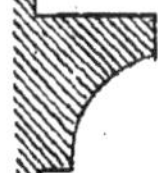

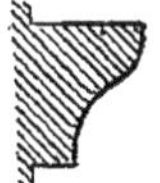

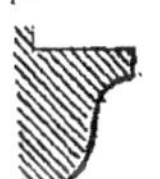

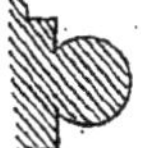

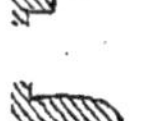

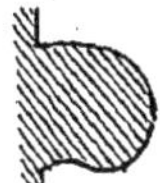

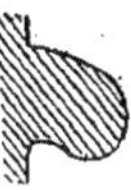

Fig. 24 à 33.
Principaux profils employés
dans la menuiserie.

tion, et offrent plus de variété, parce que le bois, étant plus aisé à travailler que la pierre ou le marbre, les moulures de menuiserie peuvent être plus tendres, plus ressenties, et se prêter à des combinaisons plus nombreuses que les moulures de bâtiment.

Le principe des moulures est assez simple. Elles se divisent en deux grandes classes : les moulures plates et les moulures curvilignes. Les principales moulures plates sont le *filet* ou *listel* dont la forme est carrée, et le *bandeau* ou *plate-bande* dont la largeur est beaucoup plus considérable que la saillie. Les principales moulures curvilignes sont le *quart de rond* ou *échine*, le *cavet*, le *talon*, la *doucine*, la *baguette*, l'*ove*, le *tore* et le *bec-de-corbin*. C'est en variant les proportions de ces divers profils, et en les associant les uns aux autres avec plus ou moins de bonheur, que l'on arrive à composer ces belles et riches moulures, qui sont l'ornement de tant de meubles superbes et de riches lambris.

Ajoutons qu'un bon menuisier doit attacher la plus grande importance à ses moulures. Il doit non seulement les combiner avec soin, mais encore s'informer si elles seront simplement cirées ou vernies, si elles seront peintes à la détrempe, ou peintes à l'huile, dorées ou réchampies, car chacune de ces différentes opérations complémentaires exige une différence dans la manière de profiler. Si les moulures doivent être dorées, il lui faut, en effet, tenir les baguettes plus petites et les dégagements plus forts. Si elles doivent être peintes, il faut encore accentuer la ténuité des saillies et l'importance des creux, parce que, sans cette précaution, les moulures, s'empâtant après plusieurs couches de peinture, finiraient par n'avoir plus ni forme, ni accent. Les anciens menuisiers ne manquaient jamais d'avoir égard à cette diversité d'emplois, aussi bien pour la décoration des appartements que pour celle des sièges et des meubles [1].

1. On voit par cette remarque à quels contresens s'exposent les amateurs de

Jadis, toutes les moulures étaient *poussées* directement à la main, sur une sorte d'établi, qu'on nommait *banc à profiler*. Aujourd'hui, il en est encore ainsi pour les moulures de lambris; mais, pour le meuble, la plupart des moulures droites s'obtiennent à l'aide d'une machine animée d'un mouvement rotatoire d'une vitesse extraordinaire, nommée *toupie*, et l'on ne fait plus guère à la main que les raccords.

Quand les moulures sont chantournées, c'est-à-dire quand elles décrivent des courbes très accentuées, comme cela arrive dans les lambris du dix-huitième siècle qui suivent la forme des meubles, alors le travail direct de l'ouvrier reste indispensable. Ajoutons, en passant, que la toupie n'est pas le seul appareil mécanique qui soit venu, dans ces dernières années, alléger les difficultés de la main-d'œuvre. Aujourd'hui, grâce à la *raboteuse*, on corroie et prépare des *plateaux* avec une rapidité inconnue il y a cinquante ans. On se sert de la *sauteuse* pour découper sans difficulté, même dans des bois d'épaisseur, les dessins les plus compliqués, et avec la *scie à ruban* on débite sans effort d'énormes billes d'érable. Quant à la toupie, le menuisier lui demande non seulement ses moulures droites, mais toutes les rainures et les feuillures dont il a besoin.

Connaissant désormais la manière dont se font les assemblages et la façon dont s'obtiennent les moulures, revenons à nos LAMBRIS.

Nous avons dit qu'on les avait divisés en deux espèces : Tout d'abord les LAMBRIS DE HAUTEUR, qui garnissent la pièce depuis le parquet jusqu'à la corniche. L'utilité de ces lambris consiste à préserver l'appartement de toute humidité; leur effet est d'assainir les pièces, et, quand ils sont artistiquement trai-

nos jours, en dépouillant de leurs dorures et de leurs couleurs des meubles qu'ils nous montrent ensuite simplement vernis, sans se soucier des intentions premières de l'exécutant.

tés, de composer une parure d'une richesse peu ordinaire [1].
Les lambris de hauteur ont surtout leur raison d'être dans le
Nord. Dans le Midi ils sont moins employés; là, en effet, leur
utilité est contestable, ils deviennent en outre promptement des
nids à vermine.

Les LAMBRIS D'APPUI ont pour but de former une sorte de
piédestal à la décoration murale, et de protéger contre le frottement et le choc des meubles. Supposons, en effet, tendue
sur notre muraille, une tapisserie à personnages, une verdure
de Flandre, une peinture à sujet; si cette tapisserie descendait
jusqu'au sol, une fois les meubles et les sièges rangés autour
de la pièce, les personnages, la verdure, le sujet, se trouve-
raient dissimulés en partie, ne seraient plus intégralement visibles, et, dès lors, produiraient un effet singulier et fâcheux.
Nous serions, en outre, obligés de tenir, à l'aide d'anti-bois,
les meubles à une certaine distance des murs, de façon qu'ils
ne frottent pas contre la tapisserie, et cette précaution ne
laisserait pas que de rétrécir notre pièce.

Les lambris d'appui sont donc, à la fois, un préservatif et
un ornement imposés par les convenances et la nécessité. Dans
ces conditions leur hauteur ne saurait être facultative. Protec-
trice de la décoration murale, cette hauteur ne doit point,
comme cela n'arrive que trop souvent, être conçue indépendamment du mobilier, mais au contraire elle doit, autant
que possible, se régler sur lui. Avant donc de déterminer la
hauteur exacte du lambris, on agira sagement en faisant présenter les principaux meubles, tables, guéridons, buffets, consoles, qui doivent garnir la pièce et s'appuyer contre la mu-

1. Les lambris de hauteur sont moins employés de nos jours qu'au siècle dernier, et l'objection qu'on fait à leur emploi réside surtout dans leur prix élevé.
Ce prix, toutefois, est moins considérable qu'il ne paraît d'abord, parce que le
mur sur lequel des lambris sont posés n'a pas besoin d'être crépi, ce qui évite une
dépense importante.

raille, ou tout au moins en s'enquérant de leur élévation, de façon à faire affleurer la partie supérieure du lambris à la tablette de ceux de ces meubles qui semblent par leur importance commander aux autres.

Parfois, il pourra arriver que la hauteur du lambris devra obéir à d'autres exigences. Par exemple, lorsque la muraille est appelée à recevoir une tapisserie, qui, existant antérieurement, se trouve être par conséquent d'une hauteur invariable et bornée, il est clair que l'on ne doit sous aucun prétexte mutiler la tapisserie, et que la hauteur du lambris, décoration de convenance, doit se régler sur celle de la tapisserie, décoration principale. L'habileté du décorateur, quand il se trouve en face de ces

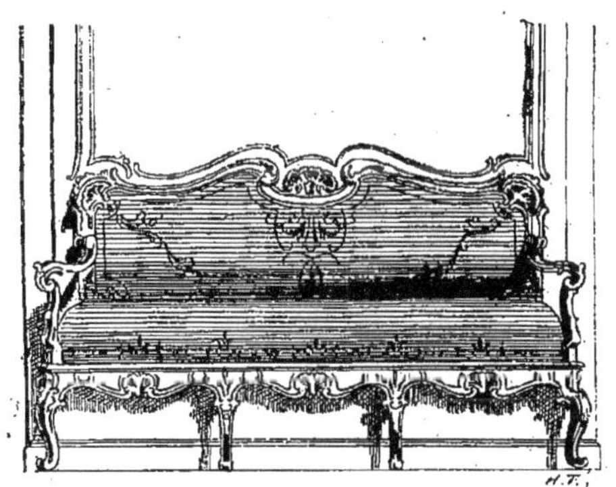

Fig. 34. — Lambris de hauteur chantourné et suivant la forme des meubles.

divers problèmes, consiste à se tirer le plus adroitement possible des difficultés avec lesquelles on le met aux prises.

Il lui faut, en effet, apporter d'autant plus d'habileté dans le placement de la cymaise qui termine et surmonte le lambris, que cette cymaise ne doit, en aucun cas, être posée au hasard, et sans qu'on tienne compte du surplus de la décoration. Bien loin de là, elle doit se rattacher, au contraire, aux grandes lignes de la cheminée, à celles des fenêtres et des portes, et enfin se proportionner à la hauteur totale de la pièce.

Au siècle dernier, les décorateurs et les architectes estimaient que le lambris d'appui doit occuper le quart au plus, le cinquième au moins de la hauteur de la pièce, et cette estimation était raisonnable, une certaine harmonie devant toujours exister entre la taille des meubles qui règle la

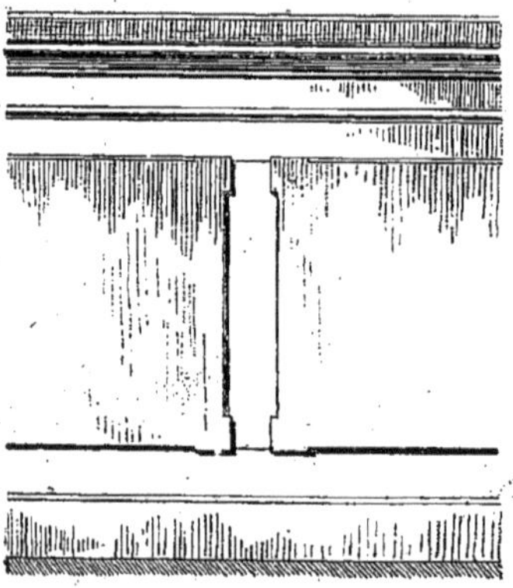

Fig. 35. — Lambris d'appui à panneaux saillants.

hauteur du lambris et les dimensions de la pièce qui doit les recevoir. Ils s'arrangeaient, en outre, pour que le placement de la cymaise concordât soit avec la hauteur de la tablette de la cheminée, soit avec la retombée de son chambranle, lorsque la cheminée était trop haute, et avec l'une des principales divisions de la porte. De là naissaient cette concordance parfaite, cet aplomb, cet équilibre, cette continuité de lignes, qui sont un des charmes les plus grands des pièces anciennes. Nous tâcherons de nous conformer à ces précieux exemples[1].

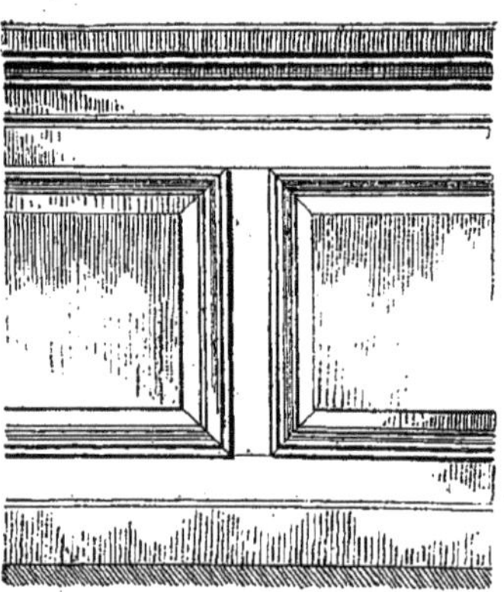

Fig. 36. — Lambris d'appui à panneaux embrevés.

1. Au siècle dernier, non seulement la cymaise se raccordait comme hauteur avec le mobilier, mais elle accompagnait la forme parfois très tourmentée des canapés et fauteuils et se chantournait comme eux (voir page précédente, fig. 34).

Ajoutons qu'ils n'offrent rien que de réalisable, à condition
toutefois de leur prêter
une sérieuse attention et
de s'enquérir, au préalable,
de la dimension des meu-
bles, ce qu'on oublie malheureusement beaucoup
trop souvent.

Prenons un exemple :
dans un beau salon mo-
derne, de 3^m,20 de haut,
une cheminée de 1^m,10
peut être considérée
comme d'une taille très
convenable, le chambranle
de cette cheminée et sa
retombée, mesurant 0^m,3o,

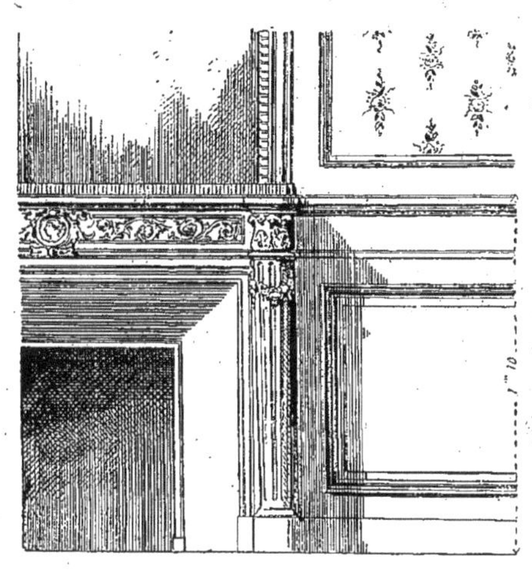

Fig. 37. — Cymaise affleurant à la tablette de la cheminée.

nous donnent pour notre cymaise
0^m,8o de hauteur. Or,
cette hauteur, qui est
juste le quart de l'élévation totale, est aussi celle
de la plupart des consoles
et des guéridons appliqués
contre la muraille, ainsi
que d'un grand nombre
de fauteuils. On voit donc
que, pour une hauteur
qui est assez commune,
le problème se trouve
facilement et presque na-
turellement résolu. Sup-
posons que le plafond

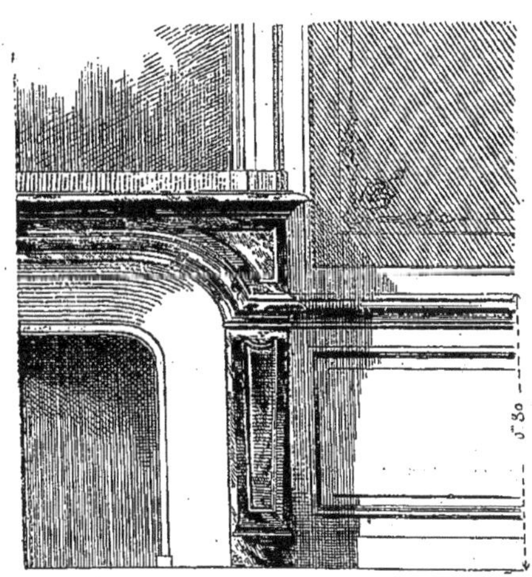

Fig. 38. — Cymaise se raccordant à la retombée.

s'élève ou s'abaisse légèrement, la cheminée variera dans des proportions à peu près identiques ou restera à cette taille convenable de $1^m,10$, et nous pourrons toujours, en trichant légèrement, arriver à nous servir d'elle comme point de départ pour le placement de la cymaise, de façon que celle-ci se trouve d'accord avec notre mobilier.

De nos jours, il arrive souvent que, dans les antichambres et les salles à manger, les décorateurs rompent brusquement avec ces règles si sages et renversent les proportions qu'elles recommandent. Il est des pièces de ce genre, où le lambris atteint 2 mètres de hauteur, et où la tenture n'a plus que 80 centimètres seulement sous corniche. Ce principe décoratif, à la fois disgracieux et condamnable, a son point de départ dans une faute d'observation.

Lorsque, vers 1825, nos architectes et nos décorateurs ont fait, vers le moyen âge, ce retour si fâcheux, et qui devait aboutir à tant de restitutions si défectueuses, ils ont été frappés par la hauteur considérable des lambris qui garnissaient les anciennes habitations; mais ils n'ont pas remarqué que ces lambris étaient simplement proportionnés à la taille gigantesque des pièces dont ils garantissaient les parties basses; et ils les ont transportés dans nos appartements écrasés, sans se rendre compte qu'ils commettaient un déplorable contresens.

Nous admettrons volontiers que, dans les antichambres et les salles à manger, les lambris n'étant plus réglés par les consoles et par la cheminée, mais bien par des buffets qui mesurent au moins un mètre, peuvent être tenus plus haut que dans le salon; encore ne doivent-ils jamais l'emporter sur la seconde partie de la décoration, à laquelle il faut toujours conserver son caractère principal. Le cadre ne doit, en aucun cas, avoir plus d'ampleur que le tableau.

On jugera, peut-être, que nous avons beaucoup et longuement insisté sur cette question des lambris, c'est qu'à nos yeux elle est une des plus importantes, et en même temps

une des moins connues et des moins étudiées de notre temps.
On pousse actuellement la négligence et l'oubli de toutes convenances, jusqu'à construire des lambris au hasard, sans se
préoccuper ni de la tenture qu'ils doivent supporter, ni de la
hauteur des meubles auxquels ils doivent servir de repoussoir.
Pis que cela, dans la plupart des habitations bourgeoises, on
va jusqu'à simuler les lambris, en clouant des baguettes sur la
muraille et en peignant le tout des couleurs les plus invrai-
semblables. C'est là un mensonge condamnable à tous égards.
Ou le lambris est nécessaire et dès lors il doit exister, ou il
est inutile et dès lors il est maladroit de le simuler. Dans ce
dernier cas, la tenture doit descendre jusqu'à la plinthe.

Pour nous, il doit exister, parce qu'il a une utilité incon-
testable, et parce qu'il ajoute à la beauté de la pièce. Il doit
exister, parce que, sans lui, on ne peut faire usage de tentures
de prix qui courraient le risque d'être tout de suite usées,
gâtées, dans leurs parties basses. Il doit exister, parce que sa
saillie, accentuée par la proéminence de sa cymaise, fait heureusement ressortir la tenture ou la tapisserie qu'il soutient et
supporte.

Nous irons même plus loin. Parlant à des lecteurs intelligents et soigneux, nous dirons que pour une muraille décorée de tapisseries, d'étoffe, de papier, il est bon de conserver,
non pas les panneaux, mais les bâtis du lambris de hauteur,
de façon que ces tentures, papier, étoffes, tapisseries, non
plus collées ou clouées sur la muraille, mais montées sur un
léger châssis, puissent être mises en place et retirées quand
bon nous semblera, sans qu'on risque d'abîmer la décoration
générale de la pièce.

Mille avantages ressortiront de cette sage précaution, dont
la principale est qu'on pourra renouveler ses tentures au changement de saison, varier ainsi la physionomie de son appartement, avoir, à peu de frais, un mobilier d'été et un mobilier

d'hiver — ce qui est logique et raisonnable — et ménager les tissus de prix qu'on emploie à tendre ses diverses pièces. En outre, la muraille ne se présentera plus unie et plate. Pour peu que les moulures des bâtis offrent quelque saillie, et surtout si le bâti lui-même s'accuse par quelques ressauts, on aura sous les yeux une surface légèrement accidentée, qui produira des jeux de lumière, donnera à la tenture l'accent et la valeur que le cadre communique au tableau, et fera paraître la pièce un peu plus grande.

Enfin, si le genre de décoration adopté est de ceux dont on peut dire qu'ils « trouent la muraille », parce que, garnis de peintures ou de glaces, ils semblent ouvrir des perspectives sur des paysages ou sur des chambres voisines, nous ajouterons : Renforcez votre bâti aux angles de la pièce, aux alentours des portes et de la cheminée; et même faites mieux, appliquez à ces mêmes endroits de légers pilastres qui semblent soutenir la corniche, de façon que votre plafond ait l'air, non pas de planer au-dessus d'un vide effrayant, mais de reposer sur des points d'appui solides.

On voit, par ces simples aperçus, combien, étudiés avec soin et combinés avec goût, les lambris peuvent concourir heureusement à la décoration de notre demeure. Quand ils sont *lambris de hauteur*, ils en forment eux-mêmes la parure. Réduits à l'état de *lambris d'appui*, c'est encore en eux que résident la base et l'assiette de la décoration, et ils concourent puissamment à lui donner son équilibre.

DES MEUBLES

DES MEUBLES A BÂTIS ET PANNEAUX. — Après nous être
occupés de l'enveloppe de notre pièce, nous sommes naturellement amenés à nous occuper des meubles principaux qui
doivent la garnir, et à en étudier la fabrication, les proportions et la structure. Le meuble, du reste, parure essentiellement mobile, se rattache au lambris, parure momentanément
fixe, non seulement par les multiples liens qui doivent toujours unir l'ameublement à la décoration intérieure, mais
encore par la concordance dans les principes, par la confor-
mité dans la main-d'œuvre, par la communauté dans le traitement de la matière première et enfin par les procédés de
fabrication.

On compte deux sortes de meubles : 1° les meubles à
bâtis, qui sont les sièges, les lits, les écrans, les tables ; 2° les
meubles à bâtis et à panneaux, qui sont les armoires de toutes
sortes, les buffets, les commodes, les secrétaires, les bureaux
fermés, etc.

Cette seconde catégorie de meubles, on s'en aperçoit tout
de suite, est, comme structure, celle qui se rapproche le plus
des lambris. Comme eux, elle repose entièrement sur la construction d'une série de cadres, sur l'assemblage de ces cadres et
sur leur panneautage, avec cette différence toutefois que les meubles comportent une dimension de plus que les lambris. Ceux-ci
se présentent seulement en hauteur et largeur. Les armoires ont
la profondeur en sus. Aussi, pour que les façades qui expriment
ces diverses dimensions ne s'écartent pas sous une pression intérieure ou extérieure, est-il nécessaire qu'elles soient reliées par
une charpente, ou mieux par une membrure logiquement construite, solidement établie et assez résistante, pour qu'on puisse
emplir, charger, vider et mouvoir ces sortes de meubles, sans

que leurs membres se disjoignent, et sans que leurs diverses parties cessent de s'adapter les unes dans les autres.

Cette membrure, qui doit être assez robuste pour supporter tout l'effort intérieur et extérieur et ne rien laisser à porter aux panneaux, réduite à sa plus simple expression, pourrait être figurée par un vaste cube complètement évidé et dont on n'aurait conservé que les arêtes (fig. 39). Quand le meuble est bien conçu, bien bâti, on doit pouvoir enlever les portes, le plancher, les panneaux et le chapeau, c'est-à-dire la toiture, sans que rien dans l'ossature ne bouge ni ne soit ébranlé.

Les procédés d'assemblage des divers cadres, qui composent cette ossature, sont les mêmes que ceux déjà indiqués à propos des lambris, mais on aura soin d'exiger que les cadres, entre eux, au lieu d'être assemblés et collés, soient unis par des vis de rappel et des clefs permettant de démonter et de remonter à volonté le meuble — modification qui présente de très grands avantages pour le transport, les voyages et les réparations [1].

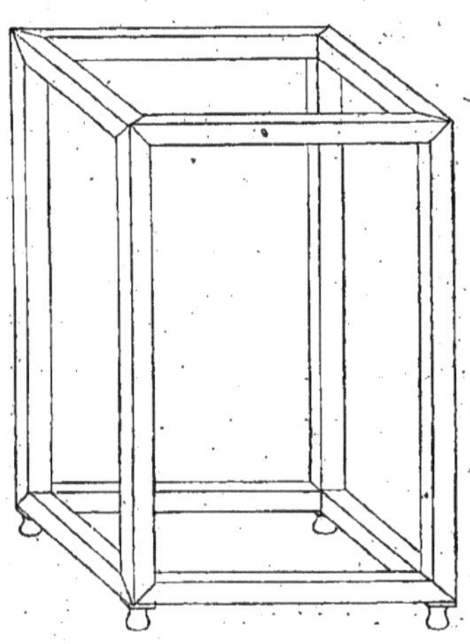

Fig. 39. — Membrure type d'une armoire.

Les cadres étant assemblés et montés, le panneautage destiné à les remplir s'effectue de la même façon que pour les lambris. On *embrève* les panneaux dans leurs cadres respectifs. Toutefois, pour les meubles qui, ne devant rien contenir de secret ou de particulièrement précieux, ne réclament pas des

1. Jadis les bibliothèques seules étaient assemblées de cette façon ; aujourd'hui la plupart des armoires soignées sont montées avec des vis de rappel.

portes d'une solidité extrême, on se contente avec raison de ménager une simple feuillure dans le cadre, on applique le panneau contre cette feuillure, et on le retient par derrière au moyen d'une petite baguette fixée elle-même au cadre par des pointes ou des vis. De cette façon, il suffit de faire sauter cette baguette, pour pouvoir enlever le panneau et le remplacer, au besoin, par un autre panneau ou par une glace.

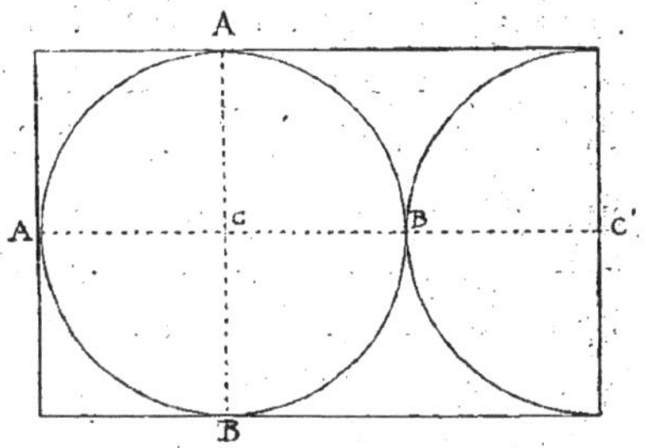

La beauté des meubles à bâtis et panneaux ressort naturellement de l'élégance de

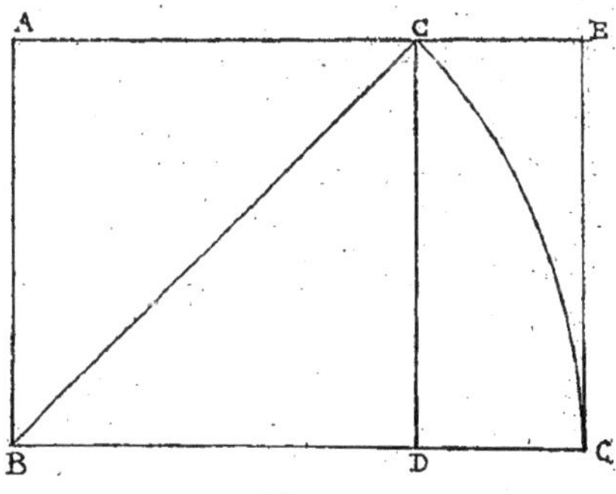

Fig. 40.

leurs proportions, et de l'ornementation plus ou moins heureuse dont on les décore.

Les armoires, huches, dressoirs, buffets, présentant presque toujours leurs façades sous forme de parallélogrammes, la première condition pour construire un meuble élégant semble donc de déterminer, avant tout, le rapport qui doit exister entre les deux dimensions de ce parallélogramme, pour qu'il soit agréable à l'œil.

Fig. 41.

Serlio, dans son excellent livre[1], si justement classique, fixe lui-même certaines limites, qui, en architecture, ne doivent jamais être dépassées. Ces limites partent du carré parfait et aboutissent à un rectangle dont la longueur est le double de la largeur. Mais ces deux dimensions extrêmes trouvent rarement leur emploi dans le

1. *Il primo libro d'architettura da M. Sebastiano Serlio bolognese.*

mobilier, et l'expérience démontre que les proportions les plus
convenables sont celles qui peuvent s'exprimer par le rapport
des chiffres 2 et 3, c'est-à-dire que si, par exemple, nous prenons pour hauteur de notre parallélogramme le diamètre ACB
(voir fig. 40), sa largeur A C' devra se composer de ce même
diamètre ACB augmenté d'un demi-diamètre ou rayon B C'.
Pour obtenir un bon rapport, on peut encore procéder autrement. Etant donnée la plus petite dimension du parallélogramme,
soit la ligne A B (voir fig. 41), on construit, à l'aide de cette
ligne, un carré parfait, soit le carré ABDC, dont cette ligne
forme le côté, puis on trace la diagonale BC, et on abaisse cette
diagonale sur la base du carré qui, ainsi prolongée, devient le
grand côté du parallélogramme. Cette manière de procéder
fournit, elle aussi, une figure de proportions agréables, un peu
plus trapue, il est vrai, que la précédente, et moins longue
d'environ un vingtième, mais encore élégante. Toutefois elle
est moins pratique que la première.

Présenté horizontalement dans ses plus vastes dimensions,
pour les commodes, buffets, etc., et verticalement pour les
armoires proprement dites, le parallélogramme, obtenu par
notre premier procédé, ne doit nous fournir que la forme de
la charpente générale ; et il demeure sous-entendu que, suivant
le cas, cette charpente peut se compliquer d'ornements laté-
raux, s'augmenter d'un soubassement plus ou moins élevé, et
se terminer, à sa partie supérieure, par une corniche ou par
un fronton.

Une autre condition d'élégance, dans les meubles à bâtis et
panneaux, c'est la bonne et claire disposition des masses portantes et des masses portées, et leur convenable équilibre. Il
importe, en effet, pour la satisfaction de l'œil et la tranquillité
de l'esprit, que les parties supérieures du meuble ne paraissent
pas suspendues en l'air, sans rien qui les soutienne, mais au
contraire qu'elles semblent reposer sur une base et des mon-

tants assez solides pour les supporter. C'est pourquoi on doit bien se garder de construire, comme le firent certains artistes du dix-septième siècle, des armoires, dont les portes se développant sur toute la largeur du meuble, en occupent si bien la façade entière, qu'on se demande par quel procédé le fronton peut bien tenir ainsi, puisqu'on ne voit rien qui le soutienne. Par la même raison, si vous construisez une armoire à deux corps superposés, ayez soin que le corps inférieur, par l'ampleur de son ornementation, par la puissance de ses moulures, par la solidité de ses profils, accuse une robustesse supérieure à celle du corps de dessus. Et toujours, pour le même motif, si votre ornementation comporte des colonnes, vous vous garderez de les engager dans le corps même du meuble, et surtout d'en ourler les angles; la colonne, en effet, comme le pilastre, n'a de raison d'être qu'à la condition de conserver son caractère consolidateur. En formant l'angle du meuble, elle en atténue la solidité au lieu de l'accroître[1].

Si donc vous croyez devoir recourir aux colonnes ou pilastres, pour la consolidation ou l'ornementation d'une armoire, d'une crédence, d'un buffet, ayez soin de conserver à vos colonnes et à vos pilastres leur indépendance. Qu'ils se détachent franchement sur le corps du meuble; que celui-ci accuse

---

1. Un argument, non sans valeur, pour détourner le constructeur de l'emploi de ces colonnes posées sur l'angle, c'est qu'on n'emploierait pas à la même place une figure humaine. Or, les analogies entre la colonne et la figure humaine sont assez considérables pour que le rapprochement ait sa valeur. « Les colonnes qui ont esté insculptées par nos anciens édificateurs, écrit Bernard Palissy, ont chacune un chapiteau pour imiter la teste de l'humaine nature. Aussi les anciens édificateurs ont insculpté, au pied d'une chacune desdites colonnes, une base qui signifie le pied de l'homme. Et quand ceux de Corinthe inventèrent leurs genres de colonnes, desquelles ils édifièrent le temple de la grande Diane qui estoit un merveilleux bastiment, ils firent au corps de leurs colonnes certains canaux et voyes creuses, qui denotoyent les plis et froncis des robes et cotes de leur déesse Diane. » (Voir les *Œuvres de Bernard Palissy*, édition Charavay, page 86.) Palissy se trompe quelque peu sur les styles et leur origine, mais la remarque n'en garde pas moins un certain à-propos.

nettement ses masses ; que ses profils se dessinent clairement, et qu'aucun d'eux ne soit escamoté. Les ressauts, qui résulteront du placement en hors d'œuvre de vos colonnes et de vos pilastres, en accidentant vos diverses façades, allégeront le meuble, mouvementeront ses grandes lignes et en accroîtront d'une façon notable le charme et l'élégance.

Une autre condition de beauté pour un meuble, c'est que, dans sa fabrication, il soit tenu compte non seulement de sa destination directe, mais encore de la pièce où il doit être mis, de la place qu'il doit occuper, de la distance plus ou moins grande à laquelle il doit être vu. Sa destination finale, le jour plus ou moins intense auquel il est soumis, le recul que l'on peut prendre pour le juger, sont autant de raisons qui doivent décider de l'importance de ses reliefs et de la puissance de ses saillies.

Pour une petite pièce très éclairée, exigez des meubles délicats, aux sculptures finies, poussées, achevées et polies. Pour les pièces un peu vastes, réclamez au contraire des formes amples accompagnées d'un travail large, énergiquement accentué.

Quant à l'ornementation, qu'elle soit plutôt sobre que prolixe, plutôt contenue que débordante. Il n'est pas de beauté sans harmonie, et l'harmonie ne se produit dans un meuble que lorsque la décoration n'altère pas la forme, mais, au contraire, la fait valoir, l'accompagne, la complète, et concourt à rendre plus évidente sa sveltesse ou sa puissance, son élégance ou sa solidité.

Ces remarques, comme celles du reste qui vont suivre, reposent sur l'observation, la raison et le bon sens. Les règles qui en découlent sont de celles qui s'imposent, et auxquelles il est prudent de se conformer, car leur observation n'a pas pour unique effet d'assurer la beauté du meuble, mais encore d'en augmenter la durée. Néanmoins, elles peuvent, dans certains cas, être violées impunément. C'est le privilège du génie de savoir se passer des règles, ou de les braver au besoin. Comme preuve de ce que nous avançons, nous présenterons un petit meuble du seizième siècle (voir fig. 42), lequel, au point de vue de la stricte logique, est plein de contresens. Le corps inférieur manque de robustesse, les cartouches du bas sont de la même taille que ceux du haut, et dès lors semblent trop petits ; des colonnes ourlent les angles et diminuent la solidité apparente du corps supérieur ; enfin le fronton coupé vient buter contre deux rinceaux formés de feuilles flexibles, incapables de soutenir la poussée de ce tympan mutilé et le poids du rampant terminal. Tout cela est fâcheux, illogique, absurde même, et pourtant ce petit meuble est charmant. Mais pour un qu'on réussira dans ces données, il en est cent, il en est mille qui seront manqués complètement, et sembleront laids, ennuyeux et maladroitement conçus.

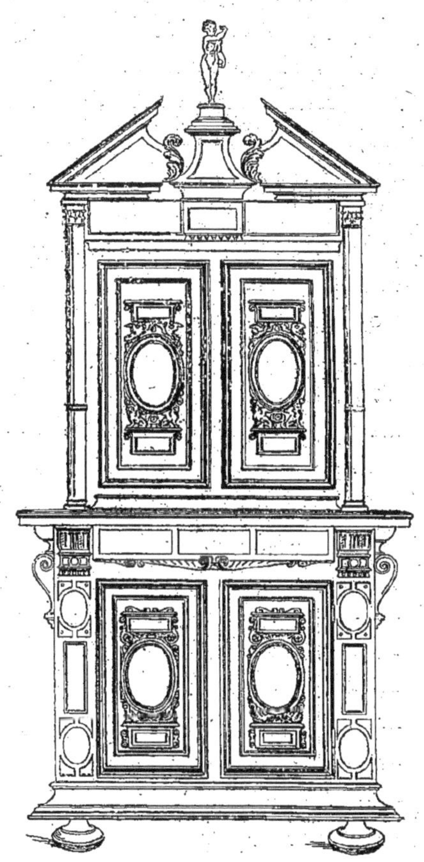

Fig. 42. — Meuble à deux corps du seizième siècle.

DES MEUBLES A BATIS. — « La menuiserie en meubles, écrit

Roubo, n'est pas sujette à des règles certaines, soit dans les formes, soit pour la décoration. Au contraire, à quelques dimensions près (lesquelles ne sauroient varier puisqu'elles sont relatives à la grandeur humaine), il semble qu'on ne puisse rien dire d'assuré à ce sujet [1]. » Le désarroi dont se plaignait déjà au siècle dernier l'homme éminent auquel nous empruntons cette citation, n'a fait que s'accentuer depuis son époque. Aujourd'hui, on a encore renchéri sur le mépris des « règles certaines », et il arrive souvent que l'on ne tient plus même compte des proportions du corps humain. C'est ainsi que la plupart des tables à écrire, qu'on rencontre dans le commerce, sont trop basses. De même les sièges sont trop hauts, les lits trop étroits, etc.

Il semble cependant que l'homme, n'ayant point encore trouvé le moyen de procréer à volonté des géants ou des pygmées, devrait avoir au moins la prudence et le bon sens de bâtir des meubles suivant une échelle raisonnable, moyenne, normale, et qui permette de les utiliser sans effort, de s'en servir sans gêne, de les employer sans douleur.

Pour ne pas tomber dans les mêmes erreurs, nous commencerons, si vous y consentez, par nous aider d'une sorte de calibre, dont les éléments, puisés dans la connaissance exacte du corps humain, nous serviront de points de repère pour nos mensurations. Ce calibre, le *Canon* égyptien nous le fournira. Malgré son ancienneté, il n'a pas cessé d'être d'une vérité suffisante. Prenons-le donc pour base, en appliquant, toutefois, des chiffres et des mesures modernes à chacune de ses divisions principales. — Voici notre *Canon* tracé (fig. 43). Mais tout d'abord, il nous faut assigner une taille à cette figure. Quelle taille choisirons-nous ? — Nous choisirons une taille ordinaire, une taille courante, empruntée à notre pays, à notre milieu. Nous n'irons pas prendre pour type les Samoyèdes, qui me-

1. *L'Art du menuisier en meubles,* seconde section, page 600.

surent seulement 1^m,35 de hauteur, ce qui serait infiniment trop petit. Nous ne choisirons pas non plus les Patagons, qui

comptent communément 2 mètres, ce qui serait trop grand. En France, le recrutement fixe à 1^m,54 le minimum de taille nécessaire au service. Quand un homme atteint 1^m,70, on déclare que sa taille est supérieure à la moyenne; il commence à être ce qu'on appelle « un bel homme ». Prenons donc, comme dimension normale, la taille de 1^m,65, convenable à tous égards pour un homme, mais déjà un peu élevée pour l'objet de nos études; car il serait malséant d'oublier que l'espèce humaine compte deux

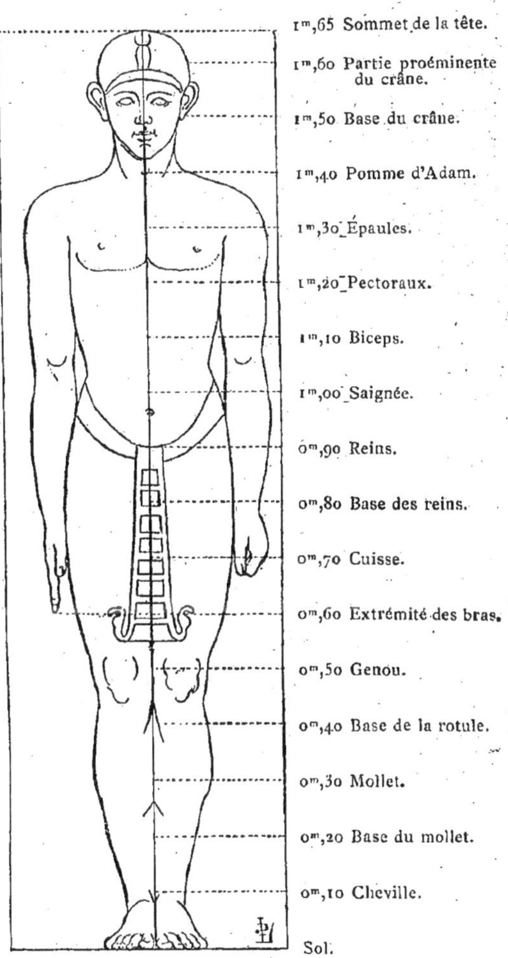

Fig. 43. — *Canon* égyptien.

sexes d'inégale grandeur, et que la plupart des meubles dont nous allons nous occuper doivent être aussi bien à l'usage du beau sexe qu'à celui du sexe barbu.

La figure que nous venons de tracer, en la copiant exactement sur le *Canon* égyptien, et que nous avons ensuite divisée,
pour plus de clarté, de 10 en 10 centimètres, cette figure, supposons qu'elle veuille s'asseoir. Comme, à la taille moyenne de
1^m,65, elle ne compte que 40 centimètres de la plante du pied au
bas de la rotule, qui correspond assez exactement au pli du jarret,
il semble donc, pour que le pied pose à plat, que le siège par nous
dessiné, construit ou choisi pour cette figure, ne devra pas compter, au maximum, plus de 40 centimètres de hauteur. Eh bien!

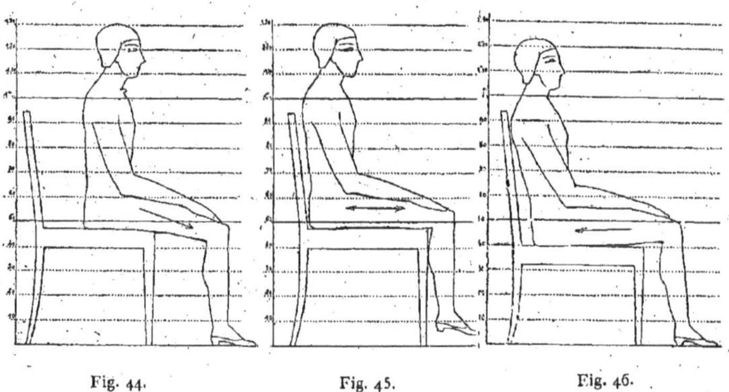

Fig. 44.   Fig. 45.   Fig. 46.

entrons chez un tapissier de rencontre, et mesurons les chaises
et les fauteuils, qu'on est convenu d'appeler « de style », parce
qu'ils rappellent plus ou moins exactement une de nos grandes
époques mobilières. Ces sièges, construits en vue d'un client
éventuel, d'un acheteur de hasard, c'est-à-dire d'un personnage
de taille essentiellement moyenne, mesurent presque toujours
de 45 à 48 centimètres, pour les canapés et fauteuils, et vont
jusqu'à 50, pour les chaises. C'est-à-dire que les fauteuils ont
été exclusivement établis pour des individus de 1^m,80 à 1^m,92,
autrement dit pour des carabiniers et des tambours-majors, et
les chaises pour des Patagons.

Malgré cela, prenons un de ces sièges et forçons notre figure à s'asseoir. Que se produira-t-il une fois qu'elle sera juchée sur un piédestal pareil? Ou elle éprouvera le besoin de poser ses pieds en plein sur le sol (voir fig. 44), et elle sera contrainte de porter ses reins en avant, ce qui est d'autant plus gênant, que les cuisses étant inclinées vers la terre, le sang tendra à descendre dans les pieds, où il donnera naissance à des fourmillements [1] ; ou bien notre figure portera ses reins en arrière (fig. 45) et s'asseoira carrément, mais alors elle sera obligée de raidir son corps pour ne pas glisser, et les pieds, cessant de toucher le sol, ballotteront dans le vide. — Pose fatigante, l'attitude sans grâce, ridicule même, et qui demande une surveillance constante, car l'aplomb fait défaut.

En Amérique, il est vrai, l'esprit pratique des Yankées a trouvé moyen de corriger, par quelques positions aussi ingénieuses que pittoresques, cet inexplicable défaut de proportions (fig. 47). Mais ces attitudes, qui ne sont point encore admises dans la très haute société américaine, n'ont pas droit de cité chez nous, et nous pouvons même espérer qu'elles

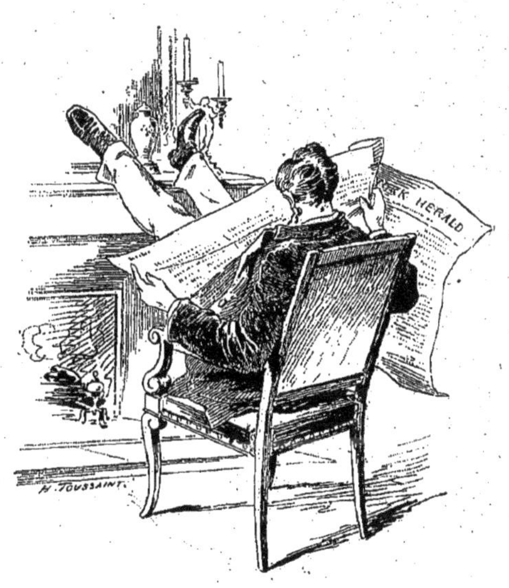

Fig. 47

1. C'est ce fourmillement qui explique comment les hommes assis, même dans un salon et en présence de dames, sont contraints de croiser et de décroiser continuellement leurs jambes, et comment les malheureuses femmes ne peuvent demeurer assises si l'on ne place un petit banc ou un coussin sous leurs pieds.

ne s'y acclimateront jamais, car il suffit que le siège soit tenu un peu bas, pour que la pose requise ne présente plus que des angles légèrement obtus, les seuls qui reposent vraiment le corps, et pour que le sang affluant au bassin, les jambes n'éprouvent plus de ces fourmillements gênants, qui obligent à une gymnastique aussi désordonnée que grotesque (fig. 46).

Tout en ce monde a, dit-on, une cause. Si nous interrogeons certains tapissiers, sur cette singulière manie qu'on a de donner aux sièges une hauteur disproportionnée, ils auront sans doute quelque bonne raison à nous présenter pour excuse.

— Les fauteuils que vous critiquez, ne manqueront-ils pas de nous répondre, sont exactement copiés sur des modèles du siècle dernier.

La belle raison vraiment, et parce que nos ancêtres étaient plus grands, ou consentaient à se trouver gênés, faut-il que nous soyons à notre tour mal à l'aise ? Franchement ce serait pousser l'imitation un peu loin, en admettant que l'affirmation fût exacte; et elle ne l'est point.

Au dix-septième pas plus qu'au dix-huitième siècle, les sièges ne mesuraient ni 48, ni 50 centimètres de haut. Sur vingt sièges de ces deux siècles, pris au hasard parmi ceux qui sont conservés dans notre Mobilier National, et mesurés par nos soins, il s'en est trouvé trois qui comptaient 37 centimètres, un 38, trois 39, un 40, quatre 41, trois 42, un 43, un 44, un 45, et deux 46. — Or, ces divers chiffres fournissent une moyenne de 41 centimètres. On voit que nous sommes loin des 48 et 50 actuels. Les hauteurs 45 et 46 sont en outre de pures exceptions; mais alors même que, plus nombreuses, elles auraient constitué la généralité, ce renversement de proportions ne prouverait pas que nous devions nous asseoir sur des sièges trop hauts, ni même que nos ancêtres se soient assis sur ces mêmes sièges.

Au siècle dernier, en effet, pas plus à la cour que chez les princes et les grands seigneurs, dont le mobilier nous sert aujourd'hui de modèle, l'habitude n'était de s'asseoir sur les fauteuils et les canapés. « Il y avoit dans les salons, écrit Mme de Genlis, en parlant de Versailles et du Palais-Royal, une grande quantité de chaises d'étoffe, rembourrées, galonnées, à long dos, et très commodes. On ne s'asseyoit que sur ces chaises, et non sur les canapés ou dans les fauteuils, *qui n'étoient que meublans* et rangés autour des lambris, où ils restoient toujours.....; le seul fauteuil de la princesse étoit à demeure au coin de la cheminée, et la princesse avoit la politesse de ne le prendre que pour la présentation des femmes titrées [1]. »

L'habitude, sous l'ancien régime, était si bien de ne pas utiliser les sièges *meublants*, que dans une lettre, datée de Marly, le 2 août 1705, la duchesse d'Orléans se plaint, comme d'une incongruité, que quelques hommes se soient assis, à Marly et à Trianon, devant le dauphin et la duchesse de Bourgogne [2]. Quant aux femmes, même celles du plus haut rang, elles se contentaient, chez les princesses et à la cour, d'un pliant ou d'un tabouret. Il ne serait jamais venu à l'idée d'une la Rochefoucauld, d'une Uzès, d'une Saint-Simon, d'une Polignac, de réclamer un fauteuil ou de s'asseoir dans une chaise à bras. Un jour, au jeu de la reine, Mme de Noailles s'approche de la table, et n'apercevant pas de siège, en cherche partout un des yeux. M. de Flahaut remarque son embarras, tire un pliant de dessous un guéridon, et l'avance. La duchesse le regarde, mais ne le salue ni ne le remercie. Une princesse entre sur ces entrefaites, tout le monde se lève. M. de Flahaut en profite pour reprendre doucement le pliant, et le remettre à l'endroit d'où il l'avait tiré. La duchesse veut se rasseoir et fait la culbute. « Qui donc, s'écrie-t-elle, a pris mon pliant? — C'est moi, Madame, répond

1. *Dictionnaire des étiquettes de la cour*, tome Ier, page 189.
2. *Correspondance de Madame*, tome Ier, p. 340.

M. de Flahaut. J'ai eu l'honneur de vous l'offrir, il m'a paru ne vous faire aucun plaisir, je l'ai ôté[1]. »

Ces plaisanteries, un peu grosses, ne sont plus guère usitées, de notre temps, qu'au cirque ou aux Folies-Bergère ; mais l'anecdote n'en a pas moins son prix, car elle montre bien clairement que les plus hautes dames, alors, ne se servaient que de pliants. Les princesses royales elles-mêmes étaient obligées de s'accommoder de ces sièges aussi légers que primitifs, et il n'était que très rarement dérogé, en leur faveur, à cet incommode usage. En janvier 1745, « la Dauphine s'étant plainte que les pliants entre lesquels elle étoit assise lui faisoient mal aux reins, Madame, à qui elle avoit fait cette confidence, en parla à la Reine, et obtint pour elle un pliant où il y a un petit dossier fort bas ».

Le duc de Luynes, qui rapporte cette particularité[2], prouve assez, par l'importance qu'il lui donne, qu'elle sembla de haute conséquence à tous les hommes de cour, ses contemporains. Mais elle établit aussi, d'une façon péremptoire, que nos tapissiers ont le plus grand tort de prendre, pour modèles de fauteuils et de canapés usuels, des sièges qui étaient seulement d'apparat. D'autant plus qu'une remarque aurait dû faire apercevoir, à ces industriels, l'erreur qu'ils commettaient. Tous les sièges copiés religieusement par eux sont, en effet, « bâtis en façade », c'est-à-dire bâtis et décorés pour être vus seulement par devant, ce qui est une grossière anomalie, car dès qu'ils sont occupés (nos figures 48 et 49 le démontrent), on cesse de voir la partie décorée, et la seule qui demeure visible ne présente qu'une charpente assez désagréable à contempler.

Mais le tapissier inintelligent ne se borne pas à copier machinalement ; il dénature encore les proportions par des adjonctions inattendues. Il met des roulettes à un fauteuil qui n'en comportait pas ; il élève sa garniture avec des ressorts en laiton, inusités à

---

1. *Souvenirs de Félicie*, page 106.
2. *Mémoires du duc de Luynes*, tome VII, page 203.

l'époque où le siège type a été confectionné. Singulier contresens, qui fait dépendre les dimensions d'un siège de sa fabrication et non de son emploi. « Quelle est, demanderez-vous à un de vos fournisseurs, la hauteur de ce siège canné? — Elle est de 40 centimètres. — Et la hauteur de ce siège garni? — Elle est de 48. — Pourquoi cette différence? — Parce que celui-ci est garni et celui-là canné. — Eh! Monsieur, un peu de logique!

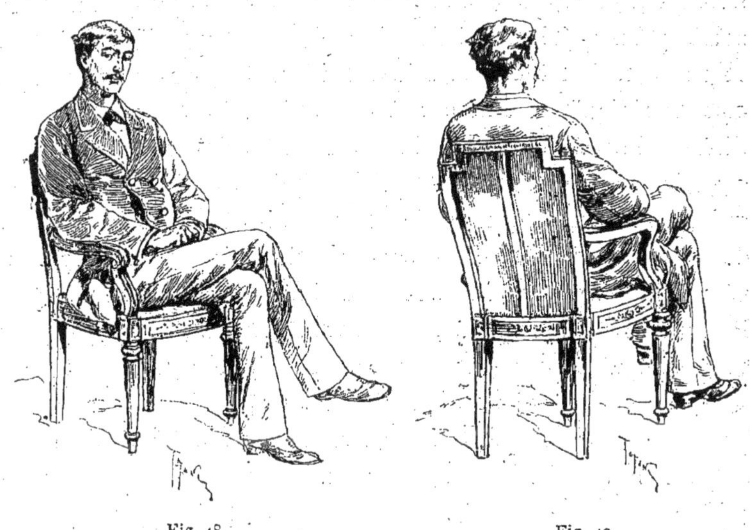

Fig. 48.   Fig. 49.

ai-je les jambes plus ou moins longues, suivant que je m'assieds sur un siège canné ou garni? »

Gardons-nous donc de laisser au hasard ou à la routine le soin de régler les proportions des sièges. Ceux-ci doivent être nos empressés, nos prévenants serviteurs, et se modeler uniquement sur nos besoins. Roubo fils, ne l'oublions pas, disait, avec infiniment de raison, qu'il est deux sortes de meubles, ceux dont l'usage est banal, qui sont destinés aux visiteurs, aux passants, aux amis, et qu'on peut, par conséquent, construire sur un module moyen; et ceux qui, nous étant personnels, doivent

être taillés sur notre mesure et construits d'après notre calibre,
si l'on peut dire ainsi. N'oublions pas non plus qu'aux siècles
précédents, non seulement on réglait les dimensions des sièges
sur celles des personnes, mais qu'on tenait si bien compte des
modes, que le développement subit des jupes amena une révolution dans la construction des fauteuils.

« Les paniers sont si amples, écrivait Barbier en 1728, qu'en
s'asseyant cela pousse les baleines et fait un écart étonnant, en
sorte qu'on a été obligé de faire faire des fauteuils exprès[1] ; »
et en effet, c'est à cette mode, considérée aujourd'hui par nous
comme ridicule, que nous sommes redevables de cette commodité extrême des fauteuils du siècle dernier, de l'écartement des
consoles soutenant les accotoirs, ou de leur position en retraite
qui permet de se tourner, de se mouvoir, d'écarter les jambes,
de les placer de côté et de se poser de trois quarts pour pouvoir parler à ses voisins, sans être obligé de remuer son siège[2].
Prenons donc exemple sur nos prédécesseurs, non pas pour
contrarier notre corps et le plier aux exigences d'un temps ou
d'une éducation qui ne sont plus nôtres ; mais, au contraire,
pour façonner nos meubles suivant la commodité de notre
corps et la satisfaction de nos yeux.

De la construction du siège. — Trois choses sont à considérer pour la commodité du siège : sa hauteur, sa largeur et
l'inclinaison du dossier. Pour la satisfaction des yeux, il faut,
indépendamment d'une décoration suffisante, une construction
logique, une solidité apparente, un aplomb rassurant et de justes
proportions.

La hauteur, la largeur et la profondeur étant déterminées par
la taille de celui auquel le siège est destiné, l'inclinaison du dos-

1. *Journal de Barbier, avocat au parlement de Paris.* Édition Charpentier,
Paris, 1857, tome II, page 37.

2. Deux siècles plus tôt, les vertugadins avaient provoqué une transformation
pareille (voir *Inventaire de Gabrielle d'Estrées*).

sier par l'usage qu'on en veut faire, il importe, pour que le siège
présente une construction logique, une solidité apparente et un
aplomb rassurant, que le renversement du dossier n'excède pas
une certaine inclinaison, afin que ce dossier n'ait pas l'air d'emporter le siège, et que le centre de gravité ne semble pas ainsi

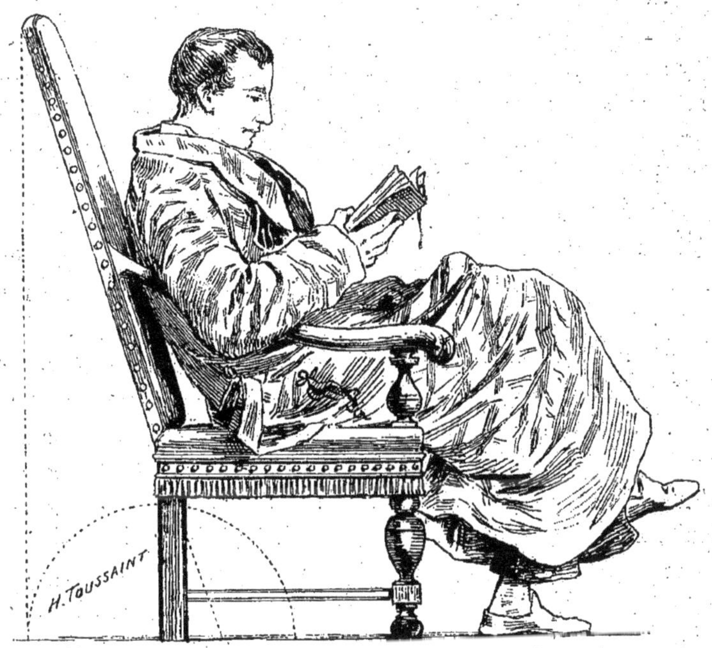

Fig. 50. — La perpendiculaire abaissée du sommet du dossier ne doit jamais tomber à une distance
du pied de derrière, supérieure à la moitié de l'écartement du *piétement*.

déplacé. Il faut, en outre, que les pieds et les traverses qui les
relient présentent des profils assez robustes pour pouvoir largement supporter, non seulement la garniture du meuble, mais
aussi la personne que le siège est appelé à recevoir.

La construction des pieds et des traverses qui les relient
est des plus simples. Pieds et traverses sont taillés en plein
bois et unis ensemble par des tenons et des mortaises. Pour

augmenter la solidité du *piétement* et sa résistance, on peut relier les quatre pieds entre eux par des barreaux ou croisillons; le piétement, ainsi consolidé, forme un tout mieux uni, une base plus stable, qui présente plus de cohésion, plus de sécurité pour l'œil et semble plus adhérente au sol. L'inclinaison du dossier peut, dans ce cas, être plus considérable, mais sous aucun prétexte et, quelle que soit sa hauteur, la ligne perpendiculaire, abaissée de l'extrémité de ce dossier sur le sol, ne doit tomber à une distance du pied de derrière supérieure à la moitié de l'écartement du *piétement* (voir fig. 5o). Passé cette distance extrême, l'équilibre paraît rompu.

Pour les chaises, dont le dossier n'est point rattaché au bâti du siège par deux bras, l'inclinaison du dossier doit être moins grande encore : elle ne doit, en aucun cas, excéder un quart.

Il en est de même pour les fauteuils, dont les pieds sont indépendants, et présentent par conséquent moins de cohésion. Roubo fils va même plus loin. Il n'admet pas, dans ce cas, que la perpendiculaire tombe à plus de 3 pouces, c'est-à-dire de 10 centimètres du pied de derrière. La profondeur du siège étant en moyenne de 5o à 6o centimètres, c'est donc non plus un quart, mais un cinquième seulement d'écart qui est toléré. Pour rester dans ces proportions et ne pas dépasser la limite extrême assignée par Roubo fils, les menuisiers du siècle dernier, lorsque l'inclinaison du dossier dépassait leur mesure, eurent l'idée d'arc-bouter les pieds de derrière, ce qui était d'autant plus ingénieux que, le point principal de résistance du siège étant en O (voir fig. 51), cette partie et celles qui la soutiennent ont plus spécialement besoin d'être maintenues et solidement renforcées.

Tels sont les principes généraux, qui doivent régler l'écartement du piétement et l'inclinaison du dossier, ces deux éléments de satisfaction pour l'œil et de tranquillité pour l'esprit.

Il va sans dire, que dans nos grandes villes, où les artisans habiles abondent, ces observations et ces règles, bien
connues des fabricants, sont appliquées avec réflexion, ou encore par routine. Mais admettons que nous soyons à la campagne, ou dans une petite ville de province rebelle à l'art ;
une question se pose : Est-il possible de constituer théorique-
ment, scientifiquement, géométriquement, une sorte d'anatomie

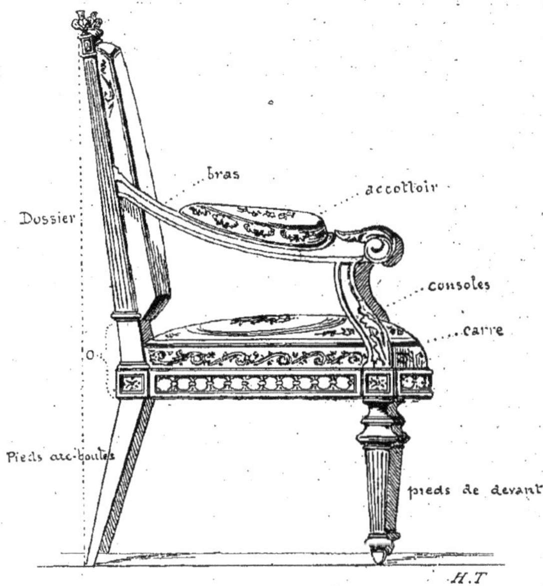

Fig. 51. — Fauteuil du dix-huitième siècle à pieds arc-boutés.

du siège, qui nous mette en possession d'un ensemble de lignes
variant proportionnellement, et grâce auxquelles il nous sera
toujours permis de rétablir, de restituer un siège, quel qu'il
soit, en modifiant ses dimensions suivant nos besoins, mais
sans altérer ses formes.

Il semble que cette anatomie soit d'autant plus facile à
établir, que le fauteuil présente, comme le corps humain, un
certain nombre de membres qui doivent toujours se propor-

tionner les uns aux autres. Notre figure 51 nous montre un fauteuil avec ses pieds, son siège ou corps, son dossier, ses bras, ses accotoirs, etc. Eh bien ! supposons que nous voulions avoir une formule, un diagramme, qui nous permette, en tous lieux et en tous temps, de restituer « cet excellent meuble », comme l'appelle Xavier de Maistre, « cet instrument de la dernière utilité pour un homme méditatif, où dans les longues soirées d'hiver il est doux et prudent de s'étendre, loin du fracas des assemblées nombreuses ».

Tout d'abord, nous aurons soin de déterminer quel genre de fauteuil nous convient. Supposons que ce soit un fauteuil Louis XVI, c'est-à-dire large, commode, avec des consoles en retraite, et un dossier de taille moyenne. Pour arriver à en combiner les lignes principales, nous procéderons, comme dans toute opération mathématique, en partant du connu pour aller à l'inconnu. Le connu, c'est la hauteur du siège et c'est l'inclinaison du dossier; l'inconnu, c'est tout le reste. — La hauteur du siège nous est fournie par la taille de la personne à laquelle il est destiné. L'inclinaison du dossier est facultative, mais par expérience nous savons, à peu près, quelle pente convient pour reposer notre corps; donc, de ce côté encore, nous avons un renseignement à peu près précis.

Nous avons vu, par notre figure du *Canon* égyptien réduite en centimètres, que le jarret est, pour une personne mesurant $1^{m},65$, situé à environ 40 centimètres du sol. Voilà donc la hauteur de notre siège tout naturellement indiquée. Mais un fauteuil Louis XVI est rembourré, la garniture s'élève à peu près à 10 centimètres au-dessus du bâti; en admettant qu'elle s'affaisse de moitié sous le poids du corps, c'est-à-dire de 5, nous établirons notre bâti à 35 centimètres, et, à moins de cas exceptionnels, nous aurons ainsi une hauteur convenable. Pour l'inclinaison du dossier, Roubo fils, nous l'avons dit, tolère un écart à la base de 3 pouces ou environ 10 centimètres; réglons-nous là-dessus et commençons à *élever* notre fauteuil.

Nous avons le sol SS' (voir fig. 52) sur lequel, en A, nous dressons une perpendiculaire; à 35 centimètres du sol, nous

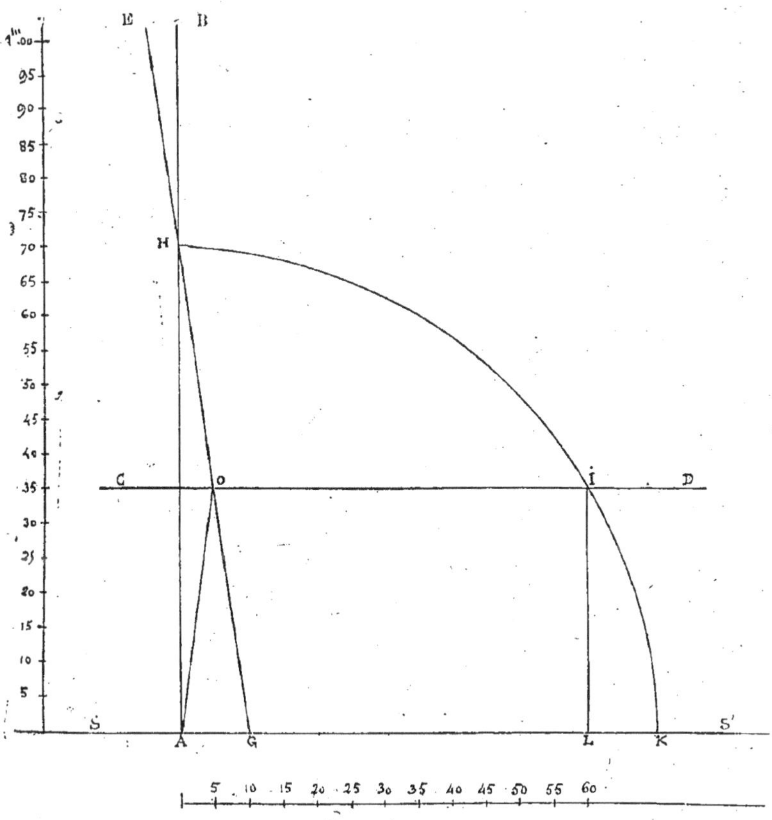

Fig. 52.—Diagramme d'un fauteuil Louis XVI.

traçons une ligne horizontale, parallèle à notre ligne SS'; c'est la ligne CD, qui, coupant notre perpendiculaire à angle droit, nous donne le niveau de notre bâti. Cela fait, prenant, sur notre verticale AB, un point H, situé à une distance de notre parallèle égale à celle qui sépare cette dernière du sol, nous abaissons, passant par ce point H, la diagonale EG, qui va nous donner l'inclinaison de notre dossier, et nous voilà en possession de nos éléments connus. Maintenant, plaçons en **A** la pointe d'un compas, plaçons la seconde pointe en H, et décrivons un arc de cercle. Cet arc viendra couper notre ligne

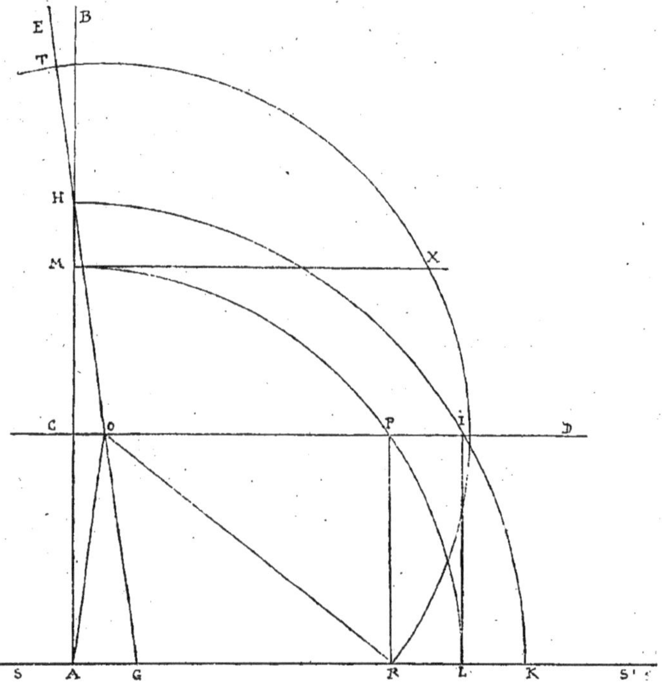

Fig. 53.— Diagramme achevé du fauteuil Louis XVI.

de bâti en I, et le sol en K. Du point I, abaissons une perpendiculaire sur le sol, elle tombera en L; et à présent considérez la figure (52) que forment ces lignes; elle nous offre déjà l'aspect sommaire du siège que nous cherchons.

La hauteur en est convenable, l'inclinaison du dossier a été choisie par nous; quant à la largeur du siège, elle se

trouve être normale, puisque la plupart des fauteuils Louis XVI
mesurent de 18 à 19 pouces de profondeur, soit environ 55 centimètres, et que ce chiffre, additionné à la hauteur du jarret
(40 centimètres), nous donne 95 centimètres, chiffre qui dépasse
le développement des reins.

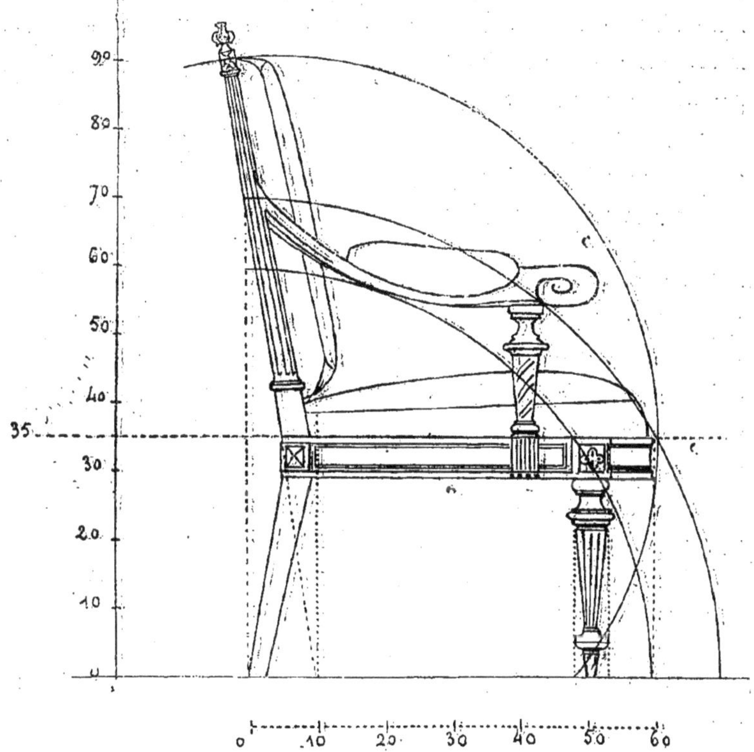

Fig. 54. — Le fauteuil Louis XVI inscrit dans son diagramme.

Pour terminer notre diagramme (voir fig. 53), replaçons
la pointe de note compas en A et l'autre pointe en L, décrivons un nouvel arc de cercle; il ira couper notre parallèle de
hauteur en P et notre diagonale d'inclinaison en M. Du point
P abaissons une perpendiculaire sur le sol, elle tombera en R;

et la ligne PR nous indique l'alignement extrême des pieds de devant, c'est-à-dire que ces pieds ne peuvent ni ne doivent, en aucun cas, se trouver en dedans de cette ligne. Enfin, prenons encore notre compas, plaçons sa pointe en O et son autre extrémité en R, décrivons un dernier arc qui, venant couper notre diagonale en T, marquera le terme de notre dossier, tandis que les points H et M indiqueront le lieu de rattachement des bras, dont la poignée devra, autant que possible, affleurer à la ligne MX.

Pour plus de clarté encore, inscrivons le profil d'un fauteuil dans cette espèce de charpente (voir fig. 54). Que nous dit ce fauteuil? Son siège a 45 centimètres de hauteur, garniture comprise; étant donné qu'il s'affaissera de 5 centimètres sous le poids de la personne assise, il compte donc 40 centimètres, c'est-à-dire juste la dimension qui convient pour une personne de $1^m,65$. Comme profondeur, il donne net 50 centimètres, espace suffisant, puisque, du jarret à l'extrémité postérieure du corps, nous ne mesurons pas plus de 40 à 45 centimètres. Le bras se trouve, suivant le développement des accotoirs, à environ 22 ou 23 centimètres du siège, ce qui est une hauteur fort convenable, puisqu'on constate cette même distance entre l'extrémité inférieure de la cuisse et le dessous du coude. Enfin, pour l'homme debout, les omoplates étant situées à $1^m,30$ du sol, cette hauteur, diminuée de la partie repliée (soit environ 45 centimètres), se trouve réduite à 85 centimètres; or notre dossier se termine à 90, la personne assise dans notre fauteuil a donc toute la facilité désirable de s'appuyer convenablement.

On voit que cet ensemble de lignes, arrivant à former un canevas, qui se déduit tout naturellement de deux points connus, — la hauteur et l'inclinaison du dossier, — offre toute espèce de commodités pour la construction d'un siège. Grâce à ce diagramme on trouve l'aplomb, l'élégance, la solidité; les yeux sont satisfaits; la logique n'a rien à redire, et le corps, avec cela, étant à l'aise, il semble qu'on ne peut guère demander plus.

Peut-être serait-il intéressant, pour le lecteur, d'être initié à la série de calculs et de tracés, qui nous ont amené à condenser, en un petit nombre de traits, la formule géométrique et anatomique du fauteuil. Mais le détail de cette opération risquerait de nous entraîner trop loin. Il vaut mieux nous borner simplement à constater le grand avantage de cette formule, qui établit entre les proportions du siège une harmonie certaine, et permet de les faire varier sans que leurs rapports soient altérés [1].

Supposons à présent, qu'au lieu d'un fauteuil Louis XVI, nous désirions un de ces grands fauteuils, genre Louis XIII, à pieds croisillonnés et à long dossier. Il va nous falloir édifier un nouveau diagramme. Pour l'obtenir, nous procéderons comme tout à l'heure, en allant du connu à l'inconnu. Donc, après avoir dressé une verticale AB, perpendiculaire au sol SS′ (voir fig. 55), nous tracerons, à 35 centimètres de hauteur, une ligne horizontale CD, parallèle à SS′, puis après avoir fait passer au point d'intersection O la ligne aboutissant en G, qui représente l'inclinaison de notre dossier, nous placerons la pointe d'un compas en ce même point O, l'autre pointe en A, et décrivant un arc de cercle nous couperons la ligne EG en H, qui deviendra le point d'attache de notre bras. Transportant alors la pointe de notre compas en A, la seconde en H, nous décrirons un nouvel arc de cercle qui, après avoir coupé la la ligne CD en I, viendra tomber sur la ligne de terre en K. Abaissons maintenant une perpendiculaire du point I, décrivons, de son point de jonction L, un nouvel arc de cercle qui

---

1. Admettons, en effet, qu'au lieu de prendre 35 centimètres comme hauteur de notre bâti, nous prenions 40, notre largeur de siège va devenir 59 au lieu de 50, et la hauteur du dossier montera à 1^m,07 au lieu de 90 centimètres. Si au contraire nous choisissons la hauteur 30 centimètres, notre siège n'aura plus que 43 de profondeur, et la hauteur totale suivra.

remontera jusqu'à la ligne du dossier, et la coupera en M ;
au point de jonction de cette courbe avec la ligne de siège CD,
abaissons une nouvelle perpendiculaire sur la ligne de terre

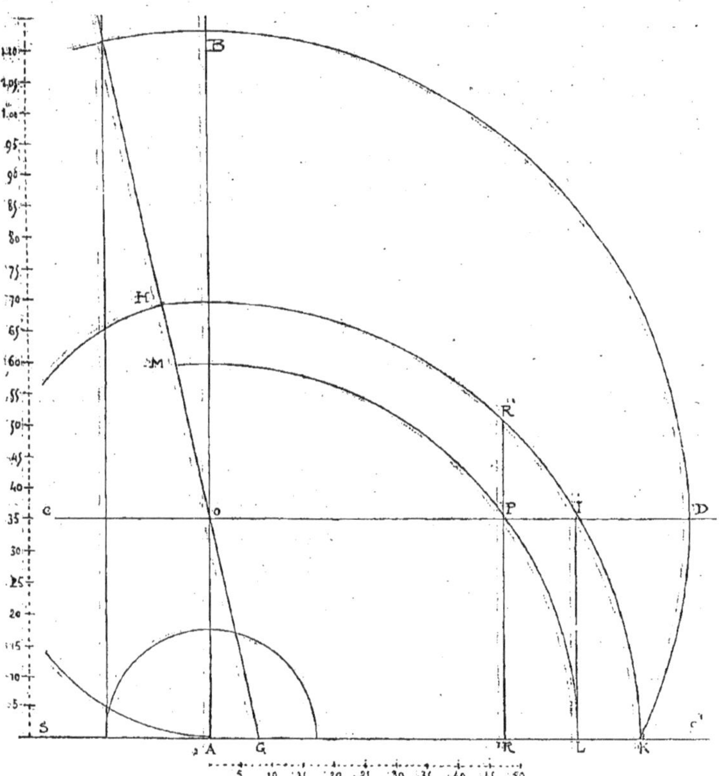

Fig. 55. — Diagramme du fauteuil Louis XIII.

(PR) ; enfin, replaçant la pointe de notre compas en O, décrivons un dernier arc de cercle partant du point K ; nous aurons
ainsi une nouvelle figure, dans laquelle nous pourrons insérer
ce fauteuil Louis XIII que nous souhaitons d'avoir ; et l'en-

semble des lignes (voir fig. 56) qui constituent ce diagramme, procédant uniquement de deux points de départ acquis, il suffira, comme pour le siège précédent, que l'un ou l'autre de

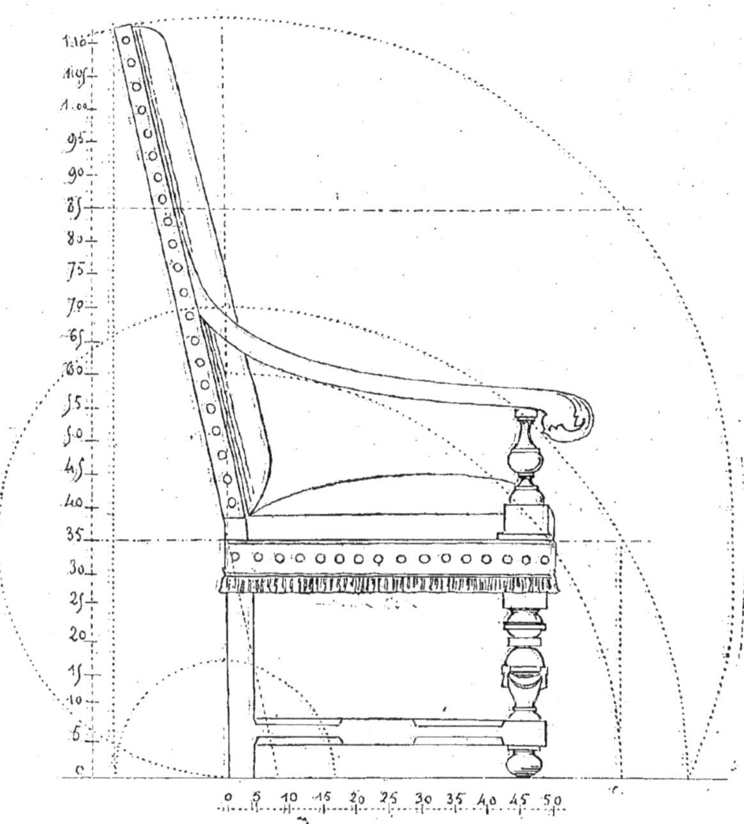

Fig. 56. — Fauteuil Louis XIII inscrit dans son diagramme.

ces termes connus varie, pour que toutes les autres lignes varient, elles aussi, d'une façon proportionnelle.

On voit, par ce double exemple, que tous les sièges peuvent s'accommoder d'un diagramme plus ou moins compliqué, et se trouver régis par un calcul mathématique d'une relative simplicité. L'avantage de pareilles formules, c'est que la forme et les proportions générales cessant d'être une préoccupation pour l'artiste, celui-ci pourra désormais donner tous ses soins à la décoration.

La DÉCORATION du siège s'obtient par la sculpture, la dorure, ou la peinture dont on couvre le bois, et par les étoffes ou tissus, cuirs ou passementeries, dont on le garnit ensuite. Nous aurons occasion de reparler, en temps et lieux convenables, des étoffes et tissus employés dans la garniture du mobilier. La dorure, soit qu'on l'applique en plein, soit qu'on en rechampisse seulement les principales moulures, est l'ornementation la plus riche et la plus brillante[1]. Le laquage des sièges, qui ne remonte point au delà de 1750, et qui fut, pour la première fois, appliqué par M. de Soubise au mobilier princier de sa petite maison de Saint-Ouen[2], constitue, dans une note plus modeste, une parure encore harmonieuse et délicate; mais la véritable décoration du siège lui est donnée par le sculpteur[3]. C'est lui qui allège, par les moulures qu'il pousse, par les ornements qu'il fouille, la lourde carcasse construite par le menuisier, et lui communique son élégance et sa sveltesse. Cette élégance, cette sveltesse, ne peuvent être obtenues, toutefois,

1. Mme de Genlis attribue à l'exemple de la « perfide Albion » l'abandon des meubles dorés et l'introduction en France de l'acajou, qui fut si funeste aux belles formes du mobilier. « Nos dorures surpassoient infiniment les leurs, dit cette dame; ne pouvant perfectionner cet art, ils ont fait passer la mode de la dorure par leurs bois des Indes. Ces bois unis ont aussi rendu gothiques parmi nous les sculptures en bois, art dans lequel nous excellions. » *Dictionnaire des étiquettes de la cour*, tome Ier, page 357.

2. Voir le *Journal de Barbier*, tome IV, page 457. Le prince reçut Louis XV dans cette résidence, en août 1750. La fête et le souper lui coûtèrent seuls 200,000 livres.

3. Alors même que les bois sont employés à l'état naturel et sans dorure ni peinture, encore est-il nécessaire de leur faire subir un certain maquillage, pour que tous les membres du même siège se trouvent du même ton.

que si le siège, au préalable, a été conçu dans de bonnes proportions, et si le piètement et l'entrejambe sont dans un rapport heureux avec ses dimensions et avec celles du dossier.

Dans l'étude que nous venons de faire, nous nous sommes exclusivement occupés du fauteuil, parce qu'il est le point de départ, la base de la plupart des sièges usités de nos jours, qu'ils soient d'apparat ou familiers, intimes ou de réception. Le tabouret et le pliant, meubles primitifs, autrefois si recherchés à la Cour, si prodigués dans les salons du siècle dernier, n'ayant plus d'attrait pour nous, il ne nous reste guère que la chaise, laquelle est un fauteuil sans bras, et le fauteuil. Allongez le siège de ce dernier, vous aurez la *bergère*, la *chaise longue*, la *duchesse*. Au contraire, élargissez-le, vous aurez la *marquise* le *canapé*, le *sopha*. Or, tous ces meubles procèdent d'une base unique, et quoiqu'ils soient réglés par les exigences de la mode et par les besoins du moment, ils restent soumis aux mêmes principes généraux d'équilibre et de décoration que le fauteuil, choisi comme type

Le siècle dernier nous a encore laissé, en héritage, un certain nombre de sièges d'une forme plus ou moins voisine du fauteuil, et qui finissent par aboutir au lit de repos. Ce sont les *vis-à-vis*, les *S*, les *tête-à-tête*, les *ottomanes*, les *veilleuses*, les *turquoises*, les *gondoles*, etc. Nous aurons occasion de parler de ces divers modèles, en nous occupant des pièces où ils peuvent utilement trouver leur emploi.

Du lit. — Les autres meubles à bâti, qui se trouvent en rapport direct avec le corps humain, sont la table et le lit. Le lit se divise en deux parties distinctes: le bois de lit, autrement dit *couchette* et anciennement appelé *châlit*, et le *dais* qu'on appelle plus généralement *ciel* ou *pavillon*.

La construction du châlit est des plus simples. Elle se compose de quatre pieds, de deux pans ou battants, de deux traverses et d'un ou deux chevets. Ces diverses parties sont réunies par des vis de rappel, permettant de démonter le châlit, chaque fois que cela est nécessaire. Un châssis sanglé, qui s'adapte à l'intérieur de ce bâti, supporte la literie. Depuis l'invention des sommiers élastiques, ce châssis est remplacé par des barres appelées *goberges*. (Voir fig. 57.)

Un beau et bon lit compte généralement 2 mètres de long, et $1^m,30$ à $1^m,80$ de large, suivant qu'il est construit pour une ou deux personnes. Il peut affecter des dimensions plus vastes, jamais de plus réduites. Quand il est appelé à prendre

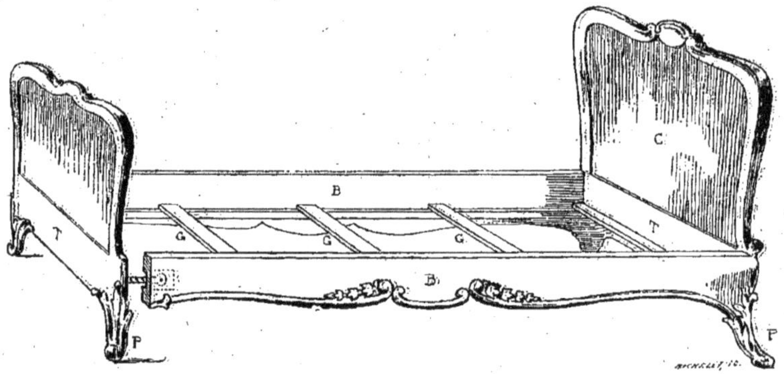

Fig. 57. — Couchette ou *Châlit*.
P Pieds. B Pans ou battants. T Traverses. C Chevet. GGG Goberges.

place dans une chambre très haute et très large, il doit se proportionner à l'étendue du lieu. «Les lits des grands seigneurs, écrit Roubo, ont depuis cinq jusqu'à sept pieds de large, sur sept et même huit pieds de long, non pas que cela soit nécessaire pour eux, qui ne sont ni plus grands, ni plus gros que les autres hommes, mais afin que la grandeur de leurs lits réponde en quelque sorte à celle de leur appartement[1]. » En tout cas, quelle que soit sa largeur ou sa longueur, un lit ne doit jamais être trop haut. Il faut éviter à celui qui s'en sert

1. Voir Roubo fils, *L'Art du menuisier en meubles,* page 668.

toute fatigue ascensionnelle et diminuer, autant que possible, les inconvénients d'une chute, toujours dangereuse, pouvant se produire pendant le sommeil[1].

Quand nous traiterons de la chambre à coucher, nous parlerons des divers sortes de lits usités à différentes époques, et des avantages que chacune d'elles présente. Ces diverses sortes, au reste, tirent leurs noms et leurs caractères distinctifs beaucoup plus de la forme de leur ciel et de la combinaison de leurs draperies, que des différences introduites dans la charpente du meuble, seule chose qui nous intéresse à l'heure présente. Le châlit, en effet, quoiqu'il remonte presqu'aux origines de la civilisation, n'a jamais beaucoup changé. Tel il se montre en Orient, en Grèce, à Rome, tel nous le revoyons. On a bien essayé d'en modifier les battants, de leur donner à peu près la forme d'une corbeille, d'un bateau, d'une gondole, — formes ridicules et qui n'ont aucun rapport avec la destination de ce meuble tout spécial, — le principe de construction est toujours demeuré le même. Si, à certaines époques, des artistes, qui se croyaient heureusement inspirés, ont essayé de rompre brusquement avec les traditions et de sortir des sentiers battus, ces écarts n'ont duré qu'un instant. On est toujours, et en dépit de toutes les combinaisons plus ou moins savantes, revenu au modèle primitif, qui est demeuré le plus simple, le plus commode, le plus logique, par conséquent le meilleur.

L'ornementation du lit peut être aussi compliquée, aussi riche, aussi brillante qu'on le désire, mais pour que les convenances soient sauvegardées, elle ne doit jamais être gênante. C'est-à-dire qu'il importe, comme au reste pour tous les meubles qui sont en rapport direct avec notre personne, d'éviter soigneusement toutes les aspérités, tous les profils aigus ou tranchants, toutes les sculptures saillantes ou présentant des

---

1. On sait que Louis XV faillit, en 1737, se tuer en tombant ainsi de son lit (voir *Mémoires du duc de Luynes,* tome Ier, page 218).

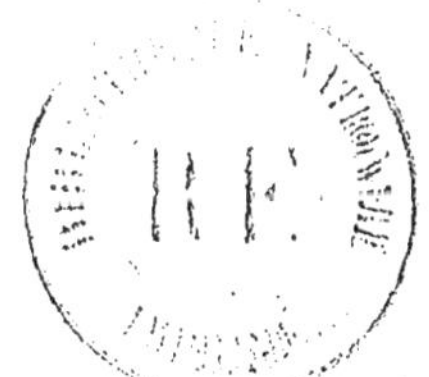

I. — 13

creux profonds, qui deviennent forcément des nids à poussière, tous les reliefs trop accentués, qui peuvent accrocher nos vêtements et parfois même nous blesser.

On doit également, dans la construction des traverses et chevets qui limitent le lit à son sommet et à ses pieds, employer exclusivement des panneaux pleins ou des bâtis capitonnés, et jamais des balustrades ou des divisions à claire-voie, qui ne remplissent pas le but qu'on se propose, lequel est de clore complètement le lit à ses deux extrémités, par une surface contre laquelle on puisse se heurter sans crainte.

Le ciel du lit est généralement indépendant du châlit, et, comme les draperies jouent dans son agencement le rôle principal, il rentre plutôt dans la spécialité du tapissier, que dans celle du menuisier, ce dernier n'ayant guère qu'un cadre à construire. Néanmoins, dans le lit à *quenouilles* ou à colonnes, les deux parties se tiennent, et le menuisier peut, dans la confection des colonnes et du baldaquin, mettre à contribution toute la science et toute l'habileté de ses ouvriers et de ses sculpteurs. Mais il arrive aussi parfois, que le lit à *quenouilles* est construit sans *bois voyant,* c'est-à-dire que la menuiserie n'en est pas apparente, les colonnes étant cachées par des *cantonnières* et le *ciel* par une *courtine* plus ou moins compliquée. Là encore c'est l'art du tapissier qui prend le dessus. Toutefois, de quelque profession que relève la confection du *ciel*, tapissier ou menuisier doivent faire en sorte qu'il soit d'une grande légèreté, non seulement réelle (la raison s'en devine), mais encore apparente, et lorsque le baldaquin du lit est entouré de boiseries visibles, il leur faut tenir la main tout d'abord à ce que ces boiseries ne dépassent point en épaisseur les battants du lit, et ensuite à ce que les quenouilles aient une ampleur suffisante pour les bien supporter.

Les Tables. — On donne le nom de tables, en menuiserie, à toutes les surfaces planes, portées en l'air par un ou plusieurs pieds. Les tables sont employées aux usages les plus divers, et leurs formes ainsi que leurs proportions varient suivant les usages auxquels on les destine. On en fait des carrées, des rondes, des ovales, des longues, des courtes, des hautes et des basses, avec tiroirs comme les tables à ouvrage et les tables-bureaux, ou sans tiroirs comme les tables de salon et les tables à manger; à un seul pied comme les guéridons; à trois, mais plus souvent à quatre, comme la généralité des tables usitées dans le mobilier courant.

Lorsque la table est appliquée à demeure contre la muraille, et, par conséquent, est visible seulement sur trois de ses faces, soit que ses pieds continuent d'être droits, soit au contraire qu'ils se courbent et apparaissent en retraite, elle prend le nom de console.

Les dimensions, hauteur et largeur des tables, lorsqu'elles sont construites pour une destination foncièrement usuelle, comme les tables-bureaux et les tables à manger, se règlent suivant la convenance des personnes qui les emploient. Elles se règlent, au contraire, sur la grandeur et le style de l'appartement, lorsqu'elles ont pour but exclusif de concourir à la décoration de la pièce, comme par exemple les tables de salon. C'est ce qui explique comment ces dernières sont généralement plus hautes que les tables à écrire et les tables à manger. Néanmoins on les voit rarement dépasser 78 à 80 centimètres de hauteur. Quant aux autres, elles varient le plus souvent entre 72 et 75 centimètres; mais leurs dimensions, nous venons de l'expliquer, doivent être sévèrement subordonnées à la commodité et aux convenances.

La construction des tables offre, en tant que structure générale, de grandes analogies avec celle du siège. Elle consiste dans la confection de quatre traverses qui viennent s'assembler par tenons et mortaises dans la partie supérieure de quatre pieds. Au lieu de couvrir ce bâti par un cannage ou par une garniture rembourrée, comme cela a lieu pour les chaises et fauteuils, on le surmonte d'une tablette ou plateau en bois (voir fig. 58), fait d'un ou plusieurs morceaux, orné parfois de marqueterie, d'une feuille de cuir, d'une bande de drap ou de velours, parfois aussi, mais plus rarement, de mosaïques. Lorsque la table se transforme en console, elle est le plus souvent surmontée d'une plaque de marbre.

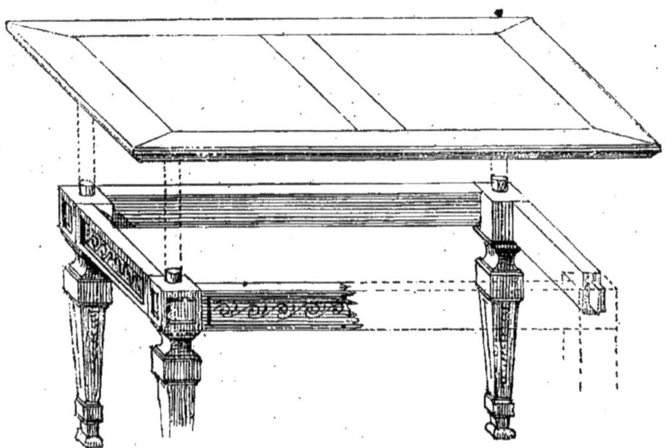

Fig. 58. — Structure de la table.

Si le plateau supérieur est à quatre angles droits, il faut avoir soin que ses dimensions en longueur et largeur se rapprochent des proportions que nous avons indiquées, comme étant les plus agréables à l'œil dans un parallélogramme, soit 2 sur 3. Cependant, lorsque la pièce, dont la table occupe le milieu, présente des dimensions plus ramassées ou plus allongées, on peut faire varier légèrement, dans un sens ou dans l'autre, le rapport de ces deux proportions.

Les pieds de la table peuvent revêtir des aspects différents, pourvu qu'ils soient en harmonie avec le style général du meuble. Ils peuvent être droits ou tors, unis, moulurés ou sculptés, en forme de gaines, de cariatides ou de balustres. Mais quel que soit l'aspect qu'ils revêtent, leur force et leur grosseur doivent être en rapport direct avec les dimensions du plateau supérieur, et c'est aussi sur l'épaisseur, la largeur et la longueur de ce plateau que doit se régler l'importance du bâti qui le supporte. Pour que l'œil soit satisfait, on donne

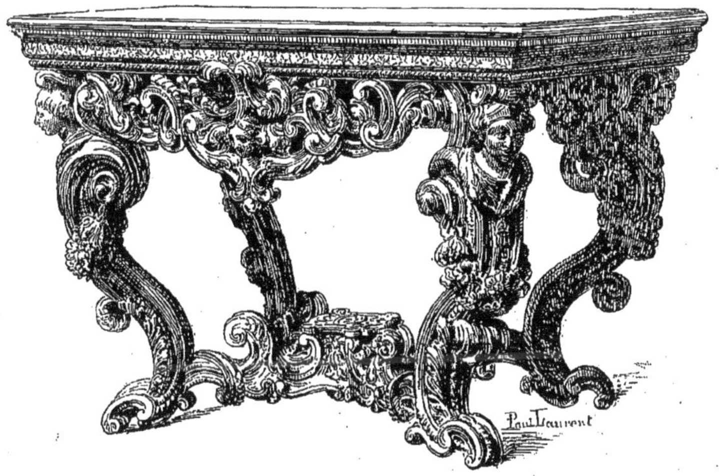

Fig. 59. — Table du dix-septième siècle (Mobilier national).

généralement à ce bâti quatre fois l'épaisseur du plateau. Celui-ci comptant ordinairement entre 2 ou 3 centimètres d'épaisseur, dans la plupart des cas, le cadre ou bâti en reçoit donc une dizaine environ.

Ces proportions doivent être considérées comme normales; elles peuvent cependant subir des dérogations nombreuses, rationnelles et motivées, surtout lorsque l'on veut, de parti pris, exagérer la lourdeur ou la sveltesse du meuble. Il est clair, par exemple, que les tables du dix-septième siècle, dites de style Louis XIII, avec leurs pieds en balustre, tournés et renflés, poussent à l'excès la pesanteur des parties portantes qui, du reste, se trouvent en harmonie avec la lourdeur apparente des parties portées. Mais ces meubles pesants, qui caractérisent fort bien les tendances d'une époque déjà lointaine, ne conviennent de notre temps qu'à un nombre restreint de pièces; celles notamment où un passage constant, l'inattention des visiteurs, le peu de soin des domestiques, exigent, comme dans les antichambres, un mobilier qui défie tous les chocs et supporte sans broncher les heurts et les fardeaux. — Pour les autres, on a plutôt tendance à amaigrir les pieds, et quand cette maigreur n'est plus en rapport avec l'étendue du plateau à supporter, on a soin de réunir les quatre pieds avec des croisillons, qui, créant entre eux une dépendance et les rendant solidaires, augmentent leur solidité apparente.

Dans ce cas, au point de jonction des croisillons, on établit le plus souvent un ornement, vase, boule, motif sculpté, qui décore agréablement l'entrejambe de la table.

Une autre condition de beauté, dans le meuble qui nous occupe, c'est son aplomb. Il est clair qu'une table qui menace de s'écrouler, ou dont l'apparence trop fragile et le manque de stabilité inquiètent les yeux, ne laisse pas que d'être d'une contemplation fatigante.

Lorsque la table est à quatre pieds, et lorsque ces pieds, de convenable force, sont situés aux extrémités du parallélogramme formé par le plateau, ne laissant déborder celui-ci que de quelques centimètres, l'œil ne peut guère être alarmé, mais lorsque la table n'a qu'un seul pied, ou lorsque, pour la commodité du service, le plateau déborde considérablement le bâti, il est à craindre que le moindre choc ne renverse l'édifice. Notre figure 60 montre comment, avec une table où l'écartement des pieds ne représente que le tiers de la largeur

totale du plateau, un déplacement de très peu d'importance
à la base suffit pour que l'équilibre cesse d'exister.

Si donc nous dési-
rons une formule géné-
rale, qui nous mette à
l'abri de toute surprise,
et qui nous permette
d'avoir sous la main
une sorte d'étalon cons-
tant, nous aurons de
nouveau recours à une
petite démonstration
géométrique.

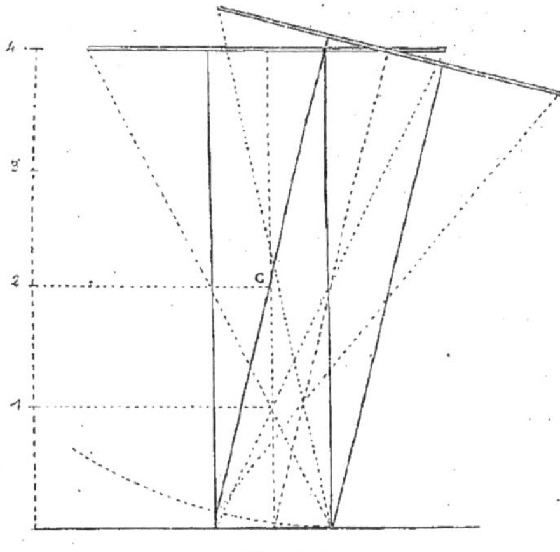

Fig. 60.

Supposons que nous
ayons un plateau AB
(voir fig. 61) et que
nous voulions savoir quel écartement minimum il faut donner

à son piètement, pour
que la table par lui
formée soit suffisam-
ment d'aplomb; nous
abaisserons du centre
de ce plateau une per-
pendiculaire C; nous
joindrons un point quel-
conque de cette perpen-
diculaire, C' par exem-
ple, avec les deux extré-
mités de notre plateau,
et nous aurons ainsi un
triangle isocèle ABC'.

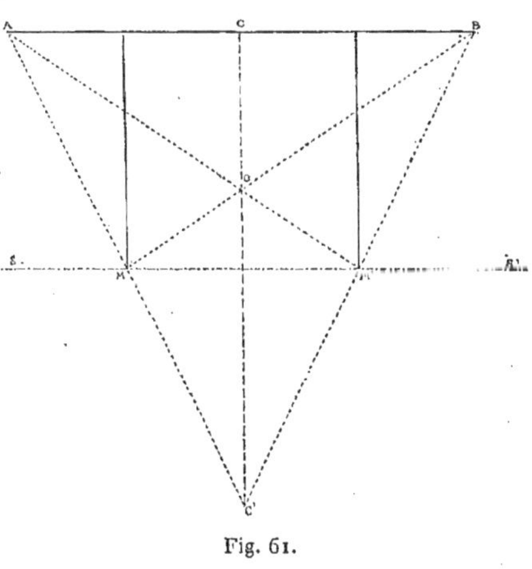

Fig. 61.

Pour trouver le centre de gravité de ce triangle, nous prendrons
le milieu de nos deux lignes AC' et BC', et nous joindrons

ce double milieu **M** et **M'** aux sommets **A** et **B**; le point de jonction **O** de ces deux lignes sera le centre de gravité de notre triangle. Eh bien ! maintenant supposons que la ligne **S S'**, qui joint les deux points **M** et **M'**, soit notre sol, élevons de ces deux derniers points deux perpendiculaires qui iront rejoindre notre plateau. Il résultera de là une figure représentant la table que nous cherchons. L'écartement de sa base est exactement la moitié du plateau, et le croisement des deux diagonales **A M'** et **B M** s'o-

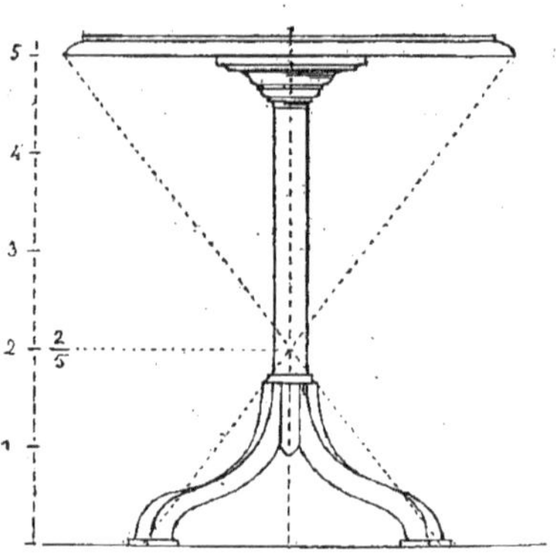

Fig. 62.

père juste au tiers de la hauteur de la figure. Ce dernier fait est à retenir, car dorénavant le point de jonction de ces deux diagonales nous servira de repère. Quelle que soit, en effet, la hauteur de la table, le rapport entre les dimensions de son plateau et l'écartement de son piètement demeure identique, si le point de croisement des deux diagonales reste toujours proportionnellement le même (voir fig. 63).

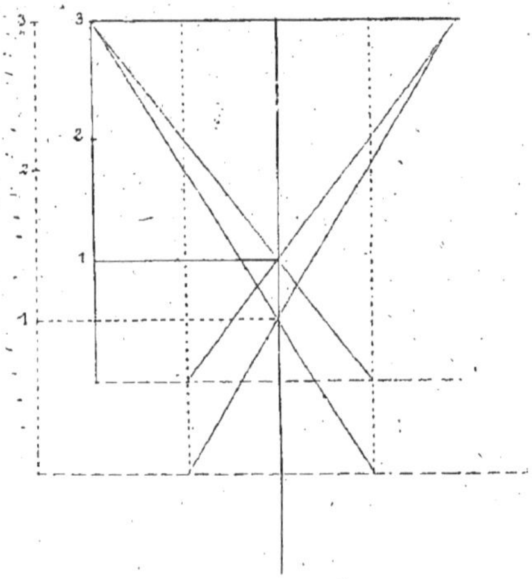

Fig. 63. — Guéridon dessiné par Roubo fils.

Ainsi, supposons que nos deux diagonales se coupent au quart de la hauteur, eh bien ! la largeur de la base, formée par elles au moment où elles

toucheront le sol, sera toujours le tiers du plateau. Supposons qu'elles se coupent au tiers, la base représentera toujours la moitié; supposons qu'elles se coupent à la moitié, la base sera toujours égale au plateau, quelles que soient du reste la hauteur de la table et la largeur du plateau.

Mais pour en revenir à notre table modèle, si la géométrie nous enseigne que les deux diagonales, se coupant au tiers de la hauteur, fournissent un piètement d'un écartement suffisant pour assurer l'équilibre du meuble, l'œil plus exigeant ne se contente pas de cette satisfaction. Il réclame davantage, et l'expérience nous démontre que, pour le satisfaire, les deux diagonales doivent se couper aux deux cinquièmes; de cette façon, la base

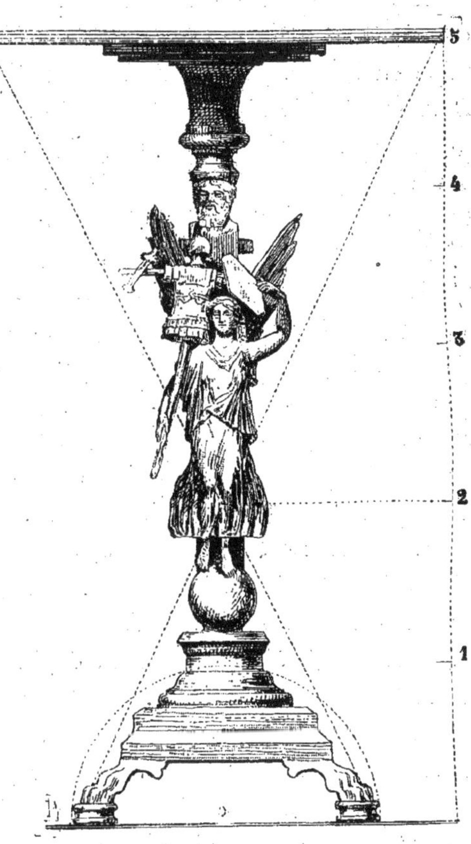

Fig. 64. — Table antique en bronze, découverte à Pompéi et conservée au *Museo Borbonico*.

qu'elles nous donnent, et qui forme les deux tiers du plateau, présente non seulement dans la pratique une assiette d'une solidité très suffisante, mais encore pour l'œil un aspect tout à fait rassurant. Nous aurons donc soin d'exiger que l'élévation de notre table offre toujours autant que possible cette particularité, qui non seulement a sa raison d'être pour les tables à quatre pieds, mais encore pour les tables à pied central, témoin notre figure 63, représentant un guéridon dessiné par Roubo, et même pour les tables de métal, comme le prouve la célèbre table en bronze provenant de Pompéi et conservée au *Museo Borbonico*, dont nous donnons ici l'image (fig. 64).

Dans ce dernier cas cependant, le problème était simple à éluder, et la difficulté facile à escamoter, car il suffisait de charger le pied, de l'alourdir par l'abondance du métal, pour déplacer le centre de gravité du meuble, et pour le rendre stable en dépit du peu d'écartement de sa base. Mais les anciens, serviteurs respectueux des exigences de l'œil et de celles de la raison, se seraient bien gardés d'avoir recours à une atténuation même excusable, qui aurait pu contrarier le regard et ne pas contenter l'esprit.

La connaissance de ces règles d'utilité pratique ne doit pas nous faire oublier, toutefois, que la beauté de la table résulte non seulement des convenances, c'est-à-dire de ses dimensions bien calculées, de ses bonnes proportions, de sa commodité, de son caractère stable ; mais encore de la richesse des matériaux employés à sa confection, de la perfection du travail et de la finesse de l'exécution.

Plus tard, à propos de la salle à manger et du cabinet de travail, nous aurons à nous occuper spécialement des tables qui conviennent à ces diverses spécialités. Pour le moment, nous nous bornerons à constater que les tables de salon, occupant généralement le milieu de la pièce, dans une belle lumière, et par conséquent fixant tout d'abord les regards, doivent être aussi richement décorées que l'appartement le comporte. L'or, le bronze, l'écaille, l'ivoire, les bois précieux, sont à leur place sur ce meuble important ; l'habileté du sculpteur, la science du ciseleur, peuvent s'épuiser pour augmenter sa beauté et sa richesse, mais sans jamais se traduire toutefois par des angles trop aigus, par des reliefs dangereux au toucher, ou par des aspérités capables d'accrocher les habits et de déchirer les robes.

DE L'EBÉNISTERIE. — Tous les ouvrages de menuiserie sont exécutés « dans le massif », c'est-à-dire pris dans la masse du bois, et nous avons considéré les différentes sortes de meubles, que nous venons de passer en revue, comme uniquement traités par les menuisiers. Mais bien que les travaux exécutés « dans le massif » soient généralement plus solides que ceux faits en bois rapportés, il arrive souvent, que pour ménager la matière et pour pouvoir exécuter des meubles d'un prix abordable, le fabricant est obligé de faire la carcasse fondamentale en hêtre, en peuplier, en bois blanc ou grisard, et de ne laisser en bois précieux que les parties visibles.

Ainsi, pour prendre un exemple, renversez un fauteuil en acajou ou en palissandre, déclouez la garniture qui en dissimule la charpente, et vous n'aurez pas de peine à découvrir que, si les quatre pieds du meuble sont en palissandre ou en acajou massif, les traverses par contre sont en bois indigène[1], chêne ou hêtre, recouvert à l'extérieur par un placage en bois exotique. Nos figures 65 à 68 montrent la suite d'opérations par lesquelles passe le *débillardement* d'un dossier de canapé, c'est-à-dire le découpage de ce dossier dans une bille de bois précieux. La perte énorme de matière qui en résulte explique mieux qu'une longue suite de phrases, pourquoi, lorsque l'on peut éviter ce déchet, on ne manque jamais de le faire.

Le placage d'un bois précieux, sur un fond de bois de qualité inférieure ou de valeur moindre, qui a pris un déve-

---

1. Dans ce cas spécial, la solidité du meuble y gagne. L'emploi de bois d'œuvre permet, en effet, d'établir le bâti en tenant compte du fil du bois, et d'augmenter ainsi sa résistance.

loppement énorme depuis deux siècles, a fait donner à la plupart de nos fabricants de meubles le nom d'ébénistes. Et comme le travail des ébénistes, plus compliqué, plus ingénieux, plus délicat, que celui du menuisier, suppose une habileté plus grande et une éducation technique supérieure, les menuisiers en meubles l'ont retenu et s'en parent volontiers. Jadis il n'en était pas ainsi. Ce nom, dont l'origine et la signification première sont faciles à déterminer [1], était plus spécialement réservé aux marqueteurs, et, encore au siècle dernier, on ne considérait comme de véritables ébénistes que les artisans dont la spécialité consis-

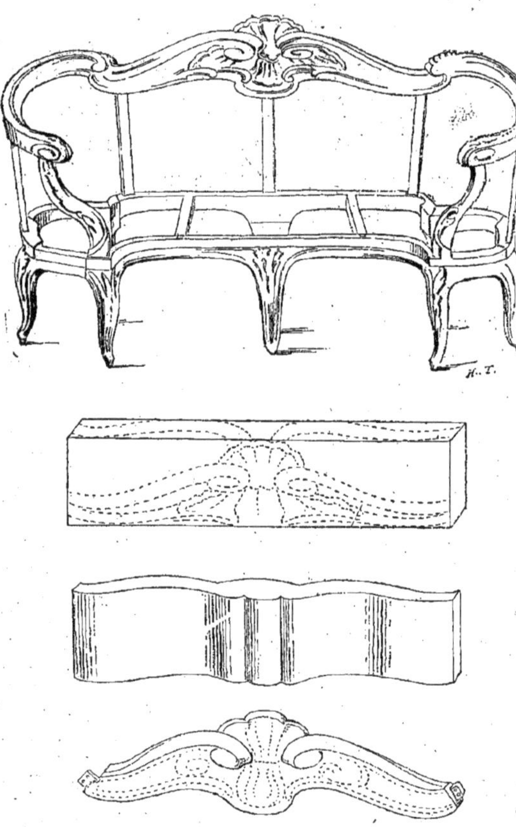

Fig. 65 à 68. — Débillardement d'un dossier de canapé.

1. Il vient d'ébène, et on le donna aux marqueteurs, parce que tous les meubles de placage fabriqués au seizième et au commencement du dix-septième siècle étaient plaqués d'ébène avec ou sans incrustations d'ivoire.

tait à appliquer, sur des meubles construits en bois indigènes, des placages plus ou moins compliqués de bois des Indes, d'écaille, d'ivoire, de métal, débités en feuilles excessivement minces.

Cet ordre de travaux est assez complexe, au reste, pour valoir à ceux qui s'y adonnent un nom spécial qui les distingue de leurs confrères du meuble. On peut dire, en effet, que dès le seizième siècle ils tiennent une place à part dans leur corporation. On a d'eux des œuvres exquises en chêne incrusté d'écaille, d'ivoire, de cuivre ou d'étain, qui sont comme le prélude des merveilles qu'allait enfanter le génie incomparable de Boule. Au dix-huitième siècle, les grandes découvertes géographiques devaient fournir des éléments nouveaux à l'ingéniosité des ébénistes, par l'étonnante variété de bois colorés qu'elles allaient mettre à leur disposition. Les artistes de ce temps, il faut le reconnaître, se montrèrent dignes de ce débordement de richesses, et jamais l'ébénisterie n'apparut plus variée, plus ingénieuse et plus parfaite comme exécution. Cette perfection se manifeste surtout par ce fait, que la plupart des meubles de cette époque, étant considérablement gondolés et chantournés, présentent une difficulté beaucoup plus grande à recevoir des marquetages de feuilles minces, découpées dans un bois souvent cassant et rebelle au collage.

Nous n'entrerons pas dans le détail des opérations très compliquées nécessitées par ce genre de travail. Nous nous bornerons, pour terminer cette étude, à passer rapidement en revue les principaux procédés de fabrication de l'ébénisterie et de la marqueterie, ainsi que les conditions de convenance et de raison auxquelles doivent se plier ces deux arts, pour approcher, aussi près que possible, du *summum* de beauté décorative auquel il leur est donné d'atteindre.

La première condition, à laquelle doit satisfaire une surface de marqueterie ou de placage, c'est d'offrir une certaine solidité et de présenter des chances de durée suffisante. Pour obtenir ce résultat, il faut non seulement que les bois employés, aussi bien pour le fond que pour la surface, soient d'excellente qualité et suffisamment secs ; mais il est encore indispensable que ces bois n'obéissent pas, dans la même mesure et dans le même sens, aux effets de contraction et de dilatation que le temps, l'humidité et surtout l'âge ne peuvent manquer d'exercer sur eux.

Dans ce but, on a recours à un contre-placage assez compliqué, et qui fait penser à ce qu'en horlogerie on appelle la théorie du balancier compensateur. Donc, pour prévenir les accidents que le retrait ou l'allon-

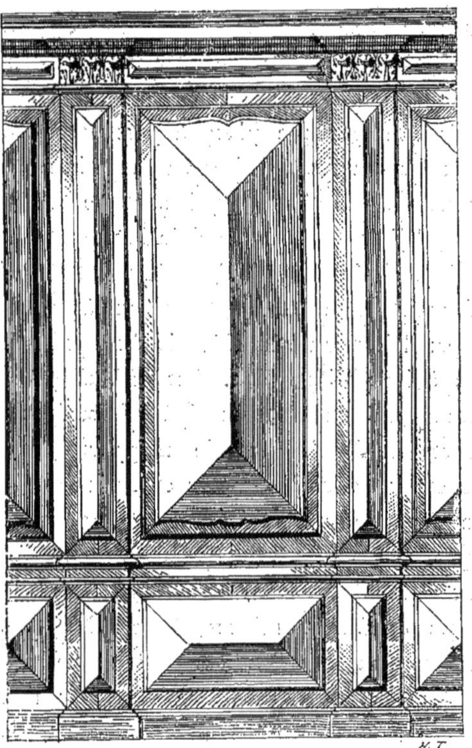

Fig. 69. — Exemple condamnable de bossages apparents, figurés par un lambris marqueté.

gement du fond pourrait produire dans la surface, on commence par coller l'une sur l'autre plusieurs plaques, de façon que le sens de leurs fibres se contrariant, et s'opposant réciproquement à tout mouvement dans un sens ou dans l'autre, elles constituent un fond fixe, sur lequel on peut sans crainte appliquer le placage supérieur et visible.

Ce placage est mis en œuvre de deux façons. Ou bien on l'applique par grandes surfaces, comme dans nos meubles d'acajou ordinaires, et, dans ce cas, l'ébéniste se contente le plus souvent de ce qu'il appelle un assemblage en *fougère* ou en *bois frisé d'onglet;* ou bien, n'employant que de petites surfaces de bois diversement colorés, on les assemble en des-

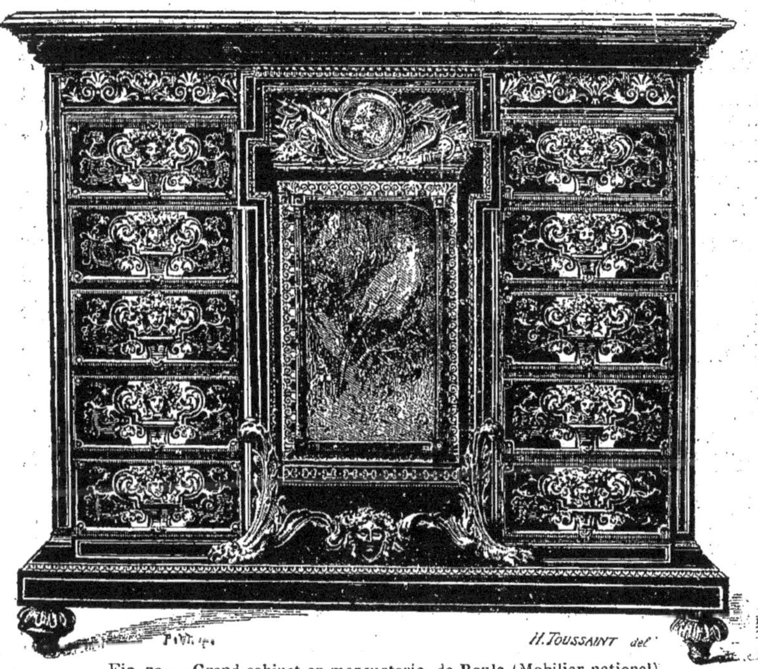

Fig. 70. — Grand cabinet en marqueterie, de Boule (Mobilier national).

sins réguliers, formant des nattes, des méandres, imitant des carrelages, etc., imitation qui a fait donner à la marqueterie le nom de mosaïque de bois. Dans l'un et l'autre de ces deux cas, le plus dangereux écueil auquel puisse se heurter l'ébéniste, c'est de donner par la contrariété des fibres et des couleurs, à une surface plane et qui doit paraître telle, l'aspect d'une surface mouvementée. Rien n'est plus contrariant, en effet, surtout lorsqu'on applique la marqueterie à des parquets ou à des lambris, que de voir la muraille ou le sol se gondoler en bossages inattendus. Autant, pour les lambris, les différences de niveau, produites sur la muraille par des saillies raisonnées et voulues, peuvent provoquer des effets heureux, autant il faut protester contre la transformation d'une surface, qui doit rester plane, en une surface brisée (fig. 69).

Il arrive quelquefois que l'ébéniste pousse l'art ou la fantaisie, jusqu'à agencer en marqueterie une ornementation complexe ; jusqu'à composer la décoration d'un bureau ou d'un secrétaire de mascarons, de trophées, de guirlandes, d'outils de jardinage, d'instruments de musique, de bouquets de fleurs, etc. Ce genre de travail réclame, pour être mené à bonne fin, l'habileté supérieure d'un dessinateur adroit, joignant à un goût très sûr une expérience approfondie. Rien n'est plus facile, en effet, que de se tromper dans l'emploi de décorations pareilles. Tout d'abord, il faut savoir rester franchement sur le terrain de la convention, ne pas chercher à créer d'illusions, ne pas vouloir singer la peinture, ne jamais oublier que la décoration d'un meuble doit suivre ses formes, et non pas les contrarier ou les commander.

Ces dernières réflexions peuvent s'appliquer également à la peinture, aux laques, à ces imitations de *vernis Martin* qui redeviennent à la mode, et auxquelles on peut reprocher de ne pas rester assez correctement dans le domaine de la convention.

Enfin, il est un genre de marqueterie, qui a été l'une des gloires du mobilier français, et dont il serait injuste de ne point dire quelques mots. Nous voulons parler de la décoration de ces admirables meubles, auxquels Boule a attaché son nom. Pour l'incrustation des curieuses compositions qui caractérisent ses ouvrages incomparables, l'éminent artiste procédait de la façon suivante. Il commençait par dessiner avec soin ses principaux motifs en les incisant sur une plaque de cuivre,

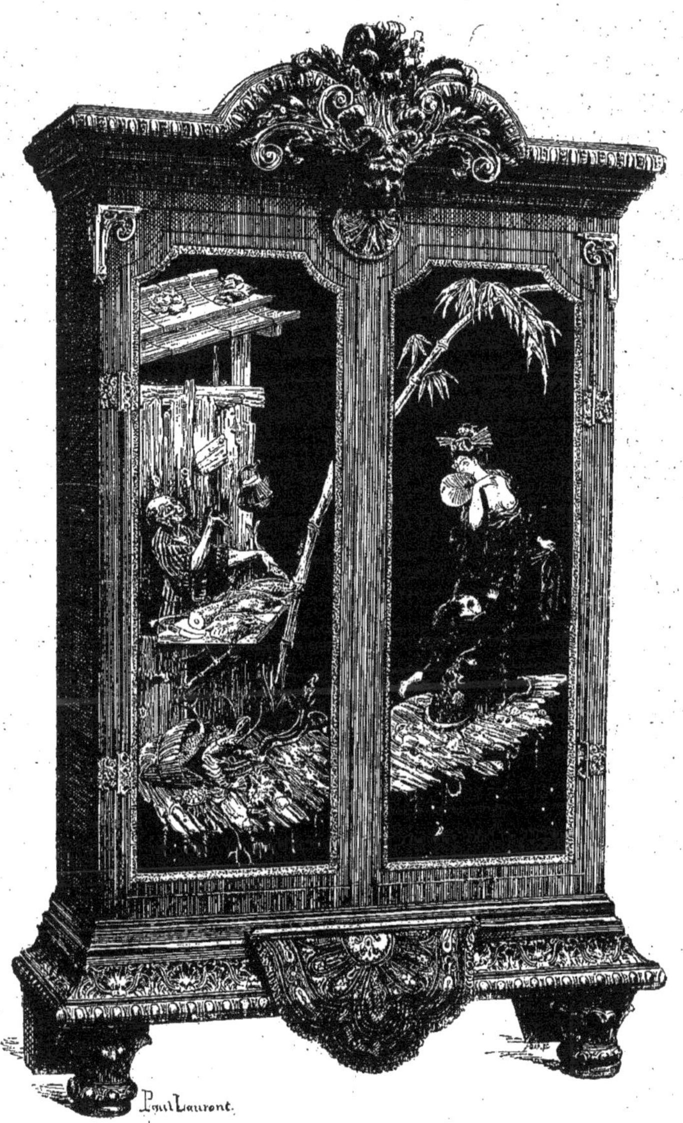

ARMOIRE STYLE LOUIS XIV, AVEC PANNEAUX EN LAQUE

puis il superposait cette lame de cuivre sur une lame d'écaille de même épaisseur, et découpant à la scie les deux lames en suivant le dessin tracé à la pointe sèche, il obtenait, de cette manière, deux épreuves de chacune de ses deux plaques, l'une positive figurant le dessin lui-même, l'autre négative représentant le fond et s'emboîtant parfaitement dans la première. De cette façon, il pouvait insérer son dessin en cuivre dans son fond en écaille teinte, et obtenir des inscrustations d'une finesse et d'un éclat exceptionnels. De nos jours, on procède encore de la même manière, seulement, pour arriver à produire à bon marché, au lieu de deux plaques, c'est dix, douze, vingt plaques, qu'on découpe du même coup. Dès lors, le dessin abdique sa finesse, les parties ne se rapportent plus aussi exactement, et les fabricants, pour ne pas perdre de matière, après avoir inséré leur motif de cuivre dans le fond d'écaille, donnent une *réplique* à ce premier dessin, en insérant à son tour l'écaille dans le cuivre. Or ces transpositions créent le plus souvent des effets faux, clinquants et d'autant plus pénibles à l'œil, que le cuivre composant l'ornement principal peut, par quelques tailles de burin, recevoir un modelé complémentaire, dont l'écaille n'est pas susceptible.

Tels sont, résumées aussi succinctement que possible, les principales pratiques mises en œuvre dans la noble et généreuse industrie du bois, la plus considérable, nous l'avons dit, de toutes celles qui concernent le mobilier.

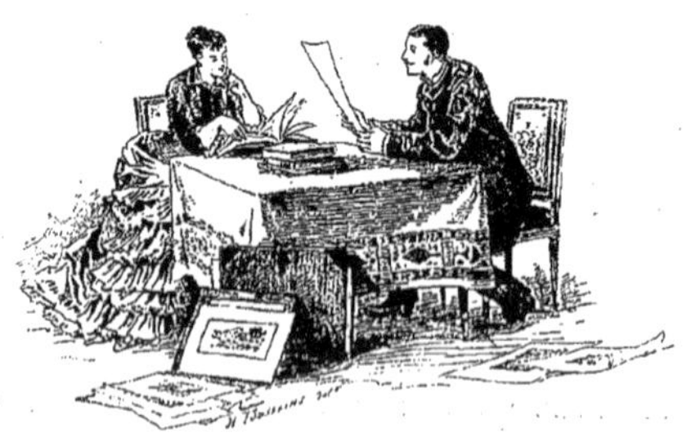

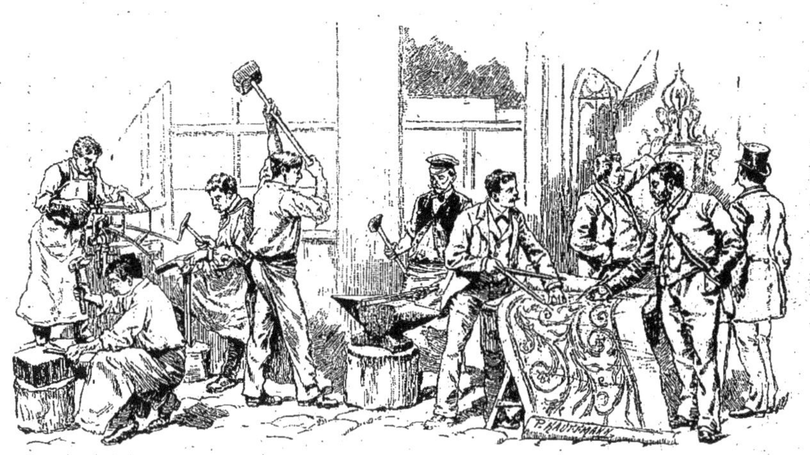

Fig. 72. — La mise en œuvre du fer.

II

LE FER ET SON EMPLOI

Dans l'habitation humaine, le fer a sa place marquée par les qualités mêmes qui le distinguent. Dès la plus haute antiquité, il a toujours été considéré comme le plus résistant des métaux. Les anciens, dans leur chimie primitive, lui donnaient le nom de Mars, indiquant, par cette appellation guerrière, quel respect ils professaient à son égard. Depuis lors, son nom n'a cessé d'être synonyme de force, de tenacité et de dureté. D'un homme que rien ne peut courber, briser, émouvoir, on dit encore de nos jours qu'il est « une vraie barre de fer ». Tous les héros anciens, au dire de Voltaire, avaient des « santés de fer ». Baudouin Ier, comte de Flandre, fut surnommé « Bras-de-fer »; Charles XII, roi de Suède, fut baptisé « Tête-de-fer », et il appartenait à notre « siècle de fer », de connaître, hélas ! un « chancelier de fer ».

A sa propriété d'être, sous un moindre volume, le plus résistant des matériaux, ce métal ajoute encore l'avantage d'être abondant et d'un prix peu élevé, aussi l'étonnante habileté de ceux qui le mettent en œuvre a-t-elle fait rechercher le fer pour tous les emplois qui exigent, sous un mince développement, une grande force et une solidité à toute épreuve.

C'est ce qui explique comment on a recours presque exclusivement à lui seul pour la fermeture des portes et des fenêtres. Par la même raison, c'est à lui qu'on demande les rampes d'escalier, les balustrades des balcons, les appuis des croisées et les grilles. Dans ces diverses spécialités, il ne peut être avantageusement remplacé par aucun autre métal. Il trouve encore un large emploi dans la parure des foyers ; les chenets sont souvent en fer, les pelles et les pincettes presque toujours. Enfin, on fait des cadres, des lanternes de vestibule, des lampadaires, des supports, des chandeliers, des piédestaux et jusqu'à des meubles. Mais, dans cette dernière application, soit que notre œil habitué aux larges profils du bois et à ses masses abondantes s'accommode mal des formes métalliques qu'il juge trop grêles, soit que les artistes et les industriels, se trouvant dépaysés dans une application qui ne leur est pas habituelle, n'aient cherché qu'à faire des copies insuffisantes ou défectueuses, on peut dire que jusqu'à présent la grande généralité des meubles en fer n'a eu que fort peu de chose à démêler avec l'art.

Presque tous les pays produisent des minerais de fer; ceux de Suède, toutefois, sont réputés les meilleurs. Sans vouloir entrer dans les détails de la fabrication du fer, nous rappellerons simplement que le minerai, soumis à une haute température, entre en liquéfaction et produit ce qu'on appelle la *fonte*. Cette fonte, qui prend à l'aide des moules toutes les formes qu'on désire, constitue une première sorte de fer très *aigre*, c'est-à-dire cassant, sans souplesse, sans lien, et qui ne trouve son emploi, dans l'habitation, que pour la confection d'objets relativement grossiers. C'est avec elle qu'on fabrique les *contre-cœurs*, ou plaques garnissant le fond des cheminées, les poêles, les tuyaux de conduite, certains vases plus ou moins décoratifs, les grilles de balcon grossières, etc., etc.

Dans la pratique, on coule cette fonte dans des moules spéciaux, qui peuvent contenir cinq à six cents kilogrammes de métal. Les lingots obtenus de la sorte prennent le nom de *gueuses*. On soumet ensuite ces *gueuses*, dans la forge, à une chaleur intense qui les porte au rouge blanc, et on les bat avec un énorme marteau, mû mécaniquement, auquel on donne le nom de *martinet*. Le métal, ainsi travaillé, forme ce qu'on appelle le fer proprement dit. Cette seconde opération, au reste, le transforme complètement; par elle il cesse d'être fusible, c'est-à-dire qu'il brûle encore, mais ne fond plus, et il devient *doux*, ce qui veut dire qu'il cesse d'être cassant. Son élasticité lui permet de se plier en tout sens, et il est possible désormais de le graver, de le sculpter et de le travailler à la lime.

Le fer, ainsi forgé, est façonné tantôt en barres carrées ou méplates, tantôt en verges rondes de grosseurs différentes, tantôt en feuilles de tôle, et livré ensuite sous l'une de ces trois formes, au commerce qui l'utilise.

Le fer se travaille à chaud et à froid. A chaud, se font les soudures et les gros ouvrages qui demandent l'emploi de barres épaisses. Tous les travaux de repoussé et de modelé, qui s'exercent sur des surfaces relativement très minces, le découpage, le relevage, la ciselure, ont lieu, au contraire, à froid. Mais, dans l'un comme dans l'autre cas, l'artiste qui manie le métal a besoin d'une grande expérience, d'une attention soutenue, d'un coup d'œil juste, d'un bras robuste, d'une main ferme et sûre. Le travail qu'on fait subir au fer peut, en effet, augmenter sa qualité ou le détériorer. Un degré de température trop élevé le corrompt; des coups de marteau appliqués trop fort produisent des gerçures qu'il est ensuite difficile de fermer. En outre, l'ouvrier habile doit conduire, en quelque sorte, le métal avec son marteau, en déplacer les molécules, raffermir les parties faibles, renforcer les parties minces et appauvrir celles qui sont trop épaisses. Veut-il, sur une feuille de tôle, faire un creux ou produire un relief, il ne doit point attaquer le point même où il souhaite d'obtenir cette saillie ou ce creux, mais les alentours, de façon à chasser le métal, et à fournir de la matière en même temps qu'il donne la forme voulue.

Pour les ouvrages de valeur, on emploie généralement du fer *corroyé*. On corroie le fer en superposant plusieurs barres ou plusieurs plaques, en les portant au rouge blanc et en les battant jusqu'à ce que, soudées ensemble, elles ne forment plus qu'un seul morceau. Cette opération se fait aujourd'hui mécaniquement, mais il ne paraît pas que le travail mécanique améliore la qualité du métal employé. Les fers actuels, corroyés au martinet et réduits à l'état de barres par le laminage au cylindre, ne présentent pas, en effet, la même ductilité que les fers anciens, qui, battus et rebattus, n'arrivaient que par un corroyage répété à l'état de barreau ou de tôle. Le fer, rendu plus concret par ce battage répété, se soudait plus facilement. Débarrassé des parties de fonte qui le criblent, il brûlait moins aisément; ajoutons encore qu'on employait, pour le confectionner, le charbon de bois dont la chaleur plus douce, moins âcre, laisse au métal des qualités que lui enlève l'usage de la houille.

Si nous entrons dans ces détails, c'est que l'industrie du fer est une de celles qui nous intéressent le plus, car elle a toujours été en grand honneur sur notre sol. Les Gaulois montraient déjà une aptitude particulière pour les travaux de forge. Au moyen âge, ceux d'entre les forgerons qui s'occupaient plus spécialement de l'habitation, et que nous désignons sous le nom générique de serruriers, formaient une de nos corporations les plus importantes[1]. C'est à ces vaillants artistes et à leurs descendants qu'il faut faire honneur non seulement des magnifiques ouvrages qui ornent nos cathédrales, de ces grilles à la fois belles, fortes et simples qui ferment les chœurs et les chapelles, et de ces *pentures* merveilleuses, dont le peuple dans son admiration naïve attribuait au diable la paternité; mais encore de ces livres précieux, de ces traités ingénieux[2], où sont posées les bases de leur art difficile. Enfin, c'est encore à eux qu'il faut attribuer l'invention des principaux outils employés aujourd'hui, la découverte de la lime, des vis et des cisailles.

On peut dire que jusqu'à la fin du siècle dernier l'art du serrurier est demeuré particulièrement honoré dans notre pays; et il faut entendre quels éloges le serrurier Lamour, l'auteur des magnifiques grilles de Nancy, prodigue à sa profession, pour bien comprendre de quel enthousiasme le travail du fer savait alors enflammer les plus fermes esprits.

« La forge, s'écrie-t-il dans son *Préliminaire apologétique*[3], est aux autres inventions de ce genre ce que le génie est aux sciences. Elle en est l'âme et la force, aucune ne peut se passer d'elle, et elle ne les a précédées toutes que pour les créer. Si Cérès donne du pain aux Cyclopes, c'est qu'ils lui avoient fabriqué la charrue. Si le pieux Énée conserve et établit au

1. Les règlements d'Étienne Boileau divisent cette corporation en trois grandes branches : la première comprenant, sous le nom de *greiffiers*, les faiseurs de ferrures; la seconde, les *serruriers* ou faiseurs de serrures, et la troisième les *grossiers* ou taillandiers. Voir, pour les plus amples détails, le *Dictionnaire pratique du serrurier*, par F. Husson. Paris, 1872, page 9.

2. Notamment *La fidèle Ouverture du serrurier*, publiée par Mathurin Jousse en 1627. L'ouvrage avec planches de Robert Davesnes paru en 1676, *L'Art du serrurier* de Duhamel du Monceau (1767; in-folio).

3. Voir le *Recueil des ouvrages en serrurerie que Stanislas le Bienfaisant, roy de Pologne, duc de Lorraine et de Bar, a fait poser sur la place royale de Nancy, à la gloire de Louis-le-Bien-Aimé, composé et exécuté par Jean Lamour, son serrurier ordinaire, avec un discours sur l'Art de la serrurerie* (Nancy, 1767).

milieu des combats les fugitifs de Troie, c'est qu'il est armé par l'époux de Vénus. Notre nourriture et notre défense sont des objets purement nécessaires, et si l'agriculture a des beautés, elles ne sont pas l'effet de l'art, elle les doit toutes à la nature, mais la serrurerie embellit encore l'utile. Elle a des parties pleines d'agrément, de délicatesse et de majesté. Elle est susceptible de toutes les formes. Elle a, quand elle le veut, l'énergie de la peinture, la hardiesse de la sculpture et toujours la solidité... »

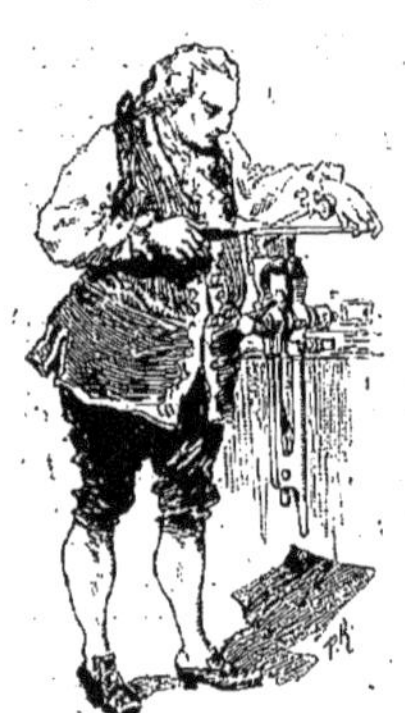
Fig. 73.
« On sait quelles mains royales... »

En face de ce dithyrambe tracé par l'enthousiaste Lamour, il est bon de placer une autre appréciation remontant également au siècle dernier, mais plus désintéressée et plus profane, pour montrer que l'estime inspirée par l'art du serrurier était alors universelle, et que les écrivains de tout ordre n'hésitaient pas à lui rendre l'hommage qui lui est dû.

« Un serrurier est devenu parmi nous un artiste, écrivait Mercier. L'art a travaillé le fer pour l'unir à l'architecture ; il s'est développé dans de superbes grilles qui ont l'avantage d'orner le point de vue sans le détruire. Le fer est devenu aussi souple que le bois ; on le tourne à volonté, on lui imprime la forme de feuillages légers et mobiles, on lui ôte sa rudesse pour lui donner une sorte de vie[1]. »

Ces éloges, il faut bien le reconnaître, n'ont rien d'excessif. On sait, au reste, quelles mains royales n'hésitèrent point alors à se mesurer avec le rude métal. Louis XVI fut-il un serrurier d'une prodigieuse habileté ? Le fait est au moins douteux. Les travaux parfois très remarquables, qu'on lui attribue, sont-ils vraiment de lui ? Il est permis de ne le pas

1. *Tableau de Paris*, tome XI, page 19.

croire. Est-ce bien à lui qu'on est redevable du *Supplément à l'Art du serrurier*[1] ? La chose semble assez peu probable. Mais, d'un autre côté, le Conservatoire des Arts et Métiers garde précieusement le tour et les outils de cet infortuné roi,

et on ne saurait nier qu'il n'ait professé pour la serrurerie une estime toute particulière, qui le porta à manier, sous la conduite de Gamain, la lime et le marteau[2].

Par quel mystère, le dix-neuvième siècle assista-t-il brusquement à une décadence inqualifiable de la serrurerie[3] ? Par suite

1. *Supplément à l'Art du serrurier*, traduit du hollandais de Jos Botterman, par A.-A.-J. Feutry (Paris, 1789, in-folio, avec figure). Cet ouvrage a été attribué à Louis XVI.

2. Les serruriers parisiens, qui connaissaient le faible du monarque pour leurs occupations, se crurent maintes fois autorisés à le traiter en confrère et lui servirent, à différentes reprises, des plats de leur métier.

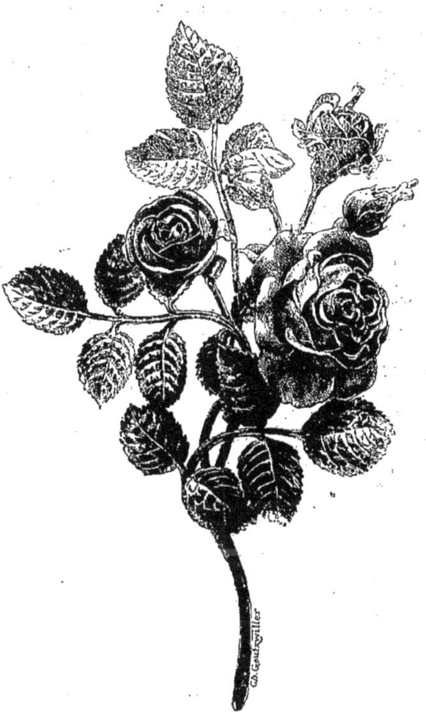

Fig. 74. — Roses en fer forgé, exécutées dans l'atelier de M. Favier.

Pour lui faire une surprise à l'occasion de la naissance de son fils aîné, le 29 octobre 1781, ils présentèrent au roi une serrure à secret, agencée de telle sorte que lorsqu'on voulait l'ouvrir, on en faisait sortir un petit dauphin. Bien mieux, ils ne se bornèrent point à cet ingénieux présent. Courtisans jusqu'au bout, ils conduisirent adroitement la sagacité royale vers le point délicat où se trouvait dissimulé le ressort; et le roi fut si charmé d'avoir découvert *lui-même* ce précieux secret, qu'il ajouta trente louis de sa poche au cadeau qu'il avait déjà fait aux serruriers ses confrères. Voir Bachaumont, *Mémoires secrets*, tome XVIII, pages 103 et 138.

3. Ce mépris est d'autant plus inexplicable que, jusqu'à la fin du dix-huitième

de quelle aberration vit-on des hommes sérieux et connaissant le métier s'en venir déclarer que la fonte grossière pouvait remplacer avec avantage le fer délicatement forgé[1] ? Chercher à approfondir cette douloureuse erreur ne rentre pas dans le cadre de nos rapides études. Bornons-nsus à constater que, depuis trente ans, nos architectes et nos serruriers sont revenus à des sentiments meilleurs. La serrurerie d'art a repris son ancien lustre, elle a récupéré l'estime dont on l'entourait jadis, et l'habileté des serruriers de nos jours ne le cède en rien à celle de leurs glorieux ancêtres.

Aussi bien que les plus fameux artisans du siècle dernier, nos ouvriers savent aujourd'hui manier le fer à chaud et à froid. C'est merveille que de les voir, non plus chercher à escamoter la difficulté, en *brasant* une soudure, c'est-à-dire en liant les parties divisées du fer à l'aide d'un autre métal plus fusible, tel que le cuivre ou l'étain, mais souder, par le rapprochement, des pièces chauffées à blanc, et martelées sur une enclume avec une force suffisante pour mélanger les molécules du métal, et construire ainsi, à grands coups de marteau, des ouvrages d'une exquise délicatesse et d'une finesse excessive. Songez, en effet, qu'une mignonne fleur, composée de vingt

---

siècle, la serrurerie excita dans le public un intérêt extrême. En faut-il un exemple? « Les curieux, dit Bachaumont, à la date du 8 novembre 1767, vont en foule admirer une nouvelle grille posée au chœur de Saint-Germain-l'Auxerrois, paroisse du roi... C'est un ouvrage merveilleux. Mais ce qu'il a de plus remarquable, c'est la délibération du chapitre, qui, ayant fait marché avec l'artiste au prix de 38,000 livres, y a joint dans son enthousiasme et par acclamation une gratification de 12,000 livres » (*Mémoires secrets*, tome III, page 295). En 1772, ce goût était encore tel qu'un simple serrurier, du nom de Gérard, consacrait dix ans de sa vie à forger et à ciseler un dais à baldaquin en fer, dont il demandait 50,000 livres (*Ibid.*, tome VI, pages 89 et 105).

1. Voir notamment le livre intitulé *Modèles de serrurerie choisis parmi ce que Paris offre de plus remarquable*, etc. (Paris, Bance aîné, 1826) et les *Rapports du Jury international* (1868). « L'emploi presque exclusif de la fonte de fer pour grilles, rampes d'escalier, etc., de 1825 à 1845, avait fait abandonner par les serruriers les ouvrages de forge dans les grandes villes. On ne trouvait plus de forgerons que parmi les maréchaux-ferrants. »

ou trente pétales, exige autant de soudures que de feuilles, et comprenez quelle difficulté c'est que de rapprocher vingt fois du feu un travail aussi délicat, de le porter vingt fois, trente fois au rouge blanc[1] sans le brûler, ce qui perdrait tout l'ouvrage.

Ajoutons encore qu'une soudure, pour être bien faite, demande des préparations nombreuses et des précautions infinies. La chaleur intense, à laquelle le métal est soumis, ainsi que le martelage, qui resserre les molécules, diminuent toujours

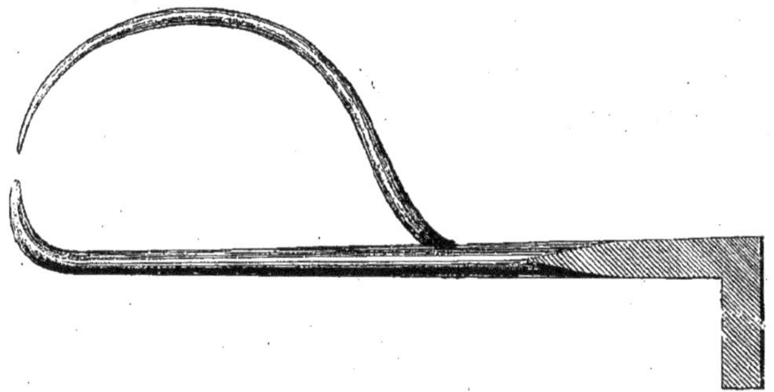

Fig. 75. — La recingle.

quelque peu l'épaisseur de la tige. Il faut donc réserver, au point de soudure, un léger *talon,* pour qu'une fois la soudure faite la pièce conserve, dans toute sa longueur, une épaisseur égale ; or, tout ce travail doit être conçu, décidé et exécuté en quelques instants, avant que la pièce chauffée ne se refroidisse.

Quand du travail de forge proprement dit le serrurier passe au travail à froid, l'habileté et le coup d'œil qu'il lui faut montrer ne sont pas moindres. Il arrive, en effet, à tirer d'une feuille de tôle toutes les surfaces planes ou ondulées qui lui

1. M. Landrin, dans son *Manuel du serrurier,* estime la température du rouge blanc entre 1,200 et 1,400 degrés.

sont nécessaires. Sans autre outil que son marteau, il modèle cette lame unie au point de la transformer en feuillages, en fleurs, en vases, en bouteilles. Non seulement il la creuse en forme de coupe, l'arrondit en forme de bassin, mais, par cette opération qu'on nomme la *retreinte,* conduisant le métal à l'aide de son marteau, il resserre les bords de son récipient, en rapproche les lèvres extérieu- res, et arrive à construire ainsi un goulot assez étroit pour former une bouteille, — et cela simple- ment par l'intelligence de son travail, par la direction et la force imprimées à chacun de ses coups de marteau, sans approcher une seule fois la pièce du feu, sans autre ressource que son habileté et son expérience.

Bien mieux, une fois sa bou- teille formée, à l'aide d'un outil fort simple, nommé *recingle*[1], il va couvrir la panse de son vase d'arabesques, qui, reprises exté- rieusement au ciselet et au burin, se changeront en des guirlandes de fleurs et de fruits, ou en d'ex- quis bas-reliefs.

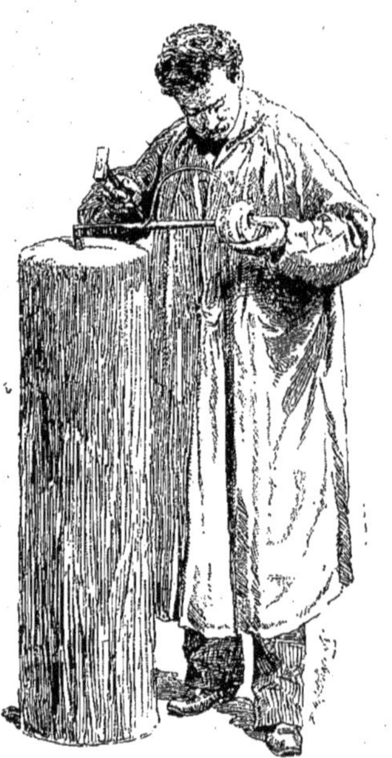

Fig. 76. — Serrurier repoussant un vase à l'aide de la recingle.

Pour les pièces moins compliquées, le travail, lui aussi moins compliqué et moins difficile, n'est cependant pas moins intéressant. Toutes ces belles feuilles, que vous voyez se con-

---

1. On donne le nom de recingle à un appareil de forme spéciale (voir fig. 75). Pour s'en servir, on frappe à grands coups sur le manche de cet outil, et la secousse produit, par le contre-coup, une saillie sur le point où la pièce à travailler est en contact avec lui.

tourner et s'arrondir le long de ces grilles superbes, sont modelées au marteau. La lame de tôle découpée est présentée sur un *traçoir* serré dans un étau, et, à l'aide d'un simple martelage, l'ouvrier *relève* les côtes de la feuille, puis remplaçant son traçoir par d'autres outils nommés boules, demi-boules, bouterolles, clavoirs, etc., le *releveur*, c'est le nom que porte cet artiste, arrive à lui imprimer sa forme et son mouvement.

Enfin, une dernière manière de traiter le fer, et ce n'est pas la moins artistique, consiste à prendre le métal dans sa masse et à le sculpter à l'aide du burin. Pour cette dernière opération, qui ne peut concerner que de petites pièces, on

Fig. 77. — Feuillage en fer *relevé* au marteau.

commence par dégrossir le morceau de fer à l'aide du tour ; puis on abat les parties inutiles et finalement on incise, on découpe et on creuse, jusqu'à ce qu'on soit arrivé à donner à l'objet sa forme définitive et son fini complet. C'est ainsi qu'ont été fabriquées toutes ces clefs merveilleuses, qui sont aujourd'hui l'ornement des collections et des musées.

Forgées, repoussées ou prises dans la masse, toutes les pièces de serrurerie d'art sont finies à l'aide de rifloirs, de limes plus ou moins douces, de burins, et le poli est donné à l'émeri. Quant aux moulures, elles sont faites soit à chaud, à l'aide d'étampes, c'est-à-dire de moules creux dont on force, à grands coups de marteau, la barre de fer à épouser la forme, soit, quand elles sont particulièrement compliquées, à froid et à l'aide de raboteuses mises en mouvement par la vapeur.

Lorsque les divers morceaux, qui doivent former une grande pièce, ont été individuellement fabriqués, achevés, amenés à leur perfection, on les livre au monteur, qui a pour mission de les ajuster et de les réunir. Quelques-uns de ces morceaux peuvent parfois être soudés. La plupart, au contraire, doivent être réunis à froid, à l'aide de rivets ou de vis. Les monteurs

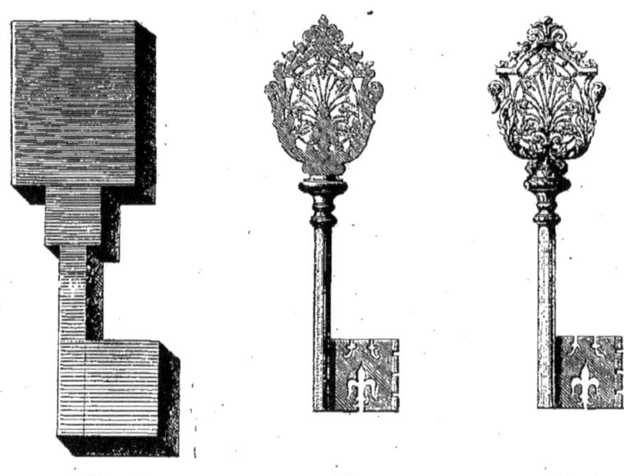

Fig. 78.   Fig. 79.   Fig. 80.

Opérations par lesquelles passe la confection d'une clef « prise dans la masse ».
La masse ébauchée.   La clef tournée et découpée.   La clef achevée.

maladroits abusent de ces deux moyens, et, laissant les rivets et les vis apparaître, permettent à l'œil de compter les points d'attache et de deviner le nombre des morceaux. Les monteurs adroits, au contraire, dissimulent leurs rivets en les soudant sous le fragment qu'ils veulent appliquer, et complètent leur monture à l'aide de tenons, qui permettent d'enlever ensuite la pièce ainsi jointe, sans détériorer l'ensemble.

Mais quelle que soit l'habileté du monteur, encore faut-il, pour que l'œuvre achevée par lui ait un réel mérite, que le dessin général en ait été conçu avec goût, et par un artiste connaissant à fond le travail du fer. Dans les chandeliers, lanternes, cadres, consoles, etc., par exemple, et, du reste, dans tous les objets mobiliers produits par la forge, la forme n'est vraiment satisfaisante, que si les armatures, tout en rassurant l'œil par leur solidité apparente, sont assez sveltes cependant pour que les feuillages, qui forment leur ornement principal, puissent sembler un support suffisant.

Malheureusement il arrive trop rarement que les dessins des pièces de serrurerie soient demandés à des serruriers. Il en résulte que, dans un grand nombre de ces œuvres, on sent

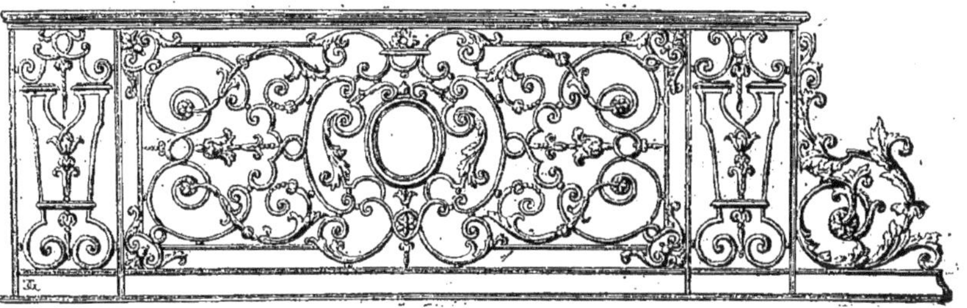

Fig. 81. — Rampe d'escalier en fer forgé, exécutée par MM. Moreau frères.

trop que l'artiste s'est préoccupé, dans sa conception, de modèles fabriqués avec une matière différente, et l'on ne retrouve point dans ces objets la légèreté, l'audace, la souplesse, qui justifient l'emploi du fer et qui légitiment la préférence qu'on lui accorde [1].

C'est surtout dans les rampes d'escalier et les grilles de bal-

1. Cette défectuosité avait été constatée en 1867 par le rapporteur de l'Exposition universelle (Matériel des travaux du génie civil, serrurerie décorative). « Pour obtenir de la serrurerie de forge dans des conditions convenables, il est nécessaire que l'artiste qui compose le dessin connaisse les procédés de fabrication... Il faut accuser, non les serruriers, mais les artistes qui, tout entiers à leurs conceptions, négligent de s'enquérir des moyens propres à les exécuter. » *Rapports du Jury international*, 1868.

con, que le serrurier habile trouve moyen de déployer ce qu'au siècle dernier on aurait appelé son génie.

Les GRILLES de balcon sont composées de châssis assemblés à leurs extrémités, à tenons et mortaises; ces châssis forment un cadre dont la partie supérieure est garnie d'une plate-bande *quaderonnée*. L'intérieur est rempli par des barreaux plus où moins espacés, et formant soit des arcades, soit des balustres, soit des entrelacs [1].

Les RAMPES d'escalier sont conçues d'après le même système; toutefois, épousant la forme du limon, elles sont obligées d'être le plus souvent en pente inclinée [2]. Les bâtis des rampes qui viennent se buter en bas contre ce qu'on appelle un *arrêt*, et se terminent par un panneau ou une console, sont garnis, au cours de leurs évolutions, d'entrelacs formés de tiges ou barreaux de fer, droits ou recourbés, se jointant les uns aux autres, et auxquels on donne le nom générique « de contours ». Ils sont décorés en outre d'ornements en tôle relevée, soudés à chaud ou appliqués, comme nous l'avons dit plus haut, à l'aide de vis et de rivets.

Les principaux « contours » employés dans la confection des rampes portent le nom d'anses de panier, consoles, enroulements, palmettes, queues de poireau, etc. Ces différents « contours » peuvent se composer entre eux à l'infini, et former les dessins les plus variés et les plus divers.

Les principaux ornements sont les rinceaux, fleurons, culots, coquilles, roses, rosettes, agrafes, feuilles d'eau, cornes d'abondance, palmes et fruits de toute espèce. Comme la plupart d'entre eux sont façonnés en tôle découpée et présentent des piquants et des aspérités, l'artiste ne doit les employer, dans

1. On donne ce dernier nom à des compartiments formant des petits panneaux ovales, carrés, ou en losanges entrelacés.

2. L'importance accordée, dans ces sortes d'ouvrages, à la main courante, donne à l'ensemble du travail l'apparence d'un bâti supportant ce qu'en architecture on appelle un rampant; d'où son nom de rampe.

la décoration de ses rampes et balcons, qu'avec une retenue extrême, et toujours les placer de façon que leurs extrémités soient tournées vers le dehors, afin qu'ils n'accrochent point au passage les habits et les robes.

Pour les objets de fer qui ne sont point à portée de nos vêtements, ou ne sont pas appelés à être frôlés, ou maniés d'une façon régulière et normale par le premier venu, tels que les cadres de miroir, les consoles, les lanternes, etc., le des-

Fig. 82. — Devant de foyer exécuté par M. Favier.

sinateur peut se permettre toutes les combinaisons de rinceaux et de végétations qu'il lui plaira d'imaginer. Ce qui, dans le premier cas, était un inconvénient, devient ici une sorte de protection ; les aspérités du cadre semblent défendre le miroir contre toute main profane, et celles de la lanterne paraissent protéger la lumière, contre ceux qui seraient tentés de nous plonger dans l'obscurité.

Toutefois, il ne faut user de ces ornements qu'avec sobriété. Dans les ouvrages de fer, le besoin doit dominer la forme, et l'imitation, en outre, ne doit jamais être poussée trop loin. L'artiste, en aucun cas, n'a pour mission de chercher à créer une illusion impossible; il ne convient pas qu'une matière aussi dure, aussi rebelle que le fer, singe des feuillages ou des fleurs. Elle doit se borner à les interpréter.

C'est en s'inspirant de ces idées fort sages, que certains amateurs de grand goût exigent, des ouvrages exécutés pour eux, qu'ils ne soient pas trop repris au rifloir, à la lime, ni trop polis à l'émeri, et tiennent à ce qu'ils portent encore l'empreinte du marteau. Cette marque, ce stigmate, si je puis dire ainsi, dénonçant l'origine de l'œuvre et l'effort énorme qu'elle a exigé, augmente sa robustesse apparente, et lui donne un caractère de sincérité qui n'est pas sans charme.

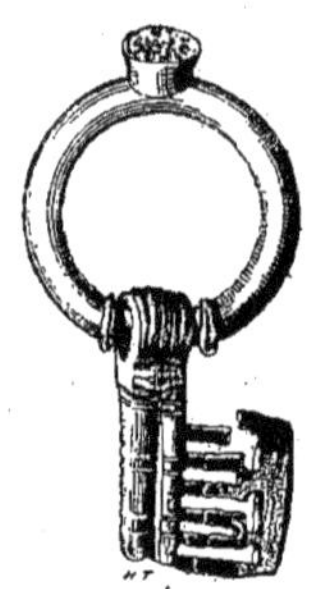

Fig. 83.
Petite clef antique.

Dans l'intérieur de l'habitation, le fer est encore employé à la parure du foyer. Il fournit souvent, nous l'avons dit, les chenets, les grilles, et presque toujours les pelles et les pincettes. C'est la forme de la cheminée, sa taille et son style qui doivent dicter impérieusement la taille, la forme et le style de ces objets complémentaires. La seule recommandation générale qu'on puisse faire à leur sujet, c'est qu'ils soient toujours d'un contour simple pour pouvoir être d'un entretien facile.

Quant aux bras, lampadaires, jardinières, candélabres, etc., la couleur austère du fer, sa dureté, son éclat brillant et froid, ne permettent guère qu'il soit employé à leur fabrication, si ce n'est pour des appartements dont le caractère accuse déjà une certaine sévérité. En tout cas, dans la conception première et la confection de ces divers ouvrages, l'artiste ne doit jamais oublier de quelle nature est la matière qu'il met en œuvre, et il doit se garder de simuler, à l'aide du fer, les apparences du bronze qui exige un autre traitement, ou celles du bois qui attestent une densité et une contexture absolument différentes.

Enfin, et c'est par là que nous allons terminer, le fer, nous l'avons dit en commençant, doit à ses qualités de résistance et d'élasticité d'être spécialement et presque exclusivement, employé à la clôture de l'habitation, à la fermeture de nos portes et de nos fenêtres.

La clôture de la porte s'obtient à l'aide de serrures, de

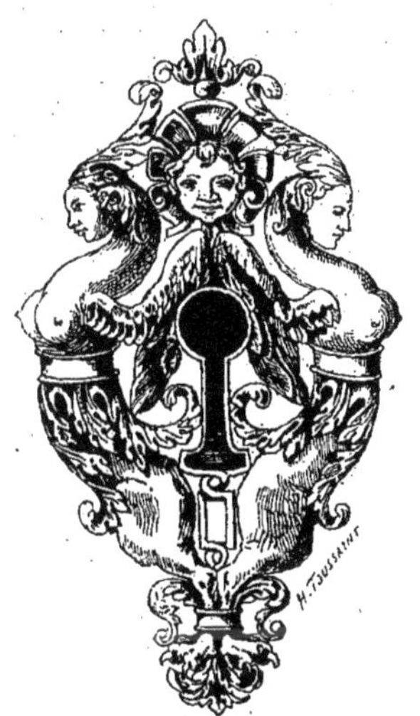

Fig. 84.
Contre-plaque
dessinée par Mathurin Jousse.

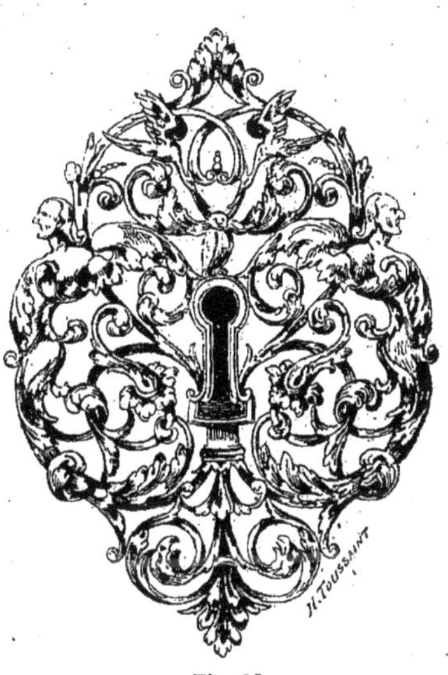

Fig. 85.
Contre-plaque
dessinée par Bérain.

targettes ou de verrous, celle des fenêtres à l'aide d'espagnolettes ou de crémones. Il n'est personne qui ne soit renseigné sur la forme, l'usage et l'utilité des serrures. Un point sur lequel on est moins d'accord, c'est leur très haute ancienneté. « Il ne paraît pas, a dit Viollet-le-Duc [1], que les anciens aient connu ce que nous appelons les serrures. » L'erreur, dans laquelle est tombé l'éminent archéologue, est facile à rectifier. On a découvert une quantité de clefs antiques, non seulement

1. *Dictionnaire d'architecture*, tome VIII, page 321.

à Herculanum et à Pompéi, mais en Grèce et en Égypte. A quoi auraient bien pu servir ces clefs si les serrures n'avaient pas été inventées ?

La Serrure, telle que nous la comprenons, et telle que nous l'employons, se compose de deux parties distinctes. La serrure proprement dite, contenue dans une sorte de boîte que l'on nomme la *palastre*, et la gâche dans laquelle s'engage le pène, de façon à réunir les deux battants de la porte. La palastre est presque toujours en métal. Elle est généralement percée d'un trou par lequel on introduit la clef, et qu'on dissimule souvent sous une petite plaque ronde et mobile, nommée *cache-entrée*; elle est, en outre, armée d'un bouton qui sert à mettre en mouvement le premier pène. Ce bouton peut être en bois ou en ivoire, il est plus généralement en cristal ou en cuivre, malgré l'impression de froid que produit à la main le contact du verre ou du métal.

La beauté de la serrure résulte toujours de ses proportions et des ornements qui la décorent. Comme décoration, la serrure doit se conformer au style et au caractère de la porte. Parfois il arrive que la porte étant peinte, on peint également la serrure; c'est une faute. Il est préférable, en effet, que le métal demeure apparent pour attester la solidité de la fermeture. La taille de la serrure se proportionne naturellement aux dimensions de la porte, mais le rapport de sa largeur à sa hauteur doit être aussi exactement que possible de trois à deux, c'est-à-dire que si la hauteur de la palastre est de 10 centimètres, sa largeur doit être de 15; par contre, les proportions de la gâche peuvent être de deux à un et disposées en sens inverse.

La serrure n'occupe qu'un côté de la porte. De l'autre côté se trouve, pour l'entrée de la clef et pour la pose du bouton, une contre-plaque ou écusson généralement assez simple. A l'époque de la Renaissance, ces écussons étaient le plus souvent fort ouvragés. Un riche écusson en fer est un bel ornement pour une porte tant soit peu sévère. On fera d'autant mieux de revenir à ces lointaines traditions que l'habitude des contre-plaques d'un travail précieux s'est continuée pour les meubles, dont les serrures sont toujours intérieures.

Si la palastre est la partie ornée de la serrure, sa partie importante est le pène. Ce nom est donné, on le sait, à une sorte de languette de fer qui, poussée par un ressort ou mue par l'évolution de la clef, va s'engager dans la gâche, s'y arrête et tient ainsi la porte fermée.

Le pène peut revêtir plusieurs formes. On en fait de ronds pour les targettes et les verrous, de méplats ou carrés pour les serrures de meubles, et pour ce que, dans les serrures d'appartement, on nomme le second tour, enfin à *mentonnet* ou à *quart de rond*, pour les serrures dont le pène, toujours sorti, rentre dans la gâche à la moindre pression imprimée à la porte.

La partie de la clef chargée de mettre le pène en mouvement se nomme *panneton*[1]. Le panneton trouve sa beauté dans ses proportions, qui se règlent sur celles de la clef, et dans les découpures plus ou moins compliquées qui correspondent aux secrets de la serrure.

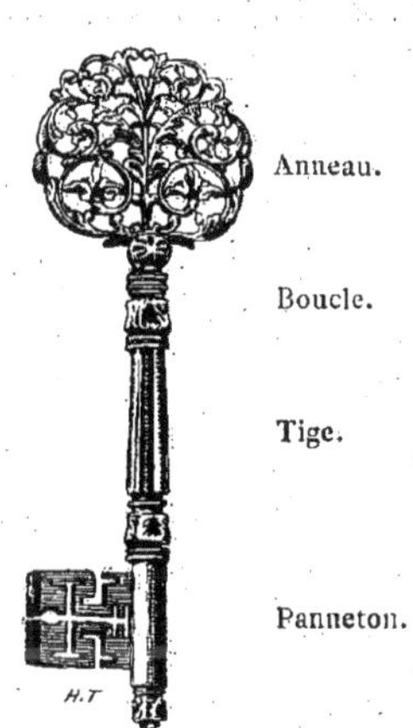

Fig. 86. — « Toute clef se divise en quatre parties. »

---

1. Les savants ont cru découvrir l'origine du mot pène dans le latin *pessulus*, tiré lui-même du grec πασσαλος, qui signifient l'un et l'autre barre ou verrou. Il semble, comme conséquence, que la partie de la clef qui met le pène en mouvement devrait s'appeler *pèneton;* mais c'est le mot *panneton*, dont la formation n'est pas connue, qui a prévalu. Peut-être y a-t-il là une de ces corruptions de langage qui demeurent inexpliquées. Le mot « panache », qui s'est écrit *pennache*, et dont, sous cette forme, l'étymologie est facile à reconstituer, offre un exemple de transformation analogue.

Le panneton peut être droit ou à *museau*, c'est-à-dire orné de nervures, il peut être découpé en chiffres et tourmenté.

Si le panneton est le membre le plus important de la clef, puisqu'il met en mouvement les organes de la serrure, par suite de sa subordination à la complication plus ou moins grande de cette dernière, et par la condition qui lui incombe d'être le plus souvent caché à tous les yeux, il arrive que c'est sur d'autres parties de la clef que se concentrent ordinairement l'ingéniosité des décorateurs et l'habileté des artistes. Toute

Fig. 87.   Fig. 88.

Anneaux de clefs en fer dessinés par Mathurin Jousse (dix-septième siècle).

clef, en effet, se divise en quatre parties distinctes (voir fig. 86), l'anneau, la boucle, la tige ou canon et le panneton. Les proportions qui règlent ordinairement les rapports de ces différents membres sont de un cinquième de la longueur totale pour la hauteur du panneton, de deux cinquièmes pour la tige, depuis l'extrémité du panneton jusqu'à la base de la boucle, et deux cinquièmes pour la boucle et l'anneau. Mais ces dimensions relatives sont forcément sujettes à modifications. Elles varient suivant l'époque, le style, la matière employée. Il est clair, en outre, que les diverses applications auxquelles la clef est sujette entraînent à des dérogations sans nombre,

et que les proportions ne sauraient être les mêmes que pour
les portes d'une maison, d'une chambre, d'un buffet ou pour
celles d'un coffret microscopique.

On distingue, quant à la tige, deux sortes de clefs : les
clefs à canon creux ou *forées*, et les clefs à tiges pleines ou
bénardes. C'est la forme de la broche sur laquelle ils s'adaptent qui règle la forme intérieure des canons forés. Lorsque
la broche est unie, l'intérieur du canon est naturellement rond
et lisse; mais dans les serrures de prix, la broche est parfois

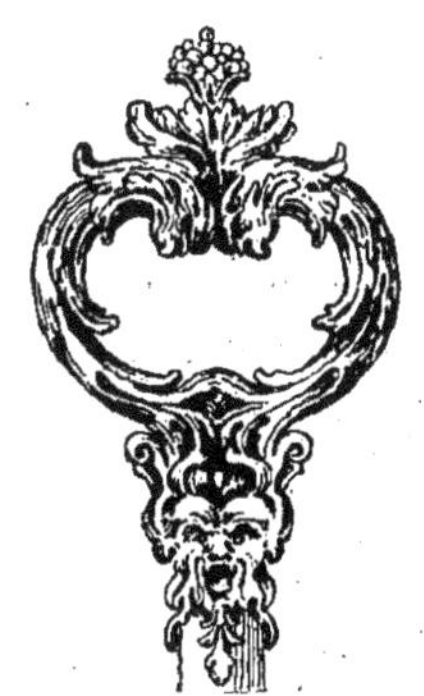

Fig. 89.   Fig. 90.
Anneaux de clefs en bronze dessinés par Lafosse (dix-huitième siècle).

cannelée, façonnée en triangle, en trèfle, en cœur, en pique, et
la tige de la clef doit reproduire exactement ces mêmes figures.

L'anneau et la boucle, constituant les deux membres de la
clef qui demeurent toujours visibles, peuvent être d'une grande
richesse; on les fabrique parfois en bronze, en argent et même
en or. Le chevalier Temple rapporte, dans ses *Mémoires*, que
la mère du stathouder Guillaume III poussait le luxe jusqu'à
vouloir que toutes les clefs de son appartement fussent en or.
Toutefois, à notre avis, les plus belles clefs sont encore celles
en fer sculpté dans la masse, repris au burin et finement ciselé.

Nous dirons peu de chose des VERROUS, qui, avec la serrure, concourent à la fermeture de la porte, mais qui, depuis l'invention des serrures à secret, tendent à disparaître. On sait qu'ils se composent d'une langue de métal fixée, sur une plaque ou platine, par deux *picolets* qui limitent son parcours. Ces petits appareils peuvent être très ornés. A l'époque de la Renaissance on en confectionna d'exquis, auxquels on donnait la forme de menus cartouches. D'autres étaient décorés de chiffres et d'initiales ou d'armoiries, d'où le nom de *targette*[1] qui, de nos jours, sert encore à désigner les petits verrous. Tout le monde connaît les délicieuses targettes aux armes de Henri II et de Diane de Poitiers, qui servaient, au château d'Anet, à clore les portes de la favorite. Celles du château d'Ecouen, aux armes du connétable de Montmorency, ne sont guère moins célèbres.

Le verrou doit toujours être situé légèrement au-dessus du milieu de la porte. La serrure, par contre, a sa place marquée à hauteur de la main, c'est-à-dire entre 1 mètre et $1^m,30$ à partir du sol. C'est sur la hauteur du bouton de la porte que se règle celle des boutons chargés de mettre en mouvement les crémones, et de gouverner ainsi la fermeture des fenêtres. Comme grosseur, comme forme et comme style, ces derniers doivent, en outre, se rapprocher autant que possible du modèle fourni par la serrure, de façon à créer entre les uns et les autres une sorte de concordance régulière et d'unité.

---

1. Le mot targette est un diminutif de targe, qui signifie bouclier, écu. On sait que les chevaliers portaient dans les tournois leurs armes et leurs devises peintes sur leurs boucliers.

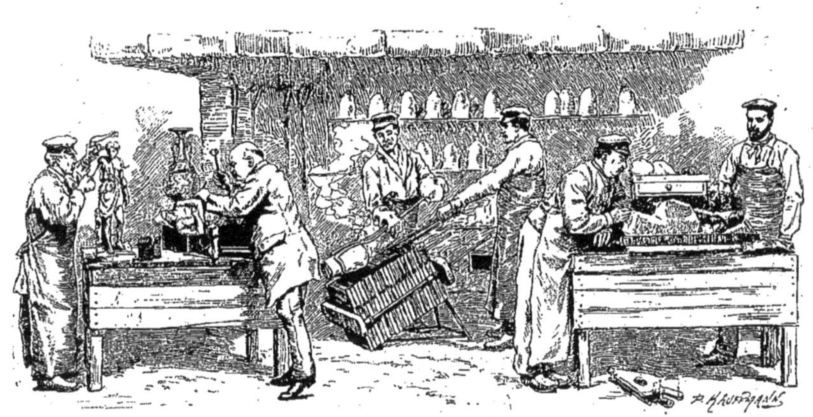

Fig. 91. — La mise en œuvre du bronze.

III

LE BRONZE, LE CUIVRE ET LE LAITON

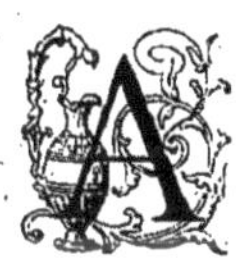

Avec le fer, le cuivre est le métal le plus employé dans l'habitation. A l'état pur, il sert à la fabrication de cette multitude d'objets qui sont compris sous le nom de quincaillerie, à la confection des ustensiles du ménage, des vases, des garnitures de poêles et de foyer, des fermetures de portes et de fenêtres. Uni à un tiers de zinc environ, il forme le laiton dont l'élasticité trouve son emploi dans la confection de certains meubles. Mélangé à une proportion moindre d'étain, il constitue ce précieux alliage, si fameux dans l'antiquité sous le nom d'airain, et qui, sous le nom de bronze, a conservé chez nous une réputation pour le moins aussi grande.

Cette double célébrité, hâtons-nous de le constater, n'a rien que de parfaitement justifié. Les services que le bronze rendit à nos ancêtres des époques préhistoriques sont si grands, si nombreux, si variés, que l'humanité reconnaissante n'hésita pas à donner le nom d' « Age de bronze » à l'une des périodes obscures de ces temps mal connus. A toutes les époques, au reste, cette reconnaissance se traduisit par une vénération spéciale. Le bronze fut toujours considéré comme un métal noble par excellence. Selon Pausanias, les habitants de Delphes ne trouvèrent pas de plus belle parure pour orner le premier temple d'Apollon, et depuis lors les tables de la loi, les statues des grands hommes, celles des Dieux, n'ont pas cessé d'être fondues dans ce précieux métal. De nos jours même, il n'a rien perdu de son prestige. C'est encore l'espoir de nos plus grands génies d'être, après leur mort, « coulés en bronze ». Et, dans une note plus modeste et plus calme, comme représentant de l'art pur, c'est à lui qu'échoit la première place parmi les métaux employés dans l'ameublement de la maison.

Cette place, il la mérite par une foule de qualités diverses. Il est à la fois résistant et souple, il convient aux plus vastes ouvrages et aux travaux les plus soignés. Sa flexibilité, qui lui permet de prendre toutes les formes, conserve l'empreinte originale de la main de l'artiste. Sa contexture serrée est, en même temps, susceptible d'une grande finesse de travail. Sa ténacité présente cet avantage que le statuaire, en le mettant en œuvre, peut se réserver des points d'appui délicats, et n'a point à s'embarrasser de ces draperies, de ces rochers ou de ces troncs d'arbre qui, dans les statues de pierre ou de marbre, sont indispensables, aussi bien pour consolider les figures que pour rassurer les yeux. A ces qualités plastiques, viennent s'ajouter son prix qui n'a rien d'exagéré et son poids qui n'a rien d'excessif. Sa durée, enfin, est fort grande. Il prend à merveille la dorure, l'argenture, la nickelure, et l'on arrive, par l'oxydation ou par des vernis, à varier à l'infini sa couleur et son aspect.

Le bronze, dans ses divers emplois, n'est pas d'une composition uniforme. L'alliage qui convient aux canons, par exemple, n'est pas le même que celui qui convient aux cloches, et celui des médailles n'est pas le même que celui qu'on emploie pour les candélabres, les pendules, les garnitures de foyer, les chenets et les statues. C'est uniquement de ce dernier que nous allons nous occuper.

Le bronze des statues est généralement composé d'environ 90 parties de cuivre et de 10 parties d'étain. Pour les petits ouvrages, certains de nos grands fondeurs substituent à une partie de l'étain une assez forte fraction de zinc qui active la fusion du métal et augmente sa malléabilité. Ce nouvel alliage s'établit à peu près comme suit : 93 parties de cuivre rouge, 6 d'étain, 1 de zinc. Ces proportions étant réglées, on commence par *lingoter* le métal, c'est-à-dire par l'amalgamer en

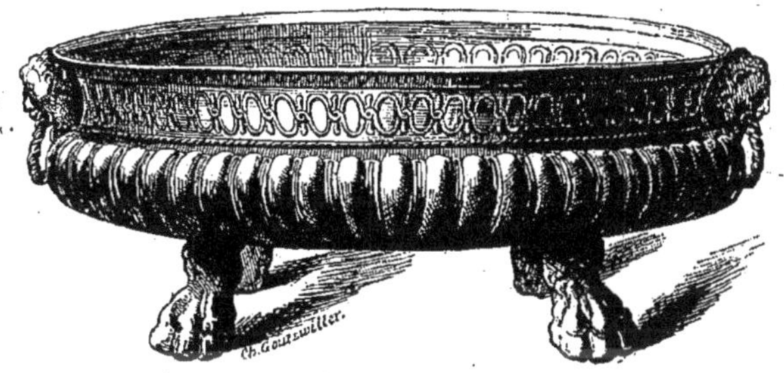

Fig. 92. — Bassin en bronze repoussé (collection du baron Davillier).

gros lingots, qui seront, au fur et à mesure des besoins, soumis à une fonte nouvelle. Cette double opération affine le métal et le rend plus ductile. Le mélange devenant ainsi plus intime augmente de cohésion, prend plus de résistance, et acquiert une finesse de grain supérieur.

On compte quatre manières de travailler le bronze : la prise dans la masse, le repoussé, l'étampage et la fonte.

Pour la PRISE DANS LA MASSE, on opère comme pour le fer ou pour toute autre matière dure. On choisit un lingot de taille et de forme convenables, on le dégrossit au tour ou au ciseau, puis on le sculpte à l'aide d'outils tranchants, tels que l'échoppe, le ciseau, le burin, et on l'achève avec des limes douces, des rifloirs, des ciselets, etc. Ce mode de procéder, très rarement usité, ne convient qu'aux très petites pièces. Il est d'une main-d'œuvre longue, délicate et coûteuse. En outre, il ne peut être employé que pour la confection d'objets exceptionnels, pour ainsi dire uniques, ou tout au moins qu'on ne se propose pas de reproduire à un certain nombre d'exemplaires.

Le repoussé se fait au marteau. On prend une feuille de bronze, et l'habileté de l'ouvrier ou de l'artiste consiste à frapper cette feuille assez adroitement pour lui faire prendre une forme générale, sur laquelle une suite de reliefs et de creux, de lignes et de traits, accuse le contour et constitue le décor. Si le repousseur n'a d'autre but, comme le chaudronnier par exemple, que de donner à la feuille de métal une forme convexe à l'extérieur et concave à l'intérieur, son travail prend le nom d'*emboutissage*. Si, au lieu de se servir simplement du marteau ou d'outils ordinaires, il emploie, pour hâter son travail, des matrices gravées, des fers en relief ou d'autres outils spéciaux, l'opération s'appelle alors *étampage*. Pour l'étampage des grandes surfaces qui réclament une force considérable, on substitue, au marteau à main ordinaire, un balancier ou un *mouton*.

Le travail du repoussé ne convient qu'à un nombre limité d'applications. Il trouve son emploi principalement dans la confection des objets usuels, tels que vases, bassins, aiguières, plateaux, etc., ou encore dans la fabrication de pièces gigantesques. Le colosse de Rhodes, qui avait, dit-on, soixante-dix coudées de haut, et entre les jambes duquel passaient des navires à toutes voiles, avait été certainement (si tant est qu'il ait jamais existé) martelé de la sorte. La statue de *la Liberté* que l'on vient d'inaugurer dans la rade de New-York, et dont on a pu voir, à différentes reprises, d'importants morceaux, a été fabriquée de la même manière. Les nombreux fragments dont se composent ces œuvres gigantesques sont rapprochés et réunis par une suite de boulons, qu'un travail de sertissure confond si bien avec la matière générale, qu'on cesse complètement de les apercevoir.

La fonte est le moyen de travailler le bronze le plus généralement en usage de nos jours, et celui qui donne les résultats les plus artistiques. C'est, en outre, le moyen le plus anciennement employé, et quoique Pausanias prétende que Rhœcus fut le premier qui fondit une statue, il est certain que cet art est infiniment plus ancien, et se perd presque dans la nuit des temps préhistoriques.

En tout cas, si cette prétention en faveur de

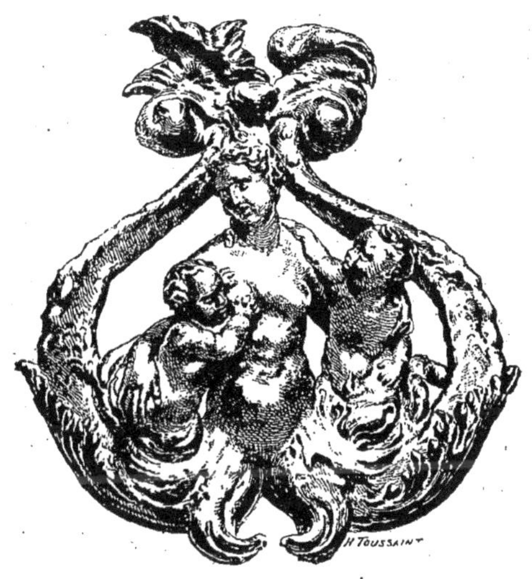

Fig. 93. — Marteau de porte en bronze, fonte à cire perdue, du seizième siècle.

Rhœcus fixe au huitième siècle avant notre ère l'introduction en Grèce d'un procédé déjà connu depuis bien des siècles en Asie et en Égypte, il faut avouer que l'Europe occidentale a bien rattrapé, depuis lors, le temps perdu. Nulle part au monde, les statues de bronze ne furent plus abondantes qu'en Italie et en Gaule. A Rome, le seul théâtre de Scaurus en renfermait plus de trois mille.

Les premières pièces fondues furent d'abord des objets pleins; mais bientôt les grands artistes, — qui menaient de front l'art et les procédés, et qui étaient non seulement des sculpteurs de premier mérite, mais encore des praticiens de premier ordre, — trouvèrent le moyen de ne couler que l'enveloppe de la figure, et de réduire leur fonte à une très faible épaisseur. De là, un moindre poids et une grande supériorité d'exécution, car les déformations, qu'entraîne le *retrait*, sont toujours proportionnelles à la quantité de métal employé; de là aussi la possibilité d'entreprendre des ouvrages considérables.

Ce procédé de fonte autour d'un *noyau* s'est transmis presque intact jusqu'à nous. Il peut s'exécuter de deux façons : soit « à cire perdue », soit sous forme de « moulage à pièces rapportées ». Mais toute fonte, quelle qu'elle soit, nécessite la préexistence d'un modèle original; car c'est à l'aide de ce modèle, que l'on confectionne le moule ou la *chape* (ce dernier mot est le terme technique) dans laquelle la pièce doit être coulée.

Pour la fonte « à cire perdue », c'est sur le modèle même du sculpteur que la chape est formée. Ce modèle, fait intérieurement en terre, est revêtu à l'extérieur d'une couche uniforme de cire, dans laquelle l'artiste pétrit et incise toutes les finesses de son modelé final. Le modèle est, en outre, traversé à l'intérieur par une armature de fer ou de laiton, dont les tiges débordantes viendront plus tard s'insérer dans le moule, et empêcheront tout déplacement ultérieur du noyau.

Cela fait, on enveloppe la pièce entière dans une suite de couches successives de terre, que l'on humecte de façon à former une pâte solide; mais en ayant soin de pratiquer une série de conduits par où la matière en fusion pourra pénétrer, et aussi un certain nombre d'évents par où l'air et la cire pourront s'échapper du moule.

Cette première opération terminée, on soumet la chape à une chaleur intense qui fait fondre la cire. Celle-ci s'écoule par les évents, et laisse un espace libre entre le noyau que l'artiste avait habillé de la couche malléable, et la surface intérieure de la chape qui porte l'empreinte exacte de la pièce achevée ; et c'est dans cet espace libre, dans cette sorte de chemise qui enveloppe le noyau, que l'on coule le bronze rendu liquide.

Cette fonte à cire perdue n'est guère employée, de nos jours, que pour les œuvres d'une beauté exceptionnelle, et dont on veut avoir une reproduction hors ligne. Les avantages qu'elle présente sont nombreux. Les pièces ainsi obtenues sont plus délicates, plus fines, le modelé en est plus subtil, elles portent mieux le cachet original, l'empreinte intime de l'artiste. Elles offrent, en outre, — le moule se trouvant être d'un seul morceau, — cet avantage de ne pas présenter de *coutures*, et le

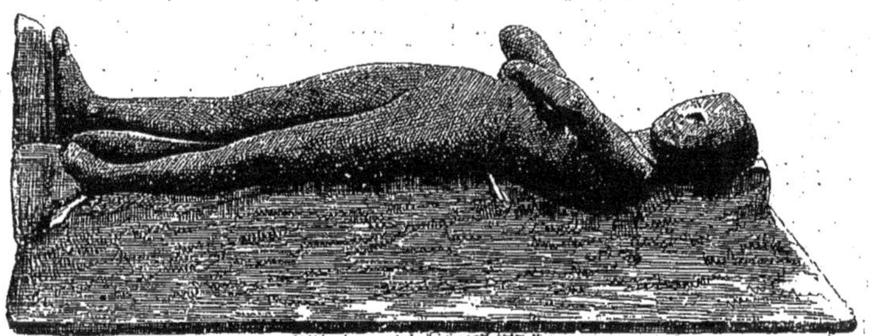

Fig. 94. — *Noyau* préparé pour la fonte de l'*Arlequin* de M. de Saint-Marceaux.

travail du ciseleur étant par là même singulièrement réduit, on risque moins d'atténuer, par l'intervention d'une main étrangère, le caractère intime de l'ouvrage.

Mais si les avantages présentés par la « fonte à cire perdue » sont considérables, ses inconvénients ne sont guère moindres. Tout d'abord, ce genre de fonte nécessite la participation directe de l'artiste à l'opération. En outre, si la fonte est manquée, tout est perdu. Il ne reste plus rien du modèle, et l'œuvre du sculpteur est tout entière à recommencer.

On comprend donc quelle émotion doit assaillir le maître et ses aides, quand le flot bouillonnant du métal en fusion se dirige vers les conduits qui doivent le mener à sa destination finale. Benvenuto Cellini, dans un chapitre de cette *Vita* qu'il prit le soin d'écrire lui-même pour l'édification de la postérité, nous a tracé un fidèle tableau des angoisses poignantes par lesquelles il passa, lors de la fonte de son *Persée*[1]. Exhortations, cris, pleurs, injures, coups, violences de toutes sortes, épuisement, maladie, et finalement triomphe, joie sans bornes, appétit féroce et légitime orgueil, le terrible homme vous initie à toutes les phases passionnantes de cette lutte contre la matière, où la victoire est achetée par une excessive dépense de force, de persistance et de volonté.

Les statuaires du dix-septième et du dix-huitième siècle, quoique infiniment moins impressionnables, n'étaient guère moins émus cependant par la fonte de leurs œuvres, et, qui mieux est, le public s'associait à leur émotion. La fonte de la statue de Louis XIV suffit à illustrer Jean-Balthasar Keller. En 1755, lorsque la statue de Louis XV fut fondue à Lunéville, par Guibal et Cliffé, toute la ville voulut assister à l'opération, et au moment où l'on apprit que la fonte avait réussi, la foule, dispersée dans la plaine, jeta des cris d'allégresse et un formidable cri de « Vive le roi[2] ! » En 1786, la fonte de la statue équestre du même Louis XV, cette œuvre de Bouchardon qui devait avoir un sort si funeste, produisit à Paris une émotion presque aussi grande, et le souvenir de cet événement fut même consacré par un livre[3].

Malgré ces émotions, malgré ces risques et de nombreux déboires sans doute, la « fonte à cire perdue » fut largement pratiquée pendant l'antiquité, et fort en honneur pendant le moyen âge et la Renaissance. Le moine Théophile, dans son *Essai sur les arts*, qu'il écrivait au douzième siècle, ne

---

1. Voir la *Vita di Benvenuto Cellini scritta da lui medesimo ridotta alla lezione originale del codice Laurenziano.* Lib. VII, cap. LXXVI-VII.

2. *Mémoires du duc de Luynes,* tome XIV, page 205.

3. *Description des travaux qui ont précédé, accompagné et suivi la fonte de la statue équestre de Louis XV, de Bouchardon.* Paris, 1786, in-folio.

recommande pas d'autre procédé [1], mais par le détail de précautions qu'il indique il est aisé de voir combien cette opération était jugée, de son temps, délicate et même dangereuse. Toutefois, son usage constant, à cette époque, s'explique par ce fait, qu'en ces siècles primitifs, les artistes ne croyaient pas déroger en fondant eux-mêmes leurs statues, et en leur donnant, le ciselet en main, leur définitif aspect. Aujourd'hui, il n'en est plus ainsi.

« On ne peut pas dire, écrivait il y a vingt ans un éminent sculpteur [2], que nous répugnions à travailler le métal, nous n'en avons pas l'idée. La division du travail, qui se justifie à bien des égards, produit dans les arts de regrettables effets. On entend quelquefois l'artiste se plaindre du fondeur ou du ciseleur. A qui donc s'en prendre des défauts de l'œuvre ! »

Ce désintéressement des artistes contemporains, cette nonchalance, cette ignorance volontaire où la plupart se tiennent de la pratique de la fonte, forcent les bronziers et les fondeurs de nos jours à employer presque exclusivement le procédé de la « FONTE A NOYAU » et à « PIÈCES RAPPORTÉES ».

Celle-ci, il est vrai, présente l'inconvénient des coutures, et, par le travail des ciselures qu'elle nécessite, risque d'altérer le cachet original de l'œuvre ; mais elle offre cet avantage de ne pas exiger la collaboration active de l'artiste, de permettre de le suppléer par d'habiles ouvriers, et d'être infiniment moins sujette aux accidents de toutes sortes.

Dans la fonte à pièces rapportées, le moule ne se fait pas d'un seul morceau. On prend le modèle de l'artiste, ou mieux encore le plâtre exécuté d'après ce modèle, on couche la figure sur un lit abondant de terre un peu maigre, convenablement

---

1. *Diversarium artium schedula.* Lib. III, cap. CLX. — Voir aussi Viollet-le-Duc, *Dictionnaire du mobilier français*, tome Iᵉʳ, page 399 et suiv., et tome II, page 190.

2. *La Sculpture en bronze*, conférence faite par M. Guillaume à l'*Union centrale des Beaux-Arts appliqués à l'Industrie*, le 29 avril 1868, page 28.

humectée, et, par la pression, on l'enfonce jusqu'à la moitié de son épaisseur, puis on complète la chape par une série de pièces s'emboîtant exactement les unes dans les autres, et enfermant le modèle dans une enveloppe parfaitement close.

Le moule étant achevé et suffisamment sec, on se sert de lui pour confectionner une épreuve en terre de la statue, du groupe, de l'œuvre enfin que l'on veut reproduire, et, à l'aide d'un grattage uniforme, on maigrit cette épreuve de telle sorte que, replacée dans le moule, elle n'adhère plus à la paroi intérieure de la chape, mais laisse partout autour d'elle un vide uniforme de un ou plusieurs millimètres. Ce noyau, comme le modèle, dans la fonte à cire perdue, est calé par une armature. Une fois qu'il est en place et le moule refermé, on enveloppe le tout dans de la terre battue et maintenue, contre toute pression intérieure ou extérieure, par des cadres en fer, et l'on verse le métal en fusion. Ce dernier, pénétrant dans l'espace vide, forme une sorte de chemise collante habillant tout le noyau. Ensuite, on n'a plus qu'à laisser refroidir. Un quart d'heure suffit pour les petites pièces ; pour les très grands ouvrages, il faut deux ou trois jours.

Cette opération, quoique moins hasardeuse que la fonte à cire perdue, est encore, on le voit, excessivement compliquée et délicate. Rien en elle ne doit être abandonné au hasard. Le choix de la terre qui sert à confectionner la chape et le noyau, le degré de sécheresse de ceux-ci quand ils sont mis en contact avec la fonte, la parfaite régularité de l'espace vide réservé entre le noyau et la chape, le soin de pratiquer des évents pour que l'air puisse s'échapper complètement au moment où le bronze en fusion pénètre, et ne provoque ni explosions ni *soufflures*, les chemins par où le métal peut s'introduire instantanément dans les différentes parties du moule, et se répandre partout avant que sa température ait subi un abaissement sensible, sont autant de précautions indispensables à la bonne réussite de l'ouvrage, et desquelles dépendent souvent la beauté de la pièce et sa perfection.

Il faut, en outre, compter avec le retrait subi par le bronze, lorsqu'il se solidifie. Aussi prend-on soin de garnir l'intérieur du noyau de ce qu'on appelle des *bougies*, c'est-à-dire des mèches enduites de résine et de cire, qui s'évaporant brusquement, au moment où le métal pénètre dans le moule, forment des *lanternes*, ou pour mieux dire des cavités, des manières de petits couloirs qui communiquent à la terre une certaine élasticité, et empêchent qu'elle n'oppose, au bronze se rétrécissant, une résistance trop grande.

Enfin, pour se rendre compte de la dépense qu'occasionne chaque fonte, il importe de constater que les moules et les noyaux ne peuvent servir qu'une fois. Nous ne sommes plus, en effet, en face de matières molles et malléables, comme le plâtre ou comme la terre qui se traite à froid et qu'on fait cuire ensuite. Après chaque fonte, la chape et le noyau doivent être détruits, et la confection d'une nouvelle chape et d'un nouveau noyau sont indispensables; or, la confection de la chape est, à elle seule, une opération si compliquée, si délicate et si longue, que pour une figure simple, comme le *David* de M. Mercié, à la taille de $1^m,25$, il faut une semaine de travail, et trois semaines pour une figure de 80 centimètres, plus chargée en détails, comme, par exemple, *la Charité* de M. Dubois. A la taille de 96 centimètres, le moule de cette dernière figure exige un mois pour son entière exécution.

Lorsque le bronze fondu sort du moule, sous forme de statue, de candélabre, de vase, de flambeau, il s'en faut de beaucoup qu'il soit achevé et prêt à être livré aux amateurs. Le bouillonnement de la fonte, par lequel il vient de passer, lui a laissé une couleur étrange, mordorée, irisée, qui semble comme un souvenir de sa flamboyante fusion; il s'agit de

rendre cette couleur plus uniforme et plus calme. La matière
qui, liquéfiée, s'est insinuée dans toutes les jointures de la
chape, forme sur la pièce une série de coutures qu'il faut faire
disparaître. Enfin, l'importance et la complication de certaines
pièces empêchent qu'elles ne soient fondues en une fois. On

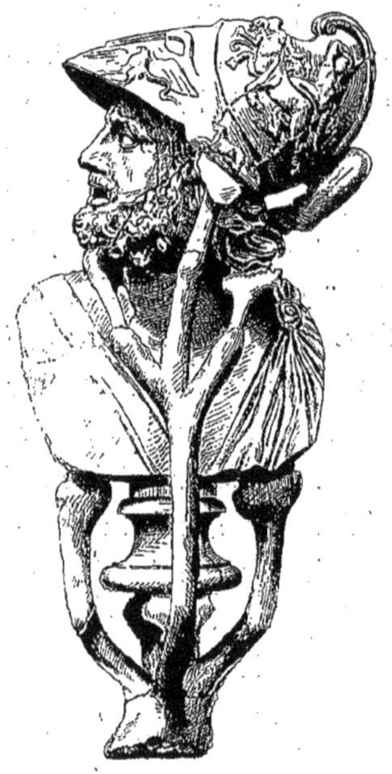

Fig. 95.

Le buste d'Ajax au sortir de la fonte.

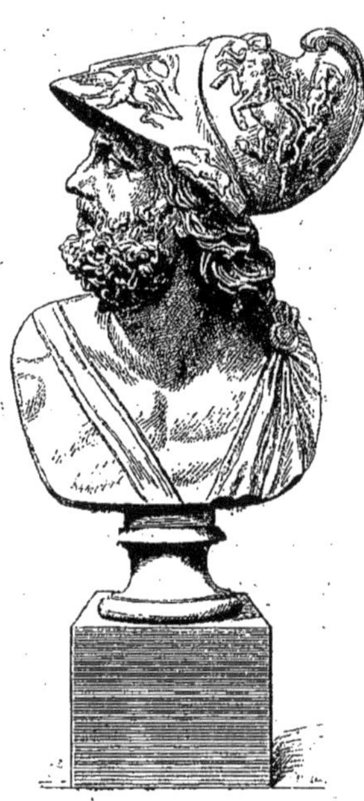

Fig. 96.

Le buste d'Ajax ciselé.

a été, au préalable, forcé de les diviser en un certain nombre
de morceaux, il faut maintenant les réunir et reconstituer
l'œuvre dans son entier.

Les coutures sont effacées par le ciseleur. La réunion des
fragments séparés constitue le montage et l'ajustage. C'est par
la patine qu'on donne à la pièce moulée sa couleur définitive
et son aspect final.

LA CISELURE est un travail d'une grande délicatesse et qui réclame non seulement une main exercée, mais encore un sérieux sentiment artistique. Le ciseleur, en effet, n'a pas simplement pour mission d'enlever les parties de métal qui demeurent adhérentes à l'ouvrage, au moment où il sort du moule (voir fig. 95), et de faire disparaître les coutures ; il lui faut encore reprendre un à un tous les détails qui ne sont pas suffisamment venus au jet de la fonte, aviver les arêtes et raffermir les contours. Il doit, en outre, faire disparaître toutes les incorrections de la fonte, et notamment boucher les *soufflures*.

On donne ce nom de soufflures aux traces laissées par les bulles d'air qui, n'ayant pu s'échapper par les évents, produisent à la surface du métal des petits creux analogues à ceux dont la petite vérole gratifie la peau humaine. Si ces soufflures sont profondes et nombreuses, elles

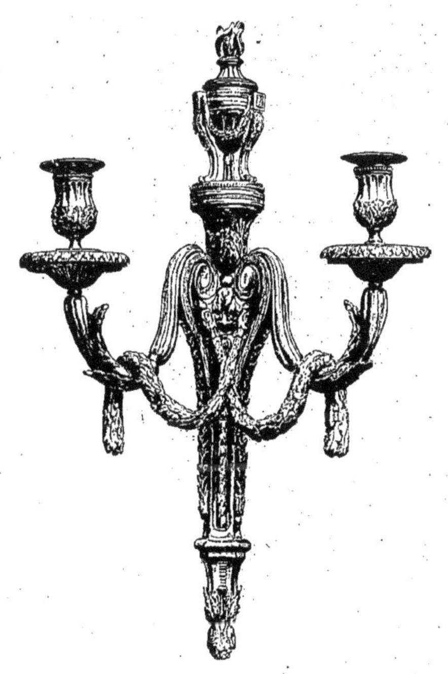

Fig. 97. — Applique en bronze, style Louis XV, attribuée à Gouthières (cabinet de l'auteur).

entraînent le rejet de la pièce, et vouloir les réparer est l'indice d'une mauvaise fabrication. Mais quand, dans une pièce compliquée, il ne s'en trouve qu'une ou deux, et surtout quand elles ne sont point dans des places apparentes, l'artiste les bouche en taraudant le trou ; c'est-à-dire en y pratiquant un pas de vis, dans lequel on enfonce un rivet, lequel, coupé à fleur de métal, martelé et limé avec habileté, finit par se confondre avec le gros de la pièce.

Dans les œuvres d'art d'un mérite supérieur, le devoir du ciseleur est surtout de conserver à l'objet sa valeur artistique et l'esprit dans lequel le sculpteur l'a conçue, sans prétendre y ajouter rien de son chef, ni substituer son talent d'interprète à celui de l'auteur principal. Il doit atténuer, dans la mesure du possible, les déformations produites par un retrait inégal, enlever les scories nitreuses qui s'attachent aux surfaces du métal, fait disparaître le brillant que les corps métalliques conservent au sortir de la fusion; mais il ne doit jamais chercher à *améliorer* la pensée du statuaire, ou la forme qu'il a donnée à son œuvre.

Chaque matière dans laquelle l'artiste traduit sa pensée comporte, il est vrai, un certain nombre de qualités qui lui sont exclusives, et dont la mise en œuvre conduit l'ouvrage terminé au *maximum* de beauté qu'il peut acquérir. Le bronze, par ses teintes profondes, par sa couleur généralement obscure, accuse les formes par leur silhouette. Il ne joue pas, avec la lumière, comme le marbre blanc, le plâtre, ou même la terre cuite, dont les moindres reliefs s'accusent par des ombres douces et régulièrement graduées. Le statuaire en bronze, digne de ce nom, doit concentrer son attention et ses efforts sur la pureté des lignes, et accuser son modelé par la netteté et l'exactitude des contours. Parfois, il arrive que l'artiste incapable, indolent, ou préparé d'une façon insuffisante, ne tient pas compte de ces exigences spéciales et de ces qualités particulières. Dans ce cas, le ciseleur se voit obligé, pour amener la pièce à sa perfection, de protester contre la morbidesse de la cire qui a servi à former le modèle, ou contre la rugosité de la terre dans laquelle le bronze a été moulé. Mais cette collaboration, où l'interprète arrive presque à jouer le rôle principal, est toujours défectueuse, et ses produits, quelque habilement traités qu'il puissent être, cessent d'appartenir au grand art [1].

LE MONTAGE ET L'AJUSTAGE ont pour objet de réunir les divers fragments dont une œuvre se compose. Ces deux opérations se font toujours à froid et sans soudures, sauf pour les pièces qui doivent être dorées. Lorsqu'il s'agit d'objets mobiliers, tels que chandeliers, pendules, chenets, candélabres, la réunion des morceaux a lieu, ordinairement, au moyen d'une tige en fer, qui traverse tout l'ouvrage, et d'un certain nombre de vis et d'écrous. Pour les œuvres de la statuaire, on a recours à un emboîtage que vient consolider un jeu de chevilles ou de rivets, traversant l'ouvrage de part en part. On coupe ces chevilles à fleur du bronze, et un travail de martelage les confond si bien avec la matière environnante qu'elles finissent par disparaître complètement. De même, pour les parties où doivent s'opérer les raccords, on laisse déborder de chaque côté des espèces de bourrelets, qui, sous l'action du marteau et

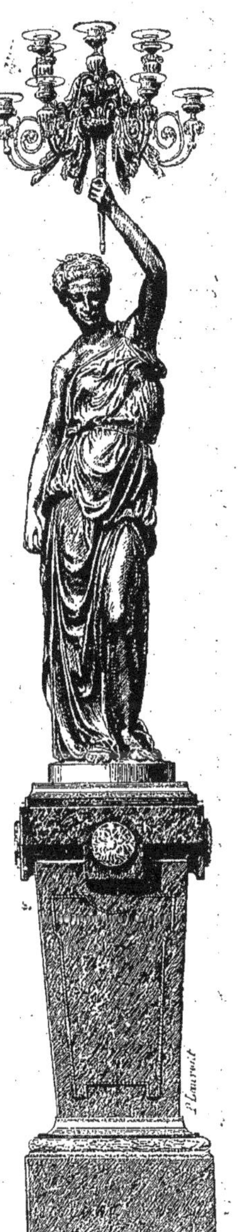

Fig. 98. — Trochère en bronze exécutée par M. Barbedienne.

1. Jadis, alors que les sculpteurs exécutaient eux-mêmes la fonte de leurs œuvres, ils avaient grand soin de proportionner leur travail primitif au résultat final qu'ils voulaient obtenir. Aujourd'hui, cette concordance, cette corrélation précieuse n'existent plus. L'artiste crée le plus souvent son modèle sans se préoccuper de sa traduction, et l'on voit des ouvrages sortir de ses mains qui peuvent être indifféremment traduits en marbre ou en bronze. — C'est là une grande faute et une cause capitale d'infériorité.

du rifloir, finissent par opérer une jonction si intime, que l'œil le plus exercé ne peut en découvrir la trace. Les pièces ciselées, montées et ajustées sont ensuite soumises à un *décapage* qui fait disparaître de leur surface toutes les oxydations, avive le métal, et le rend plus apte à recevoir la patine.

La patine. — On donne ce nom, nous l'avons dit, à une oxydation naturelle, qui, sous l'action du temps et de l'atmosphère, colore le bronze des façons les plus diverses. Le bronze, puisant dans les tons plus ou moins chauds dont il est coloré un de ses éléments de beauté, les artistes, à toutes les époques, se sont ingéniés à compléter dignement leurs ouvrages en les habillant d'une harmonieuse patine. L'industrie, pour atteindre ce but, s'est empressée de suppléer à l'action de l'atmosphère et du temps : bains oxydés, peinture, frottage au pinceau, fumigations, séjour au fond de l'Océan, tous les moyens imaginables ont été mis en usage. Aujourd'hui, que la chimie est devenue une sorte de fée merveilleuse, pour laquelle le mot « impossible » n'existe plus, cette préoccupation sévit plus intense qu'à aucune autre époque. Grâce au concours de l'électricité, on est parvenu à dérober aux Chinois et aux Japonais le prisme de leur magique palette. On produit désormais des patines rouges, grises, bleues, noires, etc., qui offrent cet avantage de varier à l'infini les ressources du bronzier, mais qui, par contre, présentent cet inconvénient considérable de faire ressembler parfois le bronze à la terre cuite, au porphyre, au marbre. Or, la première qualité d'une matière, et l'on pourrait presque dire la plus essentielle, c'est de garder son apparence.

La confection des patines est un peu le secret de chaque fabricant. Aussi nous garderons-nous d'entrer dans des détails par trop techniques, qui avoisineraient l'indiscrétion, alors qu'ils ne seraient que d'un intérêt fort restreint pour les amateurs et les gens du monde. Nous nous bornerons à des généralités.

Deux moyens sont communément employés, pour revêtir les bronzes d'une patine plus ou moins chaude et plus ou moins foncée : 1° les vernis, qui, à l'inconvénient d'être peu durables, joignent celui d'empâter la pièce, de laisser voir, si on la barbouille, des traces de pinceau, ou, si on la trempe, des gouttes figées dans les replis et dans les creux ; 2° l'oxydation, qui, pénétrant le métal à une certaine profondeur, offre une résistance infiniment plus durable, et une variété de nuances d'autant plus grande que , pouvant être usée par place, la teinte ainsi modifiée aide de la sorte à faire saillir ou rentrer certaines parties du modelé.

Pour arriver, par l'oxydation, à posséder les patines brunes ordinaires, on plonge les pièces convenablement décapées dans un bain de sulfhydrate d'ammoniaque, puis on les soumet, à diverses reprises, à un feu doux, en ayant soin, entre chaque chauffe, de les frotter de sanguine, de jaune de chrome, ou de noir de fumée, suivant la nuance particulière qu'on veut leur donner. Ensuite on les passe à l'encaustique, et, après les avoir fait sécher, on les brosse avec soin.

La patine verdâtre, dite « vert antique », s'obtient en mettant l'épiderme de la pièce en contact avec de l'acide acétique ou avec des sels ammoniacaux. Ce sont des préparations arsenicales qui donnent la patine noire ; pour les patines rouges, on emploie le perchlorure de fer. Enfin , la patine brune, dite florentine, peut s'obtenir, soit à l'aide d'acide pyrogallique , soit en plongeant la pièce dans un bain d'acide sulfurique, où l'on a jeté au préalable de la tournure de fer. Le bain ayant produit son effet, on empâte la pièce d'ocre jaune, on la soumet à un feu doux, on la nettoye, on la passe à l'encaustique, on la fait sécher et on la frotte. Toutes ces opérations, on le conçoit, ne valent que par la qualité du métal, par le dosage, et disons aussi par le tour de main.

Ayant sommairement indiqué les diverses opérations par lesquelles passe la fabrication du bronze, il nous reste maintenant
à établir le rôle que ce métal joue et doit jouer dans l'ensemble
de notre ameublement, c'est ce dont nous nous occuperons
dans un prochain chapitre.

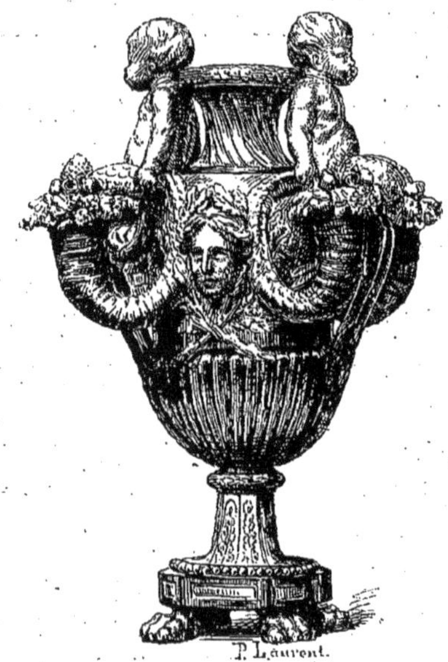

Fig. 99. — Candélabre monté en bronze, ciselé et doré (Mobilier national).

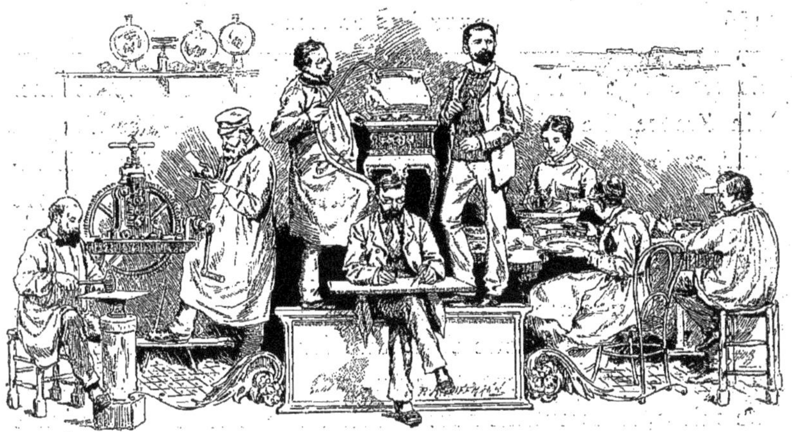

Fig. 100. — La mise en œuvre de l'argent.

IV

L'ARGENT ET SES EMPLOIS

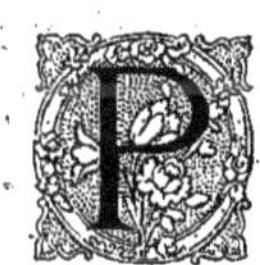

ARMI les substances métalliques, c'est l'argent, qui, après le fer et le cuivre, tient dans l'habitation la plus large place. Cette place, l'argent la mérite à plus d'un titre. Non seulement il est, après l'or, le plus inaltérable des métaux, mais il est encore le plus malléable et le plus ductile. On peut le réduire en feuilles si minces, que huit mille d'entre elles ne surpassent pas en épaisseur deux centimètres et demi, et le tirer en fil si ténu, qu'un seul gramme en peut fournir deux mille cinq cents mètres. Mais si, à l'état de nature, il est plus dur que l'or, il est par contre moins résistant que le cuivre ; c'est pourquoi on le mélange, pour augmenter sa résistance, avec une certaine quantité de ce dernier métal; ce qui permet aux vases, aux monnaies, aux bijoux, aux ustensiles divers qu'on fabrique de la sorte, de moins s'user et de mieux conserver leurs contours et leurs formes. Les proportions

de cet alliage varient suivant les emplois auquel on le destine.
En France, il est de 835 millièmes de *fin,* c'est-à-dire d'argent
pur, et de 165 millièmes de cuivre pour nos monnaies division-
naires. Pour l'orfèvrerie et la bijouterie, la proportion de cuivre
varie entre 50 et 200 millièmes.

Ces quantités, nous le répétons, sont celles usitées en France,
et l'observation a son prix, parce qu'à l'étranger, en Allemagne
notamment, l'argenterie subit un bien plus bas titre. Or, cet
avilissement de l'argent, par une adjonction trop considérable
de cuivre, est essentiellement condamnable, non seulement parce
que cette adjonction enlève au métal une partie de sa valeur
vénale, mais encore parce qu'elle altère ses plus intéressantes
qualités.

Le grand mérite de l'argent, en effet, son principal avantage
et aussi son agrément, c'est qu'il est un métal sain, ne s'oxydant
point à l'air ou au contact de l'eau, et n'offrant jamais de danger
pour la santé, lorsqu'il s'oxyde au contact d'un gaz. En outre,
il ne répand aucune mauvaise odeur. Voilà pourquoi il est, avec
l'or et l'étain, l'un des trois métaux dont les conciles autorisent
uniquement l'emploi pour la fabrication des calices et patènes[1].
Voilà aussi pourquoi, dès la plus haute antiquité, il a été recherché, avec une sorte de passion, par tous les peuples de la
terre.

Chez les Romains surtout, le goût de l'argenterie fut général.
Il n'était pas de citoyen si pauvre, qu'il ne possédât au moins
une cuiller et une salière de ce métal. 270 ans avant J.-C.,
on vit un sénateur dégradé à cause du poids excessif de son
argenterie. Après la prise de Carthage, les plats et les lits
d'argent devinrent, au dire de Salluste, la parure de tout logis
aristocratique, et Pline rapporte, qu'avant la guerre civile de
Sylla, on voyait des plats d'argent pesant plus de cent livres.

En passant dans le Nord, cette affection prit encore un ca-

1. Voir dom Quarti, *Rubrica Missalis,* in-4, Rome, 1674, page 172.

ractère plus accentué, s'il est possible. Le nom de l'argent devint le synonyme de richesse et de fortune. Les Latins avaient fait dériver le mot *pecunia* de *pecus* (troupeau), parce que chez les peuples primitifs la grande source de richesse était la possession et l'élève du bétail. En Gaule, et dans toute la France du moyen âge et de la Renaissance, c'est à l'argent qu'appartient exclusivement cette signification.

> Qui argent a la guerre il entretient,
> Qui argent a gentilhomme devient,
> Qui argent a chacun luy faict honneur,
>   C'est Monseigneur.
>
> Qui argent a les Dames il maintient,
> Qui argent a tout bon bien luy advient,
> Qui argent a c'est du monde le cœur,
>   C'en est la fleur.

Aventure assez rare, l'histoire, sur ce point, est d'accord avec la poésie. Depuis les barbares Mérovingiens, jusqu'aux raffinés Valois, même jusqu'aux Bourbons, tous les efforts des souverains et des seigneurs français tendent vers la possession de ce métal précieux[1]. Aux jours heureux, il se transforme en dieux, en tables, cuvettes, candélabres, lustres, plats énormes, *cadenas*, coffrets, salières monumentales, aiguières, gobelets, vaisseaux de toutes sortes, et boîtes gigantesques pour serrer les épices et les confitures. Il devient l'ornement des tables et des dressoirs, la parure des chapelles et des logis princiers[2]. Son gardien « l'argentier » est le grand homme de finance de la maison. Aux jours sombres, il quitte toutes ces formes élégantes, gracieuses, aimables ou opulentes, pour redevenir, sous l'apparence de monnaie, le nerf de la résistance, le prix de la

---

1. Voir *L'Art à travers les mœurs*, page 164.

2. Voir les *Comptes de l'argenterie*, les *Comptes des ducs de Bourgogne*, l'*Entrée et couronnement du roy de Naples*; voir encore le *Glossaire*, de Delaborde, et Darcel, *Musée du Louvre*, etc.

corruption, ou la rançon du seigneur. Rien n'est plus instructif que de consulter un inventaire de l'argenterie royale, avant et après une guerre désastreuse.

Ainsi, ce qui fait le prix de l'argent, sa valeur en tant que métal, est aussi, en tant qu'objet d'art, la cause de son infériorité et de sa perte. Jusque dans les temps les plus modernes, en effet, on a vu, au moment des crises politiques, les princes et les souverains faire fondre leur argenterie, afin de se procurer les ressources nécessaires. Guillaume le Taciturne, pour pouvoir continuer la guerre contre l'Espagne, vendit au poids la vaisselle de sa maison. Louis XIV fit pis encore. En 1689, quand la fortune commença à faire expier à la France le faste insolent de son roi et son insupportable orgueil, non seulement ce monarque envoya à la monnaie les chefs-d'œuvre de Ballin, de Loir, de Debonnaire, de Viocourt, de Merlin, de Villers, de Gravet[1] qui ornaient ses palais de Marly et de Versailles, mais encore il excita sa cour à suivre son déplorable exemple[2].

Faible expédient, et désastre irréparable, par lequel plus de dix millions de travaux admirables disparurent dans le creuset du fondeur, sans laisser la moindre trace ; et cependant vingt ans s'étaient écoulés à peine, que le maréchal de Boufflers et

---

1. Voir *Comptes des bâtiments du roi sous le règne de Louis XIV,* publiés par J. Guiffrey. Paris, 1881.

2. L'exemple du grand roi était un ordre trop pressant pour n'être pas suivi. « La belle duchesse de Lude, écrit Mme de Sévigné, a fait mettre tous ses beaux meubles d'argent en pièces et en morceaux chez elle; mais comme les morceaux en sont bons, elle en a touché vingt-sept mille écus, et s'est remeublée de toutes sortes de meubles de bois, de miroirs, de glaces... » (*Lettres de Mme de Sévigné,* tome VIII, page 145). Mme de Chaulnes envoya à la monnaie sa table et ses guéridons; Mme de Lavardin ses beaux meubles (*Ibid.,* tome VIII, page 128); M. de Lavardin les « chenets, plaques, chandeliers, tables et guéridons d'argent » qu'à son mariage il avait reçus de sa mère (*Ibid.,* tome V, page 398), et les autres à l'avenant. « Que dites-vous, écrit encore à ce sujet Mme de Sévigné, de tous ces beaux meubles de la duchesse de Lude et de tant d'autres qui vont, après ceux de Sa Majesté, à l'hôtel des monnaies? » (*Lettres,* tome VIII, page 134).

le duc de Grammont, voulant faire leur cour au vieux roi, lui offraient de nouveau leur vaisselle d'or et d'argent, pour parer à l'affreux déficit du trésor. En vain, Pontchartrain et Desmarets essayèrent-ils de s'opposer à cet acte de vandalisme, en rappelant combien pareille mesure avait peu produit quelques années plus tôt; l'avis du roi prévalut, et l'on dut, une fois de plus, déplorer « la perte et le dommage inestimable de toutes ces admirables moulures, gravures, ciselures, de ces reliefs et de tant d'ornements achevés, dont le luxe avait chargé la vaisselle de tous les gens riches et de tous ceux du bel air [1]. »

Les refontes successives, opérées par son bisaïeul, avaient tellement appauvri la vaisselle royale, qu'en mai 1753, Louis XV dut, à Trianon, manger dans de la faïence, parce qu'on n'avait point eu le temps de faire venir de Choisy le service dont il se servait d'habitude, et qu'il n'avait pas de rechange à Versailles [2]. Cette pénurie de vaisselle de prix, cette infériorité de la table royale, tourmentaient au reste si fort les esprits d'alors, qu'en 1758, lorsque la place de garde des sceaux fut supprimée, on supposa que cette suppression n'avait eu lieu que parce que le roi voulait s'en réserver les émoluments pour se payer de la vaisselle d'or [3].

Vraiment il s'agissait bien de cela. Une année s'était à peine écoulée, que Louis XV, prenant exemple sur son illustre prédécesseur, envoyait, lui aussi, son argenterie à la monnaie, invitait ses chers sujets à imiter son exemple, et chaque soir se faisait présenter la liste de ceux qui s'étaient conformés à son royal désir. Mme de Pompadour, le maréchal de Belle-Isle, le

1. Saint-Simon, tome VII, page 210.

2. En 1754, le roi n'avait pu reconstituer que quarante-deux assiettes d'or « faites par demi-douzaines tous les ans, dit un contemporain, avec des bourses de cent jetons d'or que l'on donne au roi pour ses étrennes » (*Journal de Barbier*, tome V, page 374; tome VI, page 64). En cette même année, le marquis de la Ensenada, ministre et grand d'Espagne, servait ses invités dans un service complet en or massif, lequel avait été fabriqué à Paris.

3. Barbier, *ibid.*, tome VI, page 115.

duc de Choiseul et les ministres donnèrent le branle, et après eux, les princes du sang et tous les seigneurs de la cour[1]. Une fois de plus, des trésors d'art, des merveilles de ciselure, des modèles d'un goût et d'une exécution incomparables furent brutalement supprimés[2].

Regrettons-les, mais sans trop nous abandonner, toutefois, à des regrets stériles. Les grands seigneurs du siècle dernier,

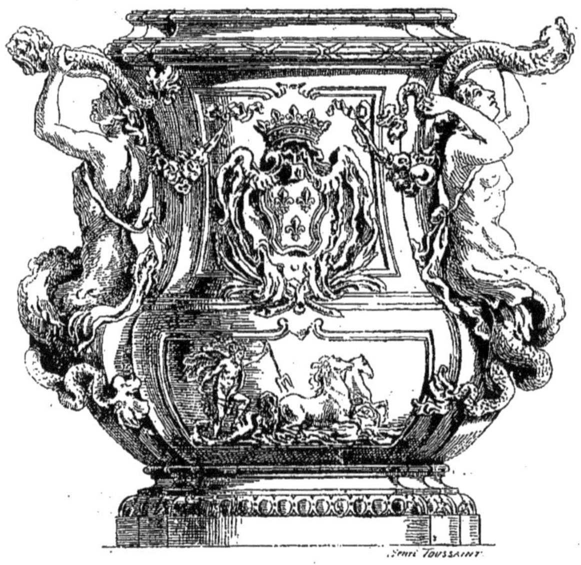

Fig. 101. — Seau à rafraîchir en argent massif, dessiné par Meissonnier.

non plus que leurs magnifiques aïeux, n'attachaient à la façon de leur argenterie qu'une importance très relative, analogue à celle qu'ils attachaient à la coupe de leurs vêtements. « On

1. Barbier, *ibid.*, tome VII, pages 200 et 237.

2. C'est à l'infime valeur du métal qu'il faut, au dire des gens les plus compétents, attribuer la conservation des chefs-d'œuvre de Briot (voir *L'Orfèvrerie d'étain dans l'antiquité*, par Germain Bapst, Paris, 1881). Point de doute que si ces merveilles eussent été exécutées en argent, au lieu de l'être en étain, elles ne seraient point parvenues jusqu'à nous.

refond la vaisselle comme on change de meubles, écrivait un auteur du siècle dernier ;...
Il faut que la vaisselle soit de l'orfèvre à la mode, et qu'on refonde tous les ans son argenterie[1]. » Il est clair que, lorsque le banquier Chigi faisait lancer dans le Tibre, par ses serviteurs, les plats d'argent qu'on desservait de sa table, ces plats avaient beau être repêchés ensuite par ces mêmes serviteurs, leur façon devait souffrir quelque peu de cette immersion brutale. De même lorsque le duc de Savoie, offrant à dîner à Madame, prenait soin que toute sa vaisselle d'argent eût la forme d'une guitare, parce que Madame aimait cet instrument[2], il est à croire que cette transformation avait un caractère momentané, et n'affichait pas des prétentions durables.

De nos jours, au reste, la même chose ne se produit-elle pas dans le domaine de la joaillerie. Si le luxe de

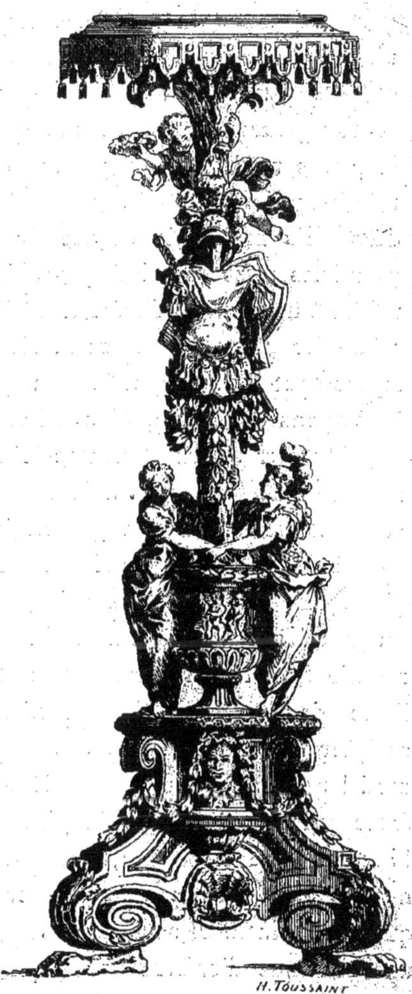

Fig. 102. — Guéridon en argent massif, dessiné par Bérain.

1. Mercier, *Tableau de Paris*, tome VI, page 97, et tome XII, page 21.
2. Tallemant des Réaux, *Historiettes*, tome Ier, page 93.

la table est devenu moins sujet à la mode, la parure du corps est demeurée tout aussi variable que jadis, et l'on trouverait peu de femmes du monde, arrivées au déclin de la vie, qui n'aient, au cours de leur existence, fait transformer au moins deux ou trois fois leurs bijoux, pour se conformer au goût du temps.

L'argenterie, qui tient une place restreinte dans nos ameublements modernes, et qui ne joue plus, somme toute, qu'un rôle secondaire dans l'ensemble de nos fortunes mobilières, a désormais moins de chance de figurer, aux mauvais jours, parmi les ressources indispensables, et plus de raison de prétendre à une longue durée. C'est là, semble-t-il, un motif pour redoubler de soin dans sa fabrication, et pour appliquer aux façons tout l'art et tout le soin qu'elles comportent.

Voyons donc en quoi consistent ses façons :

L'Argent se traite comme le bronze. On le sculpte dans la masse, on le fond, ou on le repousse; pour l'achever, on emploie le ciselet, pour le graver, le burin. La similitude dans le traitement des deux métaux est si parfaite, que jadis on ne distinguait pas entre ceux qui les mettaient en œuvre. A l'instar du grand saint Éloi, leur traditionnel patron, Ghiberti et Verrocchio furent à la fois orfèvres et fondeurs, et l'habitude délicate de travailler l'argent n'empêcha pas le premier de sculpter les portes admirables du Baptistère, ni le second de modeler le *David* du Musée de Florence, et le superbe *Colleone* qui orne à Venise la piazza San Zanipolo. Finiguerra, l'inventeur de la gravure, Benvenuto Cellini, l'auteur du *Persée*, ne cessèrent jamais de pratiquer l'orfèvrerie, et Pallajuolo, quoique peintre et sculpteur, tint, jusqu'à la fin de ses jours, une boutique d'orfèvre sur la place du Marché-Neuf, à Florence. La peinture, en effet, se confondait, elle aussi, parfois, avec la pratique des métaux précieux. Francia et Ghirlandajo avaient débuté par être orfèvres [1].

1. Au dix-septième et au dix-huitième siècle, les grands orfèvres continuèrent

La seule différence sérieuse, qu'on découvre aujourd'hui entre les artistes qui traitent l'argent et ceux qui traitent le bronze, c'est que les premiers sont obligés de ménager davantage la matière, non seulement à cause de son prix très élevé, mais encore, parce qu'en diminuant la valeur réalisable de la pièce travaillée, on augmente dans une forte mesure ses chances de conservation. C'est pourquoi, toutes les fois que la chose est possible, l'orfèvre a recours au repoussé. Tous les bas-reliefs qu'il exécute sont obtenus de cette manière. Seule, la ronde bosse est obtenue par la fonte.

Nous avons, en parlant du bronze, suffisamment décrit les divers procédés de la fonte, nous n'y reviendrons pas. En parlant du fer, nous avons pareillement décrit les procédés du repoussé. On repousse l'argent abso-

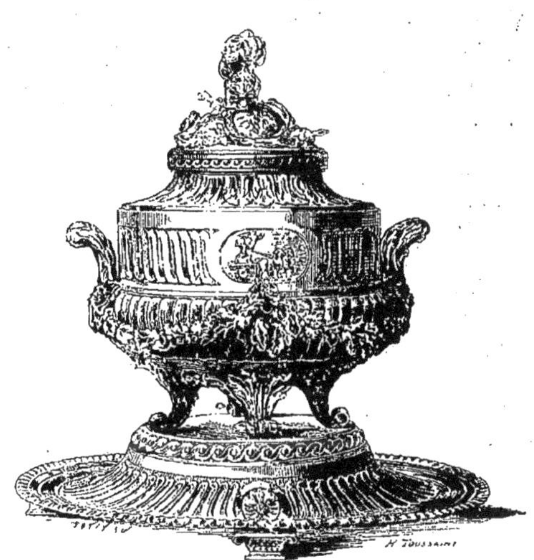

Fig. 103. — Soupière en argent repoussé, exécutée pour l'impératrice Catherine II.

lument comme le fer, — emboutissage, travail au marteau, emploi de la recingle pour l'ornementation des pièces à goulot, reprise ensuite au ciselet, — l'ouvrage suit la même marche. Les trois seules différences, qui soient à constater, c'est : 1° que, l'orfèvrerie étant un travail plus délicat, l'artiste a moins à accuser la saillie de ses bas-reliefs, et, par conséquent, n'a pas

d'être placés sur le même rang que les plus illustres statuaires. « De simples orfèvres, tels que Ballin et Germain, écrit Voltaire, ont mérité d'être mis au rang des plus célèbres artistes, par la beauté de leur dessin et par l'élégance de leur exécution » (*Siècle de Louis XIV*, Genève, 1769, tome XI, page 151).

autant besoin de *conduire* son métal; 2° que le travail du repoussé, par la multiplicité des chocs, arrive à corroyer l'argent et à le durcir, au point que l'ouvrage devient plus pénible, ce qui oblige le repousseur à passer de temps en temps son bas-relief au feu, afin que, la chaleur faisant dilater ses molécules, le métal puisse reprendre sa ductilité et sa malléabilité premières; 3° que les soudures étant relativement faciles pour l'argent, les pièces compliquées, telles que vases, brocs, aiguières, buires, etc., sont presque toujours fabriquées en deux ou trois morceaux, qui sont ensuite soudés ensemble[1].

Le besoin d'employer le moins de métal possible pousse également l'orfèvre à avoir recours aux procédés d'étampage et d'estampage, que nous avons déjà décrits, et à un autre procédé non moins intéressant qu'on appelle le *coquillé*. Lorsqu'on veut exécuter une pièce par ce dernier moyen, le moule ou bon creux, au lieu d'être formé en sable, doit être coulé en métal, et sur ce bon creux résistant on applique des plaques ou feuilles d'argent, qu'on frappe à petits coups, jusqu'à ce qu'on leur en ait fait épouser exactement toutes les formes[2]. Quand on a obtenu ainsi successivement l'estampage des diverses parties du moule, on les rapproche soigneusement, on les soude, et on peut constituer de la sorte un vase, un buste, une statuette, d'une extrême légèreté, et qui, remplis ensuite avec du mastic, reçoivent du ciseleur leur dernier fini.

La nature même de l'argent, ses qualités, son haut prix et la

---

1. Il ne faudrait pas conclure toutefois de ce qui précède que les ouvriers qui repoussent les métaux précieux sont moins habiles que ceux qui travaillent le fer. Il est parmi les orfèvres des artistes qui, prenant une pièce de cinq francs, arrivent à la repousser de façon à lui donner la forme d'un cornet ou d'un verre à champagne, et cela en ne conservant de la pièce que le ruban avec la devise qu'il porte, « Dieu protège la France », lequel devient le bord supérieur du vase ainsi formé.

2. Le travail du *coquillé* est fort bien expliqué dans l'intéressante monographie de M. Germain Bapst, le *Musée rétrospectif du métal*, Paris, A. Quantin, 1881, page 84.

chance qu'il a de tenter la cupidité, nous font connaître à quels usages particuliers il convient de spécialiser son emploi. On doit le réserver, tout d'abord, pour le service de table, où tout autre métal moins pur, moins sain, est éminemment déplacé. Ensuite, on peut l'employer pour tous les objets qui sont en contact direct avec notre personne, ou appelés à être journellement maniés. Il convient pour les garnitures de toilette, pour les chandeliers et flambeaux que nous prenons constamment à la main, pour les vases, les plateaux qui nous sont présentés. En partant de ce principe, on peut excuser les belles Romaines qui, au dire de Pline, confiaient leurs robustes carnations à des baignoires d'argent; mais il faut blâmer Louis XIV faisant confectionner par Ballin des canapés en argent massif et des guéridons de même métal.

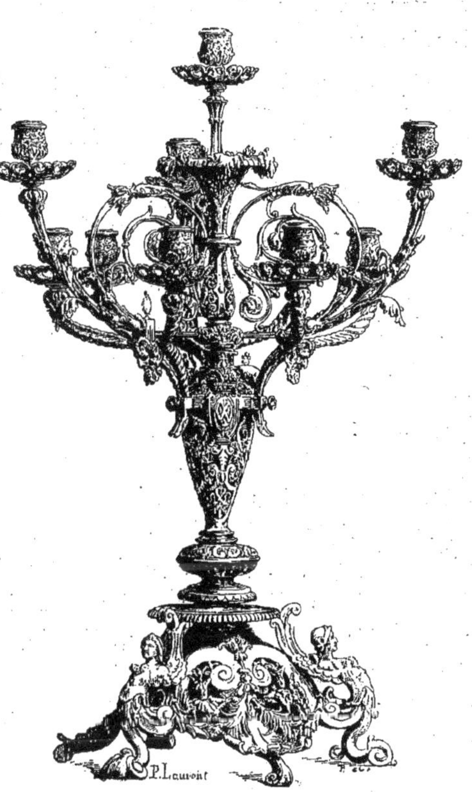

Fig. 104. — Candélabre en argent massif, exécuté par MM. Bapst et Falize pour le prince Demidoff.

Malheureusement, le grand écueil auquel se heurte l'orfèvre

contemporain, c'est que, sauf pour le service de la table, l'emploi des métaux précieux n'est plus aujourd'hui assez généralement répandu chez nous, pour que les objets usuels puissent affecter une forme dérivant de la matière employée, et en harmonie avec ses qualités de plasticité et de résistance.

Il est clair, par exemple, qu'un potier pétrissant son argile, et forcé de chercher pour cette masse molle et sans soutien un large point d'appui, serait assez mal venu à vouloir adapter à ses œuvres les formes sveltes et légères qui conviennent au métal. De même, c'est maladresse à l'orrèvre de prendre modèle, pour la confection d'une garniture de toilette en argent, sur une garniture de toilette en porcelaine ou en faïence, et cependant les usages sont si tyranniques, l'habitude, que Pascal appelle avec tant de raison « une seconde nature qui détruit la première », a de telles exigences, que nous sommes naturellement portés à imposer à l'orfèvre des formes et des proportions, auxquelles notre œil est accoutumé, mais qui n'ont rien à démêler avec la matière mise en œuvre par lui.

Ajoutez que, dans le cas spécial dont nous nous occupons, il n'aura même pas, pour se guider et résister à nos exigences, des précédents à invoquer et des exemples anciens à produire, car les ablutions, auxquelles se livraient nos ancêtres, étaient si modestes et si réduites, que leurs cuvettes et leurs brocs ne sauraient, à cause de leur insuffisante capacité, être pris pour modèles.

Pour la composition d'une garniture de toilette, nous aurons donc grand soin de laisser le champ libre à l'artiste chargé de nous fournir un projet, de façon à n'être point tentés de lui imposer une forme incompatible avec le métal qu'il emploie. Nous exigerons seulement que la cuvette soit vaste, et que le pot à eau soit de taille à pouvoir largement la remplir. Nous exigerons également que ce pot ne soit point d'une forme trop trapue, parce que son maniement serait moins aisé, et parce que l'écoulement de l'eau serait plus difficile à régler. Mais, comme toute chose a une limite, si, dans le dessin qui nous sera soumis, il se trouve que le sommet du broc affleure à un arc de cercle ayant la largeur de la cuvette comme diamètre (voir fig. 105), il faudra nous déclarer satisfaits.

Comme le premier devoir d'un vase de cette nature est d'être essentiellement maniable, nous prierons, en outre, notre orfèvre d'accuser cette qualité, en laissant, sur l'anse et sur la panse du broc, quelques places lisses pour qu'il puisse être facilement saisi. Les reliefs et les aspérités, en effet, quelque adoucis qu'ils puissent être, font hésiter la main qui redoute, en les pressant, de se blesser à leur contact. On devra pareillement se garder de faire intervenir, en ces endroits, des figures en ronde bosse.

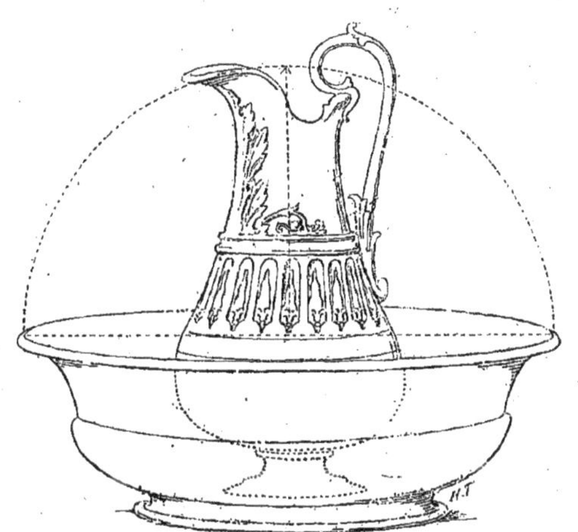

Fig. 105. — Diagramme du pot à eau.

Rien n'est plus contrariant, que de saisir et de presser un contour rappelant le corps humain. En tout état, du reste, n'oublions jamais que la forme doit toujours commander l'ornementation, et que la décoration ne doit jamais engendrer la forme.

Lorsque l'orfèvre se trouvera en présence de grandes sur- faces que les nécessités de l'usage commanderont de laisser unies, comme l'argent bruni ou poli est généralement d'un aspect froid et monotone, nous lui demanderons, qu'à l'aide d'un sablé, d'un pointillé, d'un guillochage, d'un léger marte-

lage, ou d'un mat produit par une rapide morsure à l'eau-
forte, il atténue la froideur de la pièce et en réchauffe l'aspect général. Pour les objets qui ne sont pas d'un usage
constant, une légère oxydation pourra produire le même effet
et remplir le même but. Dans tous les cas, les travaux du
ciseleur, obtenus à l'aide d'outils non tranchants, tels que le
ciselet et la bouterolle devront être préférés à ceux du gra-

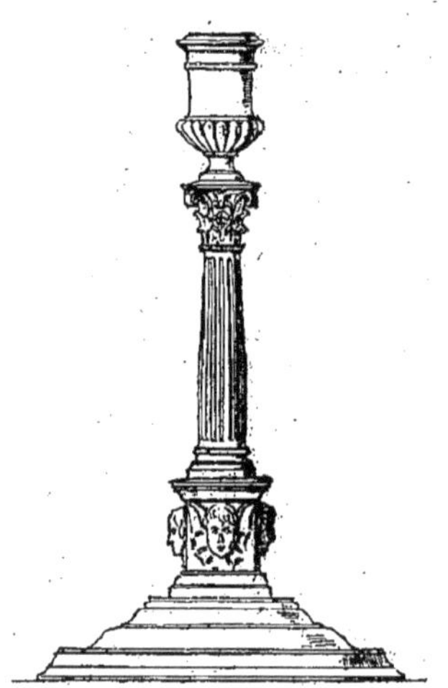

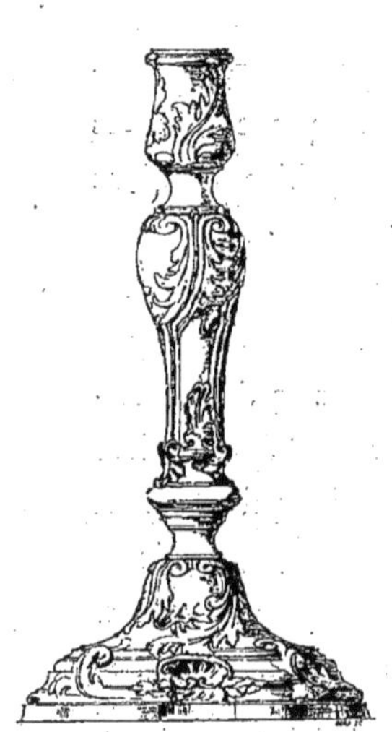

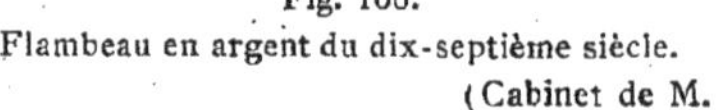

Fig. 106.
Flambeau en argent du dix-septième siècle.

Fig. 107.
Flambeau en argent du dix-huitième siècle.

(Cabinet de M. Germain Bapst.)

veur, qui entame la matière à l'aide de ciseaux, de gouges ou
de burins.

Ces observations s'appliquent non seulement aux garnitures
de toilette, mais à tous les vases, plateaux, aiguières, bassins, etc., qui sont susceptibles d'être traduits en argent, aux
cadres, aux appliques, aux torchères et aussi aux candélabres
et chandeliers ou flambeaux. Pour ces derniers qui n'ont
jamais cessé d'être fabriqués en métal, il semble, toutefois, que
les recommandations de cette sorte devraient être moins néces-

saires, et cependant elles sont presque aussi indispensables. Par suite d'une erreur malheureusement trop explicable, aussi bien pour les chandeliers ou flambeaux de bronze que pour ceux d'argent, les fabricants de nos jours ont renoncé aux proportions heureuses, à l'assiette solide, à la puissante carrure des chandeliers du siècle dernier. Cette renonciation provient de cette manie fâcheuse qu'ont eue, pendant près de cinquante

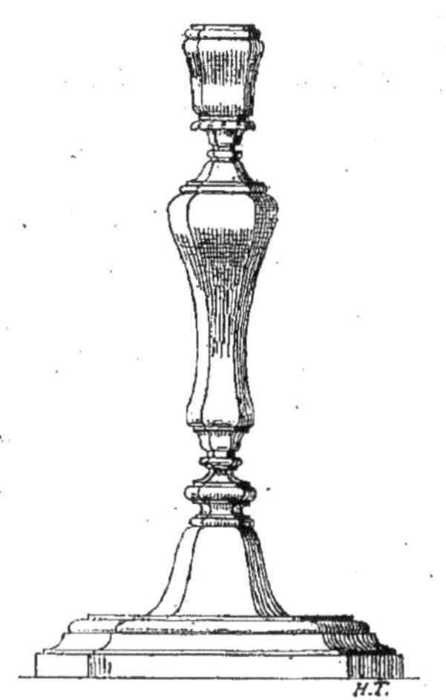

Fig. 108.
Flambeau simple dessiné par Germain.

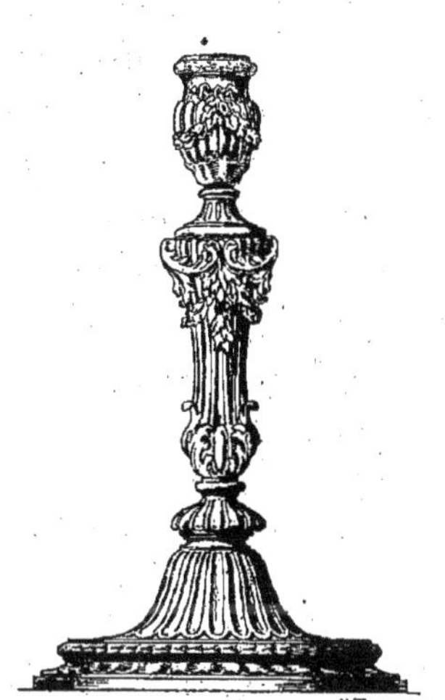

Fig. 109.
Flambeau riche dessiné par Germain.

ans, la plupart des artistes industriels, de concevoir et de dessiner les objets qu'on leur demandait, sans tenir compte de l'emploi auquel ils étaient destinés. Il en est résulté, spécialement pour les flambeaux, que presque tous les chandeliers fabriqués depuis un demi-siècle sont de proportions assez agréables, de forme relativement élégante, lorsqu'on les considère à la vitrine du marchand; mais deviennent absolument insuffisants, comme assiette et comme aplomb, dès qu'on les surmonte d'une bougie. Or, se demandera-t-on, s'ils n'ont point été construits pour porter une bougie, à quoi peuvent-ils bien servir ?

Nous aurons donc soin, dans nos commandes, de revenir aux bonnes proportions des flambeaux anciens. Nos ancêtres en connaissaient deux sortes : le chandelier à douille ou à gaine, et le chandelier à godet ou *binet*. Ces deux modèles avaient leur raison d'être. Le premier, serviteur de nos besoins intimes, proportionnant la hauteur de la lumière à notre commodité, a été fort malheureusement mis de côté par nos fabricants, et n'est plus exécuté maintenant qu'à titre de pure exception et d'archaïque fantaisie. Le second, avec sa tige légèrement étranglée indiquant que la bougie doit brûler jusqu'au bout, et invitant, en quelque sorte, nos commensaux à ne pas nous quitter avant sa combustion entière, est le seul usité. Mais on lui a enlevé son pied large, et ses proportions robustes.

Rien n'est plus alarmant, cependant, qu'une lumière dont la base n'offre pas à l'œil une stabilité rassurante ; rien n'est plus ridicule qu'une énorme bougie perchée au-dessus d'une tige effilée, sans épaisseur et sans consistance ; rien n'est plus désagréable enfin et plus difficile à saisir qu'un chandelier, dont le corps, amaigri à l'excès, vacille et se dérobe dans la main.

Pour la grosseur de nos flambeaux, réclamons donc un diamètre d'au moins 3o à 4o millimètres à la partie haute de la tige, plutôt plus que moins. Quant à la hauteur, si notre chandelier doit servir à des usages journaliers, exigeons qu'il soit trapu et qu'il ait, comme élévation, le diamètre de sa base (voir fig. 11o). Si, au contraire, il doit rester à demeure, mais sur un meuble facile à ébranler, table, console, guéridon, tolérons un diamètre et demi (fig. 111). Pour les cheminées et les gros meubles, allons jusqu'à deux diamètres (fig. 112), mais évitons de dépasser cette limite, qui ne doit jamais être franchie. Ces dernières proportions, au reste, ne sont en aucun cas atteintes par Germain, qui demeure le maître en ces matières, et qu'on peut hardiment prendre toujours pour exemple (voir fig. 108 et 109). Pour les candélabres, nous aurions également quelques proportions à donner : mais, comme on les exécute plus souvent en bronze qu'en argent, nous nous réservons d'en parler au chapitre suivant, où il est plus

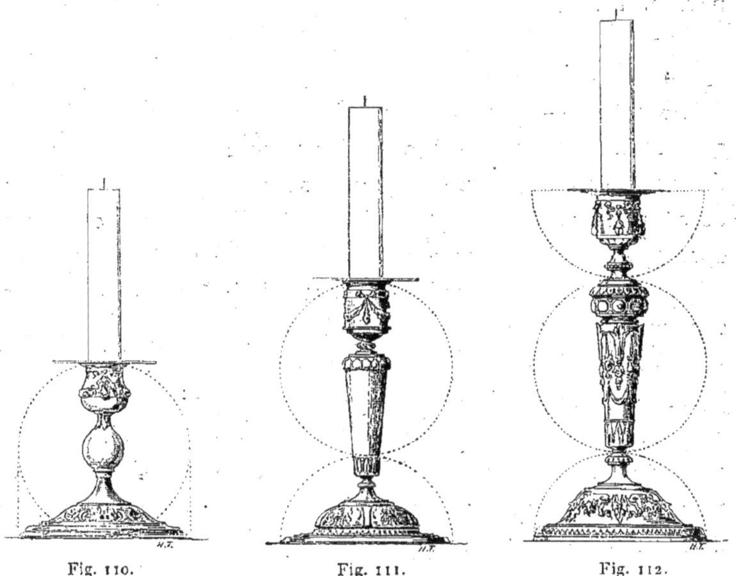

Fig. 110.   Fig. 111.   Fig. 112.

spécialement question des diverses applications du métal à l'ameublement.

LE MÉTAL. — SES ADAPTATIONS AU MOBILIER

Malgré la variété de ses aspects et la complexité de ses applications, malgré les multiples services qu'il est appelé à nous rendre, le métal, sous ses formes les plus diverses, fer, cuivre, bronze, or, argent, étain, ne remplit et ne doit remplir, dans notre habitation modèle, qu'un rôle modéré, limité, restreint.

En premier lieu, il ne peut guère figurer dans les décorations d'ensemble à l'état massif. Nous avons bien l'idée de lambris dorés, mais non pas de lambris d'or. Le bronze lui-même, quoique moins précieux, est encore trop coûteux pour être employé à revêtir les plafonds ou à daller les salles. Quant aux murailles de fer, il faut en laisser la spécialité aux navires blindés et aux caisses de nos grandes compagnies financières.

MEUBLES. — Dans la confection des meubles, le métal est mieux à sa place, mais à condition encore de n'y figurer qu'à titre accessoire. Par sa dureté, par sa cohésion, par la rigueur de ses profils et l'acuité de ses angles, il est d'un commerce âpre et peu facile, et sa constante familiarité est d'autant moins agréable, que sa conductibilité étant relativement considérable, son contact glacé produit généralement au toucher un effet pénible.

A ces causes d'exclusion, il convient encore d'ajouter sa pesanteur, qui rend peu maniables les meubles confectionnés en fer et en bronze massifs, ou qui force à recourir à une telle ténuité de formes, à une telle maigreur de contours, que notre œil désorienté en est réduit à regretter un pareil abus de profils aussi minces.

Le mobilier en fer ou en cuivre a cependant trouvé d'ardents défenseurs. A l'appui de leur thèse, ses partisans ont invoqué l'exemple de l'antiquité. L'objection est au fond, plus spécieuse que concluante. Si les meubles antiques en métal, parvenus jusqu'à nous, sont plus nombreux que les meubles en bois, c'est que ces derniers ont disparu, dévorés par mille causes qui respectent le métal. Mais que l'on compare le nombre des sièges et des lits en bronze découverts à Pompéi, à celui des lampes, des candélabres, etc., dont l'usage a dû rester proportionnel, et l'on reconnaîtra qu'alors, comme de nos

jours, ce genre de meubles était une exception. — Et cependant leur présence, sous le ciel brûlant du golfe de Naples,
semble plus naturelle que sous nos climats brumeux, dont
l'humidité constante n'est rien moins que favorable à la conservation des métaux.

Dans les temps modernes, on ne compte guère que le règne

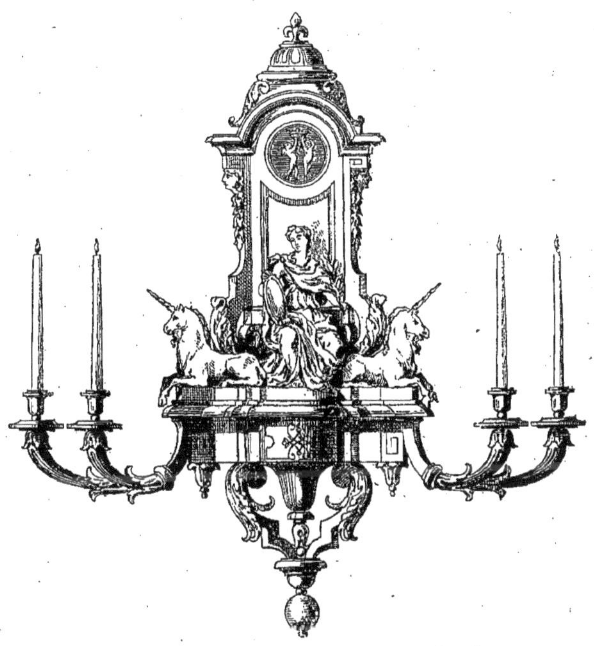

Fig. 113. — Torchère-applique en argent massif, d'après Bérain.

de Louis XIV, où les meubles de ce genre aient été à la
mode. Mais il faut considérer cette particularité, plutôt comme
un débordement de somptuosité que comme une marque de
goût. Cette fois, en effet, ce n'est plus le bronze qu'on met en
œuvre, mais l'argent. Les chefs-d'œuvre de Ballin « homme
unique en son genre » comme l'appelle Voltaire, les merveilles
exécutées à grands frais sur les dessins de Lebrun, éprouvè-

rent, nous l'avons vu plus haut, le triste sort réservé, en tous temps, aux métaux précieux. Lorsque la bise politique commença à souffler sur cet épanouissement d'orgueil, le roi tout le premier dut donner l'exemple. « Il se priva, nous dit l'historien du siècle de Louis XIV[1], de toutes ces tables d'argent, de ces candélabres, de ces canapés d'argent massif, de tous ces meubles qui étaient des chefs-d'œuvre... Ils avaient coûté dix millions, on en tira trois. Les meubles d'argent orfévré des particuliers produisirent trois autres millions. La ressource était faible. »

Ce grand massacre est-il beaucoup à regretter ? — Nous avons déjà dit combien les regrets, auxquels on pourrait s'abandonner aujourd'hui, seraient superflus. — En outre, si l'on peut déplorer « la perte inestimable de ces admirables façons, plus chères que la matière[2] », encore serait-il imprudent de vouloir trouver, dans ce mobilier exceptionnel, une série de modèles dispendieux, assez autorisés par leur illustre origine, pour nous entraîner dans une fausse voie. — Et en effet, très admissible encore, sous forme de jardinière, de petite table, de guéridon, etc., le métal ne l'est plus que difficilement sous forme de sièges, et son aspect luisant, son grain serré jurent toujours avec la trame un peu lâche de l'étoffe qui l'avoisine. Ajoutons que, même à l'état de table et de guéridon, malgré la délicatesse naturelle de ses masses portantes et la solidité de ses appuis, le meuble de métal reste soumis aux mêmes lois d'équilibre et de statique que les ouvrages de bois, et l'œil conserve, quant à l'écartement des pieds et à la largeur de l'assiette, les mêmes exigences ; de là tout un monde de diffi-cultés spéciales, que seuls les artistes d'un mérite supérieur arrivent à éluder (voir fig. 113).

Ne pouvant être qu'exceptionnellement choisi, comme matière

---

1. Voltaire (édition de Genève, 1769), tome XII, page 27.
2. Saint-Simon, *Mémoires complets et authentiques*, tome VII, page 210.

principale, dans la fabrication des meubles, le métal peut, par contre, y figurer avantageusement à l'état accessoire, mais, même dans ce cas, il ne doit être employé qu'avec de grandes précautions, beaucoup de mesure et beaucoup de retenue.

Le bon sens exige, en effet, qu'il ne se mêle au bois que pour en augmenter l'éclat ou la solidité, et seulement dans la juste mesure où il concourt à l'un de ces deux services. Dans les meubles à panneaux, il a sa place réservée dans la ferrure des portes, il peut se développer sous forme de pentures ouvragées au milieu des battants. Les poignées des tiroirs, les contre-plaques des serrures, les entrées de clefs lui sont toujours réservées. Il peut, en outre, sur toutes sortes de meubles, s'étendre en une ornementation brillante et tenir, sous forme de pièces rapportées ou d'incrustations, une place considérable. Baguettes, frises, cartouches, guirlandes rentrent dans le rôle qui lui

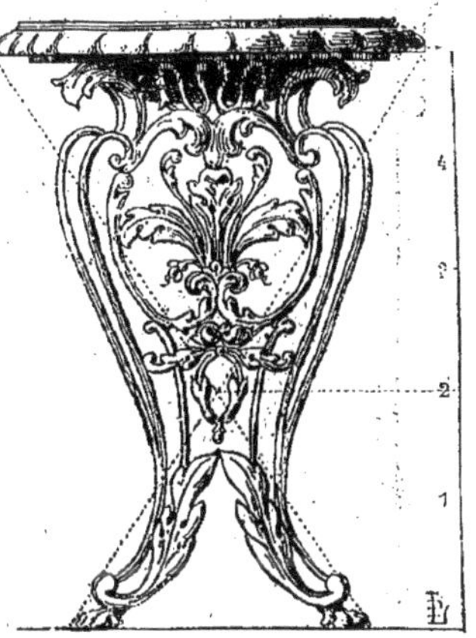

Fig. 114.—Petit guéridon en métal, exécuté par Oppenord.

est dévolu ; mais il ne doit jamais perdre son caractère ornemental, c'est-à-dire dépendant, et il ne faut permettre, en aucun cas, qu'il se substitue à l'architecture du meuble.

Alors même que ses reluisances s'harmonisent admirablement avec les tons chauds de l'acajou, font chanter le bois de rose, ou réveillent les sombres tonalités de l'ébène, il ne doit jamais renoncer à son rôle de parure. Donner à un meuble de bois des pieds de fer, ou le renforcer de colonnes de bronze, c'est commettre un contresens fâcheux, c'est faire paraître le principal fragile, en accordant trop de solidité à ce qui n'est que l'accessoire. Le métal donc, à moins que sa présence ne soit commandée par une nécessité bien établie, ne doit figurer dans l'ornementation du meuble, que comme un bijou dans notre toilette. Comme tel, il lui faut conserver un aspect léger, brillant, gracieux, accompagner les lignes principales, agrémenter les formes, mais répudier toute prétention de les dominer ou de se confondre avec elles.

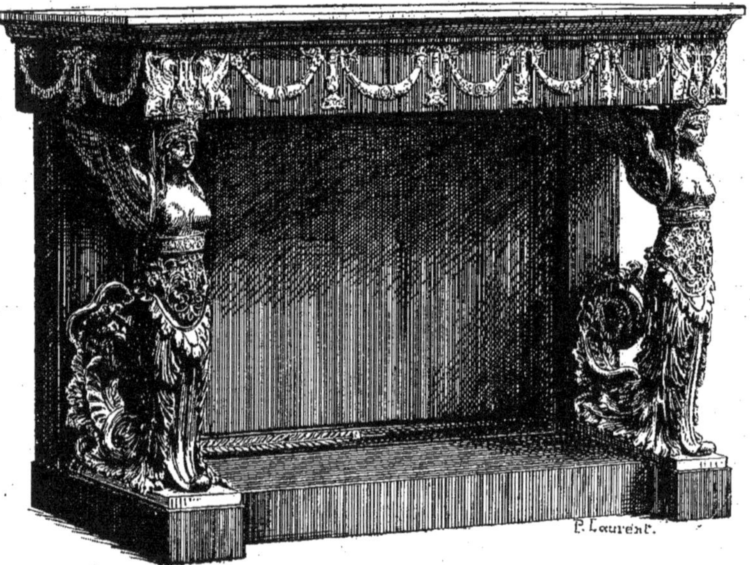

Fig. 115. — (Modèle condamnable.) Console en racine d'orme, portée par des sphinx en bronze (style empire). — Mobilier national.

La somptuosité d'un roi, qui prenait le soleil pour emblème, le génie infatigable d'un Boule, le goût inventif d'un Crescent, la prodigieuse habileté d'artistes aussi éminents que Riesener et Caffieri, ont pu porter l'emploi des métaux dans l'ameublement à un point voisin de la prodigalité. Toutefois, ces hommes exceptionnels n'ont réussi, dans leur audacieuse tentative, que parce qu'ils respectaient la logique et la forme. Bien que dans leurs admirables ouvrages le métal tienne une place débordante, et représente le plus souvent, comme travail et comme matière, une valeur très supérieure à celle du bois, encore demeure-t-il toujours subordonné à celui-ci; et c'est seulement vers la fin du règne de Louis XVI, lorsque le bronze commença à jouer un rôle prépondérant, que le mobilier perdit à la fois, avec son équilibre et sa raison, son élégance, sa

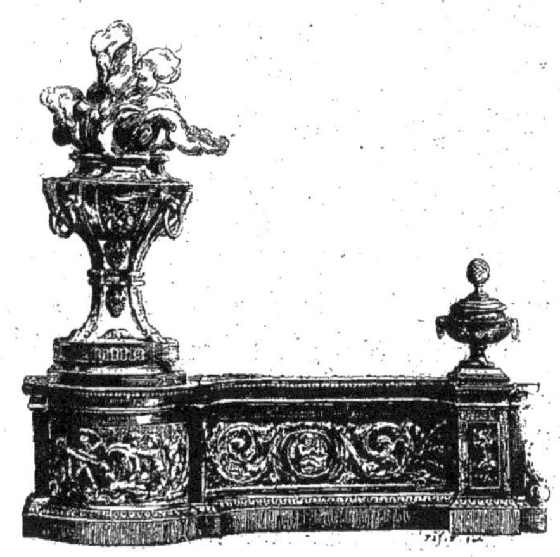

Fig. 116. — Chenet Louis XVI, en bronze doré (Mobilier national).

grâce et son charme. Il ne faut pas craindre de le répéter, en effet, c'est une erreur capitale, que de mêler au bois le métal par grandes masses, et d'employer, comme fit le premier Empire, des sphinx de bronze pour soutenir une console légère en racine d'orme, ou des cariatides de même matière pour supporter une table fragile en acajou plaqué. Il

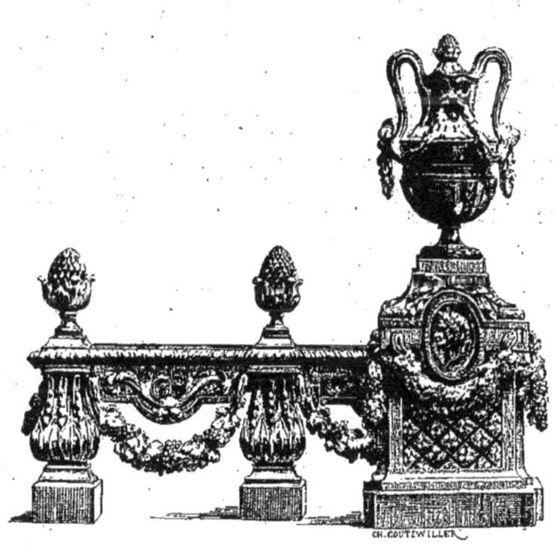

Fig. 117. — Chenet Louis XVI, en bronze doré (Mobilier national).

y a disproportion flagrante entre la robustesse des matériaux employés à la base et la légèreté spécifique du couronnement. Le bronze, à l'état de support, commande le marbre, et réciproquement c'est une erreur de placer une statue de bronze sur un socle de bois. Le socle en bois n'est permis que pour les vases, dont le caractère d'objets creux est bien accentué, et la légèreté visible.

DES MONTURES. — Si les convenances et la logique nous ont fait n'accorder au métal qu'une place accessoire dans la construction générale des meubles, il nous faut reconnaître, toutefois, qu'indépendamment des emplois spéciaux qui leur sont exclusivement réservés, il reste encore au fer, au bronze, à l'argent, un rôle considérable à jouer dans l'économie générale du mobilier.

Tout d'abord c'est à eux qu'on demande presque toutes les montures. Le grain serré du métal, ses lignes fermes, ses contours précis, son ornementation nerveuse s'allient admirablement avec la céramique. Ils encadrent à ravir les laques dont les surfaces lisses, brillantes, ont une analogie saisissante avec l'éclat et le poli dont le bronze et l'argent sont susceptibles. Le métal, en outre, marie agréablement ses reflets à ceux des miroirs. Nous avons dit qu'il était le compagnon obligé du marbre. Enfin c'est à lui qu'on demande le plus ordinairement la parure des tables de salle à manger, des étagères et consoles qui décorent le salon, et presque toujours la garniture des cheminées de ces diverses pièces.

Certes, ce sont là des emplois aussi nombreux que variés, et on peut dire que, grâce à eux, le métal concourt dans une très large mesure à la décoration de nos intérieurs. Depuis le vestibule, où il étincelle sous le feu des bougies et des globes, jusqu'au salon où, s'arrondissant pour former la panse rebondie d'un vase, il enserre les plantes tropicales et les feuillages bizarrement découpés; depuis l'escalier, dont il fournit la rampe, jusqu'à la chambre à coucher où il s'étale sous

l'apparence d'intimes et charmants souvenirs, il n'est guère de
pièce, de réduit, de recoin, où il ne se manifeste. Ajoutons,
enfin, que grâce à lui les plus purs chefs-d'œuvre de l'art,
les plus puissantes conceptions de la statuaire, peuvent sous
forme de réductions délicates trouver une place dans notre
logis.

Peut-être y aurait-il beaucoup à dire sur cette dernière
adaptation. Les œuvres d'art pur doivent assurément tenir, dans
notre maison, une place d'honneur, et cependant c'est de ces
œuvres précieuses que nous parlerons le moins ; d'abord parce
que l'étude de leurs sereines beautés pourrait nous entraîner
hors du cadre modeste que nous nous sommes tracé ; en second lieu, parce que c'est particulièrement à juger et à comprendre ces œuvres supérieures, que le public auquel ces
lignes sont destinées est surtout compétent.

Garnitures de foyer. — Pour les autres emplois d'une
nature plus terre à terre, et qui obéissent à de moins hautes
inspirations, nos conseils seront mieux à leur place. D'autant
qu'il nous sera peut-être permis de dégager, des convenances
qui sont à observer dans ce cas, quelques règles d'une application générale.

Chenets, grilles, garnitures de foyer, qui exigent une absolue incombustibilité, doivent être, nous l'avons dit, exclusivement en métal. Il en est de même pour les chandeliers,
pour les lustres et les girandoles.

Pendules. — De même encore, mais pour d'autres raisons,
la pendule réclame extérieurement la présence du métal. Ne
serait-ce que pour rappeler le rôle prépondérant que le fer,
le cuivre, l'acier, le laiton, jouent dans la constitution de son
mécanisme interne. Aussi, alors même que l'enveloppe est en
marbre, en bois, en ivoire, en biscuit, le métal fait bien au-

tour du cadran. Il est bon, en effet, que cette inexorable surface, où se comptent les heures à mesure qu'elles s'écoulent,
soit sertie dans une matière énergique et robuste, qui semble
défier l'action du temps.

Or, ce cadran, il ne faut pas l'oublier, est extérieurement
la pièce importante de la pendule. C'est lui que les yeux cherchent
d'abord, et qu'ils doivent tout de suite rencontrer. Bien mieux,
son importance n'est point simplement matérielle. Elle doit
encore être morale; c'est-à-dire que le cadran doit dominer
le sujet, le commander, le subalterniser, de façon que ce
dernier paraisse concourir surtout à le mettre en évidence.
Rien n'est plus ridicule ni plus illogique, en effet, que
ces pendules baroques où le cadran se déguise, et force celui
qui veut voir l'heure à un travail de recherche et d'explora-
tion. Rien n'est plus grotesque, en outre, que ces *sujets* pré-
tentieux, qui semblent vouloir transformer le principal en accessoire, et nous laissent à peine voir les aiguilles accomplis-
sant leur course obscure sur la roue d'un char agrémenté de
douze chiffres, ou s'escrimant presque invisibles sur le bouclier qu'un Romain préoccupé a préalablement accroché aux
branches d'un vieux chêne.

Logiquement composée ou sottement établie, dessinée avec
goût ou présentant un sujet niaisement combinée, la pendule,
toutefois, jusqu'à ces années dernières, a tenu la place d'honneur dans la garniture de cheminée. Elle apparaissait à cette
place d'honneur, inévitablement flanquée de deux candélabres
plus ou moins robustes, et, comme points intermédiaires, de
deux coupes, de deux brûle-parfums, de deux groupes en
porcelaine ou en biscuit, enfin, quand l'étendue de la tablette
le permettait, précédée d'un baguier ou d'une soucoupe en
vieux chine, en vieux saxe ou en vieux sèvres.

Aujourd'hui, on commence à renoncer à cette ordonnance,
considérée pendant trop longtemps comme classique, et l'on

remplace, parfois avec avantage, la pendule par une œuvre d'art. Reconnaissons que cette œuvre d'art, quand elle est soigneusement choisie, est mieux à sa place au centre de la cheminée, car les pendules étant généralement bâties en façade ont tout à redouter d'une glace indiscrète, révélant les imperfections forcées de parties, qui n'ont point été construites pour braver les regards. Ajouterons-nous encore que cette ordonnance, que nous étions amenés à l'instant à qualifier de classique, bien loin de pouvoir se prévaloir de cette consécration spéciale que le temps apporte toujours avec lui, est d'une institution relativement récente: Consultez la série des cheminées dessinées par Bérain. Le plus grand nombre

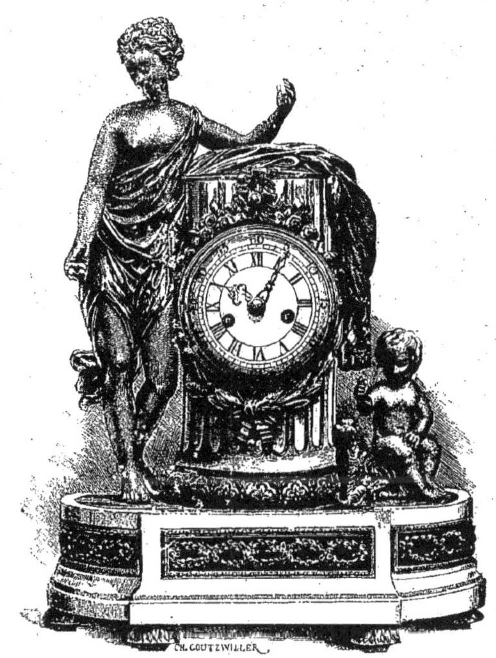

Fig. 118. — Pendule Louis XVI, en porcelaine et bronze doré (château de Versailles).

non seulement n'est pas construit en vue de porter des pendules ou d'autres garnitures, mais la forme même du chambranle, les ondulations du manteau, éloignent toute idée de ce genre; et dans les rares projets de cette époque, où la pendule apparaît sur ce chambranle, elle est directement liée à son architecture et fait corps avec lui.

C'est seulement à la fin du siècle dernier que l'usage de

placer des pendules sur les cheminées se généralisa, et l'on s'en plaignit tout d'abord. « On met des pendules sur toutes les cheminées, écrit Mercier qui fut témoin de cette innovation[1], c'est une mode lugubre. Il n'y a rien de si triste à contempler qu'une pendule. Vous voyez votre vie s'écouler pour ainsi dire, et le balancier vous avertit de tous les moments qui vous sont comptés et qui ne reviendront plus. »

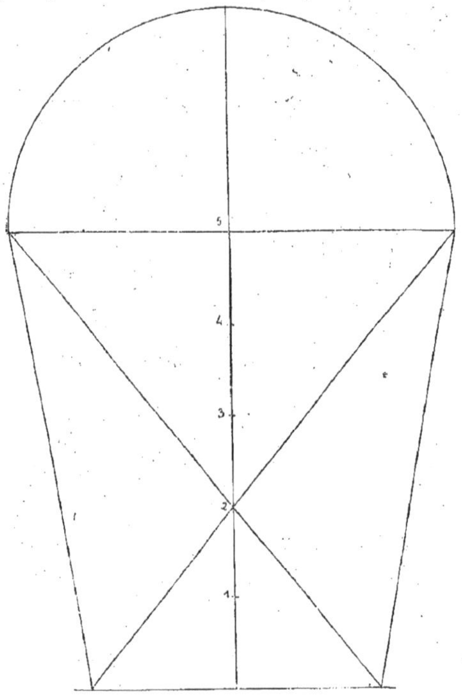

Avant ce temps, la pendule, enfermée dans une longue gaine, était logée au centre d'un trumeau, ou suspendue sur son socle au milieu d'un panneau, ou encore placée sur quelque meuble. Parfois même elle manquait, et il était en France bon nombre de pays où ses services étaient radicalement ignorés[2].

Fig. 119. — Diagramme du candélabre.

1. *Tableau de Paris*, tome XII, page 170.

2. Témoin l'aventure singulière que rapporte Mme de Sévigné, et dont le héros fut un curé breton. « Ce curé avoit reçu, devant ses paroissiens, une pendule qu'on lui envoyoit de Paris. Ils se mirent tous à crier en leur langage que c'étoit la *gabelle*, qu'ils le voyoient fort bien. Le curé, habile, leur dit sur le même ton : « Point du tout, mes enfants, vous ne vous y connoissez pas, c'est le *jubilé*. » En même temps les voilà tous à genoux » (*Lettres de Mme de Sévigné*, tome III, p. 60, 24 juillet 1675). Aujourd'hui, même en Allemagne, ces méprises ne seraient plus possibles.

Un autre argument qu'on peut encore faire valoir, pour substituer des œuvres d'art d'un réel mérite, et dignes d'être contemplées sous toutes leurs faces, à des pendules toujours imparfaites d'un côté, c'est que rien n'est plus désagréable que d'entendre sonner deux, trois ou quatre fois la même heure à quelques minutes d'intervalle, ce qui ne manque guère d'arriver quand les pendules sont nombreuses dans un appartement, car il est bien rare qu'elles marchent d'accord ; et le plus souvent, en effet, il leur arrive, comme aux montres du maréchal de Richelieu, de ne pouvoir jamais s'entendre.

Faisons donc en sorte, si nos pendules sont nombreuses, qu'elles soient au moins discrètes, car la répétition d'une même heure est comme une

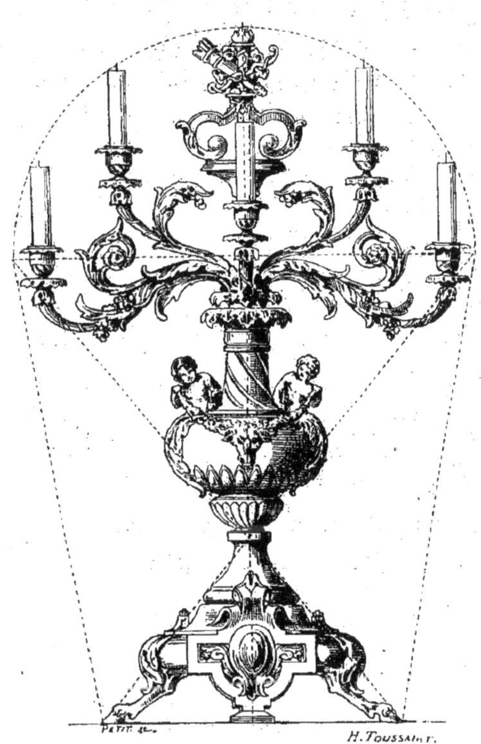

Fig. 120. — Le candélabre dans son diagramme.

invitation à nos visiteurs de ne pas oublier le temps qui fuit. C'est comme une recommandation pressante de nous souvenir que la vie s'écoule irréparable. Quant aux autres pièces, qui dans la garniture de cheminée figurent également à l'état fondamental, comme les chandeliers, les coupes, les candélabres, elles doivent se rattacher comme style à la pendule, et, lorsque celle-ci fait défaut, à l'esprit qui a présidé à la décoration générale de la cheminée.

Nous avons déjà parlé des chandeliers. Pour les candélabres, nous nous bornerons à faire remarquer qu'on doit surtout prendre garde que leur base soit assez large, leur assiette assez solide, pour éviter à l'œil et à l'esprit toute sorte d'inquiétude. Il est peu de spectacles qui soient plus fatigants, plus obsédants, que la vue d'un groupe de lumières mal d'aplomb et qui semble prêt à s'écrouler. Pour la solidité de l'assiette, on fera bien de se rapporter aux proportions que nous avons indiquées pour les tables, guéridons et consoles, et d'exiger que la base représente à peu près les deux tiers de l'écartement total des branches (voir fig. 119); quant au développement des lumières, il peut être limité par un arc de cercle prenant le plus grand écartement des branches comme diamètre (voir fig. 120).

On voit, par ces rapides explications, que le métal, quoique son emploi dans l'habitation soit réduit à un nombre restreint d'applications et limité à des spécialités parfaitement définies, ne laisse pas que d'y jouer encore un rôle très important. Nous avons donc sagement agi en le plaçant immédiatement après le bois, et en lui assignant la seconde place dans nos études.

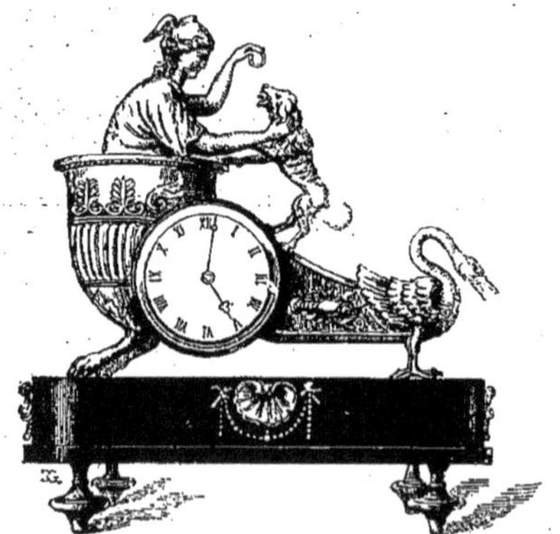

Fig. 121. — Pendule style Empire. (Exemple condamnable.).

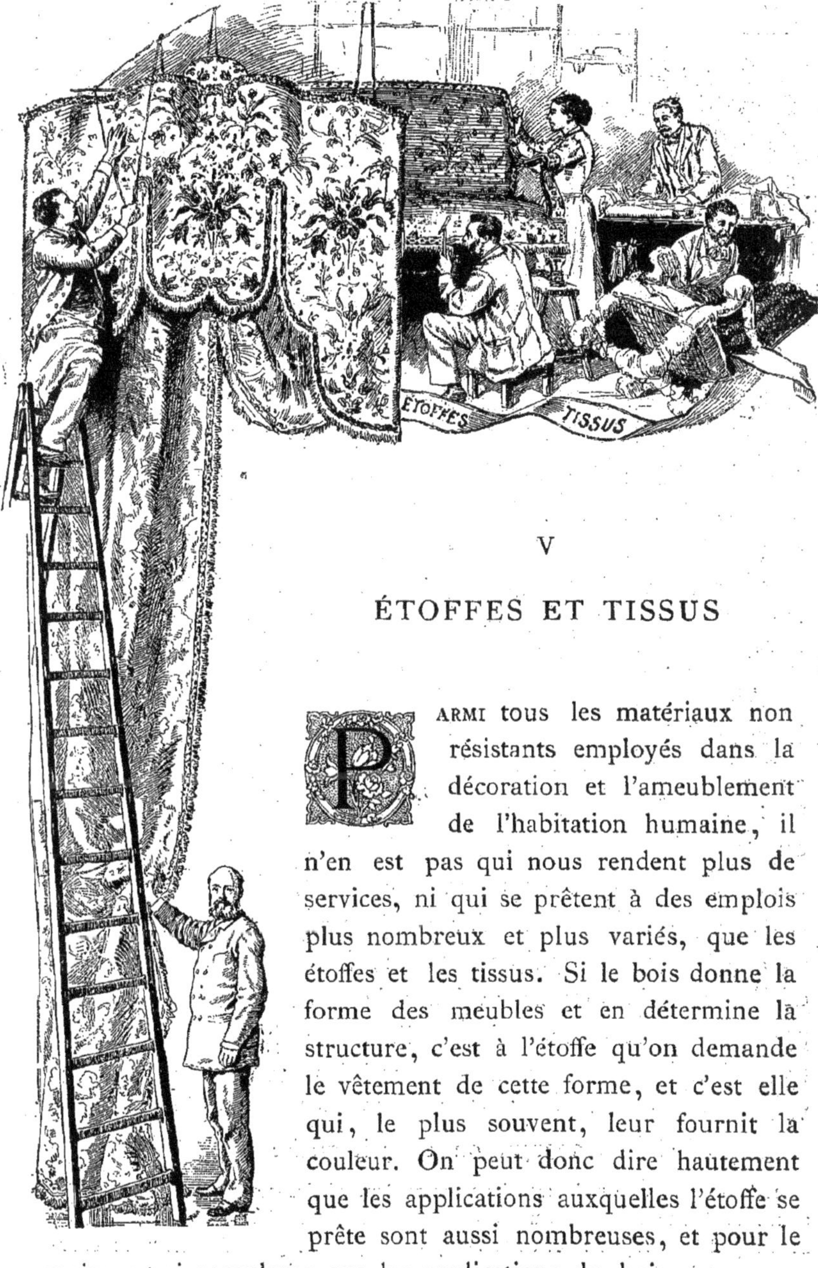

V

ÉTOFFES ET TISSUS

ARMI tous les matériaux non résistants employés dans la décoration et l'ameublement de l'habitation humaine, il n'en est pas qui nous rendent plus de services, ni qui se prêtent à des emplois plus nombreux et plus variés, que les étoffes et les tissus. Si le bois donne la forme des meubles et en détermine la structure, c'est à l'étoffe qu'on demande le vêtement de cette forme, et c'est elle qui, le plus souvent, leur fournit la couleur. On peut donc dire hautement que les applications auxquelles l'étoffe se prête sont aussi nombreuses, et pour le moins aussi complexes que les applications du bois.

I. — 24

Ce dernier, en effet, se manifeste-t-il, à nos pieds, sous forme de parquet, l'étoffe y apparaît, elle aussi, sous forme de tapis et de carpettes. Meuble-t-il le plafond de ses poutres et de ses caissons, elle peut le dissimuler sous une tenture agréable. Comme lui, elle couvre nos murailles, bouche nos portes, encadre nos glaces, enveloppe nos cheminées. Elle s'associe à lui dans la confection de nos sièges, et s'il lui arrive d'être tenue à l'écart de certains meubles importants, pour d'autres elle les habille si complètement, qu'elle dissimule le bois au point de le rendre méconnaissable. Enfin, poussant jusqu'au bout son rôle de coloriste, elle se réserve le soin de tempérer la lumière et de régler l'entrée du jour.

Son rôle, on le voit, est si considérable, les applications auxquelles elle se prête sont tellement variées, que si, par aventure, on supprimait tous les tissus, il deviendrait impossible de concevoir, en notre temps et sous nos climats, une habitation qui pût être à la fois élégante et confortable.

Ajouterons-nous qu'il est fort peu d'étoffes qui ne trouvent leur emploi dans le mobilier contemporain ? Depuis les plus belles jusqu'aux plus vulgaires, presque toutes y ont leur place marquée, et ne demandent, pour satisfaire à nos besoins ou pour égayer nos yeux, que d'être employées avec discernement, avec esprit, en un mot, avec art. Depuis les merveilleuses tapisseries lamées d'or et d'argent, qui sont la gloire de nos Gobelins, depuis ces velours épinglés ou bouclés, qu'on désigne sous le nom de « velours de Gênes », depuis les lampas et les brocatelles, qui sont l'honneur de notre fabrication lyonnaise, jusqu'au plus humble treillis [1], tous les tissus peuvent être utilement employés à la décoration de notre demeure.

Par ce simple aperçu, on conçoit quelle place énorme les

---

1. Le treillis teint uniment, dans une couleur généreuse, le bleu, par exemple, peut fournir sur la muraille un repoussoir à des œuvres d'art du plus haut mérite. Brodé de laines voyantes et de soies tapageuses, il compose des tentures charmantes et très artistiques.

étoffes doivent tenir dans nos préoccupations, et cependant l'espace que nous leur consacrerons dans cette première partie sera relativement de peu d'étendue. Cela s'explique.

En premier lieu, les étoffes sont ce que le public choisi, auquel ce livre est destiné, connaît le mieux, la matière sur laquelle les dames surtout sont particulièrement compétentes. En second lieu, nous estimons qu'il serait oiseux d'entrer dans les détails, souvent fort compliqués et parfois très obscurs, relativement à une fabrication, qu'il ne sera jamais donné à aucun de nous de diriger, ni même de contrôler d'une façon efficace.

Ici, en effet, il ne s'agit plus de formes ni de contours, ayant un lien direct avec notre personne, ou qui blessent et contrarient notre corps dès qu'ils sont mal conçus.

Toute étoffe assez rugueuse pour froisser nos muscles ou pour égratigner notre épiderme devant, dès le principe, être écartée et bannie, il ne saurait plus être question que de la qualité des tissus employés, de leurs couleurs ou des dispositions décoratives qu'ils présentent. Le point unique, qui doit nous préoccuper, est, par conséquent, l'emploi judicieux de chaque étoffe, son appropriation à l'usage que le goût lui assigne, et l'heureux choix des couleurs et des dessins qui doivent parer notre logis. Or, ce choix heureux, cette appropriation judicieuse, s'imposeront à nous lorsque nous nous occuperons en détail de chacune de nos pièces. Pour le moment, nous nous bornerons à passer simplement la revue des étoffes les plus spécialement employées dans l'ameublement, et à présenter quelques observations concernant leur fabrication et leur mise en œuvre.

Les étoffes transparentes. — On doit logiquement, au point de vue de l'emploi, diviser les étoffes d'ameublement en deux grandes classes : les étoffes transparentes, comprenant les tissus légers, **qui** sont utilisés dans le mobilier, comme le voile dans la parure, et tempèrent l'ardeur du jour ou l'éclat des couleurs, et les étoffes de fond qui arrêtent la lumière, la reflètent ou la rayonnent, et prennent l'apparence résistante et solide des surfaces qu'elles sont chargées de recouvrir.

Les étoffes transparentes sont naturellement les moins nombreuses. Leur rôle, quoique très important, nous le verrons bientôt, semble au premier abord quelque peu accessoire. Elles sont surtout utilisées dans les garnitures de fenêtres, soit comme rideaux de vitrage, soit comme stores, soit même comme grands rideaux et dans la parure intérieure du lit, pour ménager une sorte d'agréable transition entre le blanc un peu froid du linge et les chaudes colorations des draperies.

Les principales étoffes transparentes usitées dans l'ameublement sont, d'une part, la mousseline, le tulle, la guipure et le filet; d'autre part, le foulard et le taffetas.

La MOUSSELINE est rarement employée unie. On la choisit généralement *brochée*, c'est-à-dire ornée de rayures, de quadrillages ou d'ornements plus ou moins compliqués, obtenus par le métier à la Jacquard. Plus souvent encore, on la préfère *brodée* à la main, ou à *applications*, c'est-à-dire découpée à jour avec les découpures remplies par des morceaux de tulle. Grâce à ces moyens bien primitifs, bien simples, bien anciens, bien restreints, — la broderie et l'application, — on arrive à composer des stores et des rideaux qui sont de véritables œuvres d'art.

On donne le nom de GRENADINE à une mousseline plus claire, et cependant plus forte et plus soyeuse que la mousseline ordinaire. On l'emploie et on la décore de la même façon.

Le TULLE est fait de fils de coton, et parfois aussi de fils de soie, dont les mailles, moins serrées que celles de la mousseline, forment un tissu plus léger, plus transparent, plus vaporeux. On fait des rideaux de tulle uni, garni de volants de pareille étoffe ou même de dentelles; on fait également des rideaux de tulle brodé. Le tulle est souvent, dans un même rideau, associé à la mousseline. Il forme les parties claires du dessin, la mousseline les parties foncées.

On compte deux sortes de GUIPURES : la guipure à la main et celle au métier. La première est de beaucoup la plus chère, elle est aussi de beaucoup la plus belle et la plus artistique. La main, n'ayant pas à obéir aux mêmes exigences d'équilibre

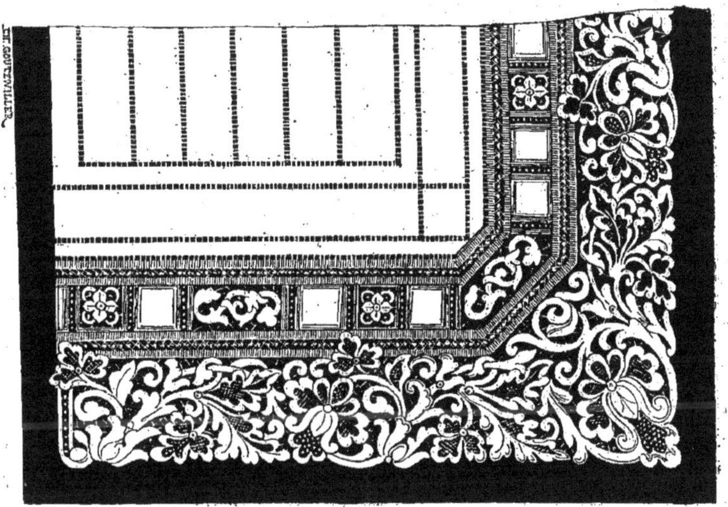

Fig. 123. — Coin de store en guipure à la main, exécutée par M. Lefébure.

et de pondération que la machine, peut mieux interpréter un dessin conçu et exécuté en vue d'une destination spéciale. Même lorsqu'elle pèche un peu par la perfection de la facture, la guipure à la main reste encore infiniment plus élégante et plus spirituelle, qu'on nous permette ce mot, que la guipure fabriquée à la pièce, dont l'aspect est toujours un peu banal. Ses défauts de fabrication, l'irrégularité de ses mailles, les incorrections de certains points, tournent même à son avantage, et lui communiquent un charme, une saveur spéciale, que n'offrent point, à un égal degré, les bandes et les rideaux exécutés par des procédés mécaniques.

Mais la rareté relative de ces guipures, le long temps qu'elles exigent comme fabrication, leur prix élevé, ont rendu presque général l'emploi des guipures faites à la machine. Fabriquées à l'aide de métiers, d'une dimension proportionnée à la taille des rideaux qu'on veut avoir, ces guipures présentent, quand on les prend dans les bonnes qualités, une solidité et une finesse suffisantes. Grâce à l'heureuse entente de certains de leurs dessins, elles peuvent encore, étant bien choisies et employées avec goût, concourir agréablement à la décoration générale de l'appartement où elles trouvent place.

Quelques privilégiés parviennent à se procurer, parfois, des bandes de guipures anciennes, dites « guipures de Venise » ou « de Naples ». Généralement, les heureux possesseurs de ces raretés serrent ces admirables tissus dans des vitrines, et, ce faisant, ils ont grandement raison. Quand nous arriverons à l'étude des fenêtres et de leurs garnitures, nous découvrirons, en effet, que l'institution des rideaux de vitrage et des stores transparents est une création essentiellement moderne. Les guipures anciennes n'ont donc pu être fabriquées en vue d'un emploi spécial, qui n'existait pas au temps où elles virent le jour, et qui, pour produire un bon effet, réclame des conditions de facture toutes particulières. Combinées pour être posées à plat et considérées sur un fond de satin ou de taffetas, les guipures de Venise n'ont généralement aucune des qualités requises pour être regardées par transparence, et perdent, ainsi employées, le plus essentiel de leur beauté.

La guipure à la main n'est guère usitée seule, pour former toute la largeur du rideau. La richesse de ses luxuriants dessins, s'étendant sur toute la superficie d'une fenêtre, pourrait paraître excessive. En outre, son rôle serait en partie dénaturé, car le rideau de vitrage, le store et le grand rideau transparent n'ont pas seulement pour but de tamiser la lumière du dehors et de la rendre moins crue ; leur devoir est encore de protéger les grands rideaux opaques, les tentures et les tapis, contre les rayons du soleil et contre les ardeurs du jour qui dévorent tout ce qu'ils frappent avec persistance.

La distribution des parties claires et des parties pleines, dans un rideau de vitrage comme dans un store, n'est donc pas une affaire de fantaisie et d'arbitraire. Suivant l'exposition de la pièce, suivant la quantité du jour qu'on veut admettre chez soi, suivant la largeur des baies et les parties de mobilier qu'on veut garantir, on doit faire varier l'emplacement des *pleins* et des *déliés*, si l'on peut dire ainsi. Toutefois, pour la bonne harmonie de l'ensemble, il est nécessaire de prendre immédiatement un grand et irrévocable parti : ou bien il faut reléguer aux bords du rideau la guipure, en conservant le milieu pour la partie pleine, ou, au contraire, on doit former le cadre avec le tissu le plus épais, et conserver pour le centre la guipure ajourée.

Le choix entre ces deux partis est le plus souvent déterminé, cela se comprend, par une foule de raisons spéciales, dans le détail desquelles il ne nous est pas permis d'entrer à cette place, mais dont le lecteur saura certainement comprendre l'importance.

Le FILET, qui se rapproche beaucoup, comme aspect, de la guipure ancienne, est également fabriqué à la main. Toutes nos lectrices en ont vu faire. Généralement c'est par bandes ou petits carrés que le filet se fabrique. On fait alterner ces bandes ou ces carrés avec d'autres bandes de taffetas ou de foulard.

Si le foulard ou le taffetas (parfois même le satin) sont le plus souvent employés pour relier les bandes ou les carrés de filet, c'est à l'ÉTAMINE qu'on a généralement recours pour former les *pleins* dans les rideaux de guipure. On donne le nom d'étamine à une étoffe très claire, analogue à celle dont on fa-

brique les drapeaux. Seulement, l'étamine qu'on associe à
guipure n'est pas en laine, elle est en fil, et comme ce fil est *câ*
ou *retors,* il en résulte un tissu très solide.

Le TAFFETAS de soie et le FOULARD, généralement teints
rouge, s'emploient aussi pour faire des stores. La lumi
qu'ils tamisent s'échauffe en les traversant, et vient commu
quer à l'appartement qu'ils abritent une joyeuse rutilan

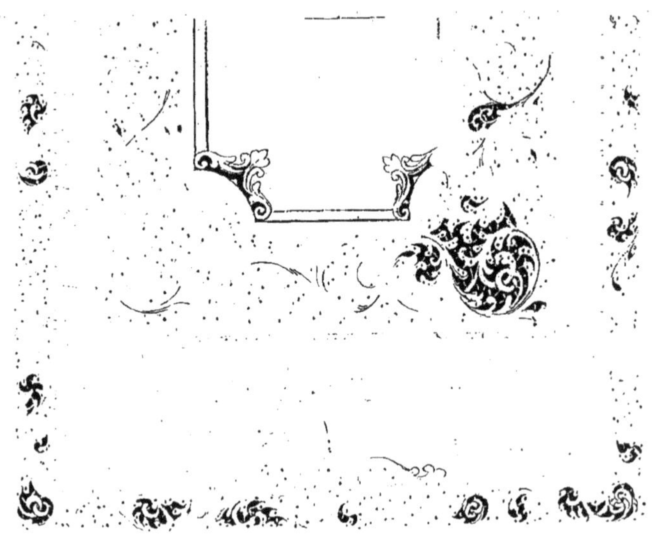

CH. GOUTZWILLER

Fig. 124. — Rideau de vitrage en guipure à la main, exécutée par M. Lefébure.

Sous la Restauration, on a fabriqué des taffetas blancs si
si délicats, qu'on les pourrait comparer à une mousselin
soie. Ajourés avec goût, ces taffetas formaient des stores
riches, très souples, fort élégants et d'une remarquable légè
De nos jours on emploie encore, pour le même usage,
damas de soie couleur crème, mais dont l'aspect, toujour
peu brouillé, est moins satisfaisant.

Une remarque à faire avant de terminer, c'est que l'in

trie de ces étoffes transparentes est celle où les traditions d'art
et de bon goût se sont le moins perdues, et ont été le moins
compromises par la substitution, toujours dangereuse, du métier au travail à la main.

Étoffes de fond. — De tous les tissus de fond employés
dans l'ameublement, le plus noble, s'il m'est permis d'employer ce mot, et, en tout cas, le plus ancien, le plus princier
et le plus artistique, c'est la Tapisserie. Dès la plus haute antiquité, la tapisserie a été considérée comme la parure somptuaire par excellence des appartements et des palais. « Chez
les anciens, écrit M. E. Müntz [1], voulait-on donner à une
fête, une solennité religieuse, mariage royal, funérailles, entrée
triomphale, le plus grand éclat qu'elle comportât, c'était à la
tapisserie que l'on recourait. » Le moyen âge, lui aussi,
s'adressait à elle et requérait son concours avec non moins
d'ardeur. Non seulement nos ancêtres faisaient largement par-
ticiper la tapisserie à la décoration intérieure de leurs maisons,
mais encore, aux époques des grandes fêtes religieuses ou sou-
veraines, elle jouait un rôle décisif dans la décoration extérieure des rues et des places. Il faut voir avec quelle admiration les vieux chroniqueurs, Olivier de la Marche, Chastellain,
Robertet, parlent de ces « rues tendues et encortinées, de haut
en bas » où l'on ne voyait « maison nulle part ne à peine le
ciel par en hault ». Ce débordement de tapisserie persista chez
nous jusqu'à la fin du siècle dernier, et Louis XV, dont le
garde-meuble royal ne possédait pas moins de vingt-quatre
mille aunes de tapisseries [2], put encore voir, à son retour de
Fontenoy, toutes les rues tendues depuis la porte Saint-Martin,
par où il fit son entrée, jusqu'à la place du Carrousel [3].

1. *La Tapisserie*, par E. Müntz. Paris, A. Quantin, éditeur.
2. Mercier, *Tableau de Paris*, tome XII, page 67.
3. De Luynes, *Mémoires*, tome VI, page 47.

Dans l'intérieur des maisons, la place qui était assignée à ces riches tissus était une place d'honneur. On avait pour eux le respect qu'inspirent toujours aux gens de goût les choses belles et précieuses, et il ne serait venu à l'idée de personne de leur faire subir ces mutilations qui sont devenues si communes de nos jours[1]. Les tapisseries comptaient, en effet, dans la fortune de leurs possesseurs. Les rois les faisaient rechercher à l'étranger par des agents spéciaux, et, si nous consultions les Comptes de la Couronne, nous verrions François Ier acquérir en 1528, d'un marchand d'Anvers, au prix de 4,460 livres tournois, une tenture « de Loth et Constantin, faicte sur soye et or[2] ». Une autre tenture, représentant « l'histoire de Jéroboam », était payée par ce même roi 8,860 livres. En 1538, il achetait, encore à un marchand de la ville d'Anvers, une « histoire de Josué » d'après les cartons de Raphaël, au prix de 15,440 livres tournois, et à la même époque il faisait exécuter à Bruxelles neuf autres tentures d'une valeur aussi considérable[3]. Ces prix, au reste, ne sont pas pour nous surprendre. En fouillant les anciens *mémoires*, nous rencontrons la mention d'une foule de simples particuliers qui possédaient des tapisseries aussi coûteuses. Ici, c'est le receveur Bétaud qui a une tapisserie de dix mille livres[4]; là Mme de Moncy qui donne à son frère « une belle tapisserie de la *Décollation de saint Jean*[5] qui vaut deux mille

1. Tallemant cite nombre de particuliers et notamment le receveur Bétaud « qui avoit une tapisserie de dix mille livres à vendre, parce qu'elle étoit trop haute pour sa maison. » (Voir Tallemant des Réaux, *Historiettes,* tome VI, page 40.) Aujourd'hui on couperait cette tapisserie et on la réduirait à la taille de l'appartement.

2. Lacordaire, *Notice historique sur les manufactures impériales de tapisserie des Gobelins,* p. 16. Paris, 1855.

3. Un « Rolle signé de la main du Roy à Paris, ce xvij[e] jour de janvier 1533, » et conservé aux Archives nationales, nous apprend que c'est Francisque Boulongne qui était chargé de ces négociations.

4. Tallemant, *loc. cit.,* tome VI, page 40.

5. Lettre à M. de Grignan, 16 octobre 1689, dans les *Lettres de Mme de Sévigné,*

pistoles ». En 1755, Mme de Mazarin n'hésitait pas à léguer à la princesse de Rohan la jeune « trois beaux morceaux de tapisserie provenant du cardinal de Mazarin [1] ». Enfin, n'oublions pas que la fondation des Gobelins compte, encore de nos jours, parmi les plus beaux titres de gloire de Louis XIV.

Si nous avons rappelé ces antécédents magnifiques, c'est pour bien établir de quel respect est digne ce bel art, devenu en quelque sorte un art national.

On compte deux sortes de tapisseries : la tapisserie au point ou à l'aiguille et la tapisserie au métier. Quoique les procédés de fabrication de ces deux genres de tapisserie n'offrent, entre eux, que des rapports très lointains, on les comprend cependant sous une seule et même désignation, parce que, dans l'un comme dans l'autre genre, les figures ou les ornements font partie inté-

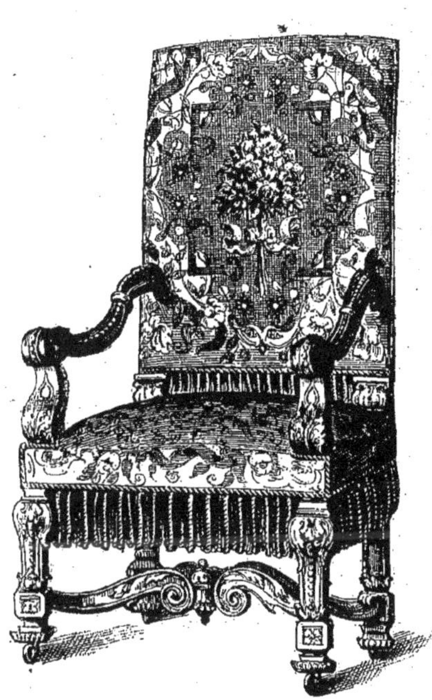

Fig. 125. — Fauteuil Louis XIV, couvert de tapisseries à la main (château de Fontainebleau).

grante du tissu, et ne sont pas, comme dans les étoffes brodées ou brochées, superposées à un tissu déjà existant. En outre,

tome VIII, page 31. Les prix très élevés de la tapisserie s'expliquent par la nature même et la difficulté du travail. Aux Gobelins, par exemple, un *hautelissier* ne produit en moyenne que 28 centimètres carrés par jour, soit un peu plus de 8/10 de mètre carré par année de 300 jours de travail. Chaque mètre carré revient ainsi à l'État à plus de 2,000 francs, rien que de main-d'œuvre.

1. De Luynes, *Mémoires*, tome XIV, page 217.

ce qui distingue la tapisserie des étoffes tissées, c'est qu'elle constitue toujours une œuvre originale, faite à la main, et non pas un ouvrage obtenu au moyen d'un mécanisme plus ou moins ingénieux, mais répétant à l'infini le même motif.

La Tapisserie au point, dont nous avons tous vu exécuter quelque morceau plus ou moins vaste, plus ou moins artistique, se brode sur un canevas tendu sur un métier. Jadis ces sortes d'ouvrages étaient très en faveur dans la plus aristocratique société. Nous avons dit plus haut que Marie Leczinska offrit à Mme de Luynes un meuble brodé de ses royales mains, et qu'un tapis exécuté par Marie-Antoinette fut longtemps à vendre chez un marchand d'ameublements. « Nous travaillons l'après-dînée à deux bandes de tapisseries, que Mme de Carman me donna à Chaulnes, » écrit Mme de Sévigné[1]. — « Mme de Puisieux, couchée sur une chaise longue, travaillait au métier, brodait au tambour, » écrit Mme de Genlis[2]. Non seulement les plus nobles châtelaines exécutaient ainsi, elles-mêmes, des ouvrages de prix, mais les nombreuses dames de compagnie et les femmes de chambre, prêtant à leurs maîtresses un utile secours, aidaient, en brodant les fonds, à la confection de ces surfaces considérables, achevées en un temps relativement très court. On peut même ajouter que Mme de Maintenon poussa dans ce sens l'esprit d'entreprise à ses dernières limites. Cette dame s'associa, en effet, pour ce genre de travaux les jeunes demoiselles qu'elle avait réunies à Saint-Cyr, et le point excessivement fin qu'exécutaient ces nobles ouvrières conserve encore, depuis deux siècles, le nom de cette maison.

Après cela, semble-t-il, on s'explique plus facilement l'étonnante perfection de certains ouvrages anciens, perfection qui surprend et confond, de nos jours, les gens même du métier[3].

1. Voir *Lettres*, tome VII, page 423.
2. *Mémoires*, page 75.
3. Voir notamment le *Dictionnaire du tapissier*, par J. Deville, page 144.

Au dix-septième siècle, la tapisserie au point était, pour les personnes les plus riches et les plus puissantes, une affaire de haute conséquence, et les belles dames de la cour, qui mettaient leur amour-propre dans ces délicats travaux, devaient trouver dans les artistes les plus éminents de l'époque et chez les industriels les mieux outillés des collaborateurs se faisant un devoir de leur prêter un concours intelligent et efficace. De là, non seulement la perfection des dessins, la pureté des ornements, mais aussi le choix et la variété des laines et des soies, la profusion des fils d'or et d'argent, qu'on trouve dans ces beaux tissus.

La tapisserie au point n'est guère susceptible, toutefois, que d'ouvrages d'une étendue limitée, de garnitures de meubles, par exemple, de coussins, de tapis. Déjà, pour les rideaux, elle ne peut et ne doit être employée que par bandes. Pour la décoration murale, elle ne convient que dans les encadrements.

La Tapisserie au métier est fabriquée, elle aussi, à la main, mais sur une chaîne. Elle est dite de haute lisse, lorsque la chaîne est dressée verticalement; de basse lisse, lorsque la chaîne est disposée d'une façon horizontale. Les produits de ces deux modes de fabrication se ressemblent tellement, qu'à la vue de l'ouvrage achevé les plus experts ne peuvent pas toujours décider s'il a été fait à haute ou basse lisse. La haute lisse est considérée cependant comme plus artistique, parce que l'ouvrier, ayant son carton derrière lui, est obligé de conduire son travail de mémoire, et par conséquent d'être, comme dessinateur et comme coloriste, d'une habileté consommée. Quand au contraire la chaîne est tendue horizontalement, le carton placé sous elle sert de guide naturel au tapissier, et le dispense d'une mémoire et d'une éducation artistique, dont son confrère de la haute lisse ne saurait se passer. En outre, toutes les tapisseries s'exécutant toujours à l'envers, il résulte de la disposition même de la chaîne, que le travail à la basse lisse, faisant face au dessin, en renverse toute la disposition, ce qui

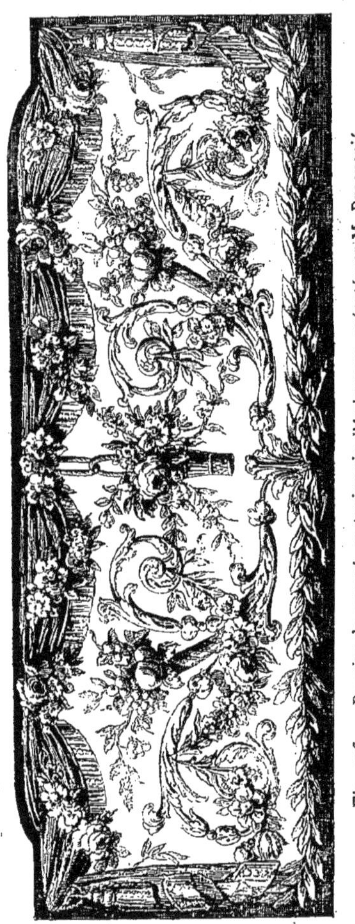

Fig. 126. — Dossier de canapé, en tapisserie d'Aubusson, exécuté par M. Braquenié.

parfois enlève à l'œuvre achevée une partie de sa beauté décorative. Malgré cela, les métiers de basse lisse sont exclusivement employés à Beauvais et à Aubusson, parce qu'ils ont l'avantage de permettre une main-d'œuvre plus rapide. Et, en effet, dans le travail de haute lisse, l'ouvrier ayant la main gauche employée à la recherche, à la séparation et à la croisure des fils, ne peut travailler que de la main droite. Dans le travail de basse lisse, l'ouvrier, faisant usage de pédales qui servent à croiser les fils, a ses deux mains libres et ses dix doigts à lui, pour passer dans la chaîne les *flûtes* chargées de fils de couleur. L'économie de temps qui résulte de cette liberté est d'environ un tiers. Les métiers de haute lisse sont seuls employés aux Gobelins.

Les tapisseries fabriquées à la haute ou à la basse lisse forment un tissu uni, serré, admirable de résistance et de grain, qui convient supérieurement pour les tentures d'appartement, les rideaux, les portières et les sièges. Pour couvrir le sol, on fabrique des tapis dits « genre Savonnerie » du nom de la manufacture où on les faisait plus spécialement jadis; ou encore « tapis de haute laine », ou tapis « genre Perse », « genre Smyrne », etc., quand les dessins et les couleurs sont inspirés par des modèles orientaux. Cette fabrication, quoique effectuée sur une chaîne verticale, diffère de la haute lisse en ce que le carton est fixé non plus cette fois derrière le tapissier, mais au-dessus de sa tête, et aussi en ce que celui-ci en reproduit le dessin au moyen d'une série de nœuds, fixés chacun sur deux fils de chaîne. Ces nœuds forment, en avant de la chaîne, des boucles dont le diamètre répond à la hauteur de laine qu'on désire donner au tapis. A l'aide d'un tranche-fil, on coupe ensuite ces boucles, et on les égalise au moyen de ciseaux.

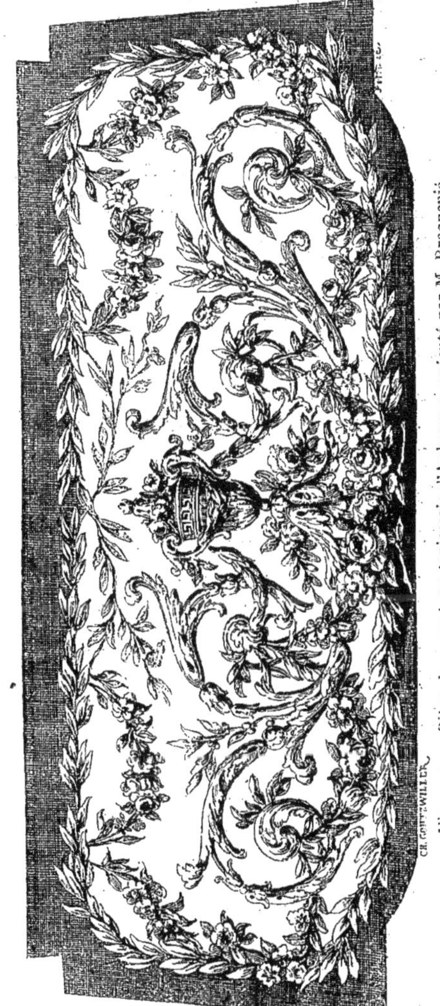

Fig. 127. — Siège de canapé, en tapisserie d'Aubusson, exécuté par M. Braquenié.

Ce genre de tapis, par son moelleux, — d'autant plus grand que la laine est plus haute, — est excessivement agréable au marcher. Il est, en outre, d'un plus long usage que les tapis ras et bouclés. Ne se prêtant bien qu'à exprimer des teintes plates, il convient mieux pour couvrir le sol, qu'une tapisserie unie à laquelle on est toujours tenté de faire signifier des reliefs. Ses teintes plus enveloppées, les contours qu'elles expriment moins nets et moins tranchés, forment enfin un ensemble plus assoupi, et qui met mieux en valeur les meubles dont est garnie la pièce. Par contre, il ne faut jamais appliquer ces sortes de tapis contre la muraille, où ils présenteraient une foule d'inconvénients, — celui, entre autres, de devenir des nids à poussière, sans offrir aucun autre avantage spécial.

Les tapisseries de haute et basse lisse étaient autrefois divisées en Histoires, Bocages, Verdures et Sujets, suivant qu'elles représentaient des scènes empruntées aux saintes écritures, à l'histoire ancienne ou à la mythologie, des bosquets ornés de personnages, des paysages verdoyants ou des attributs. Ces diverses représentations, auxquelles les artistes savaient conserver un caractère « interprétationnel » suffisant, formaient des tentures d'une richesse peu commune, et qui furent, pendant une suite de siècles, la décoration par excellence des palais et des châteaux. Nous savons à quelle date elles cessèrent d'être l'ornement habituel de nos logis, c'est au milieu du siècle dernier, quand les appartements réduisirent leurs proportions, et se modelèrent sur les besoins d'une société tout à fait moderne.

« On a banni des appartements ces tapisseries à grands personnages que les meubles coupoient désagréablement, et elles sont reléguées dans les antichambres, écrit Mercier dans son *Tableau de Paris*[1]. Le damas de trois couleurs et à compartiments égaux a pris la place de ces figures, qui, massives, dures et incorrectes, ne parloient pas gracieusement à l'imagination des femmes. »

De nos jours, chaque fois que les dimensions et les dispo-

1. Tome VI, page 57.

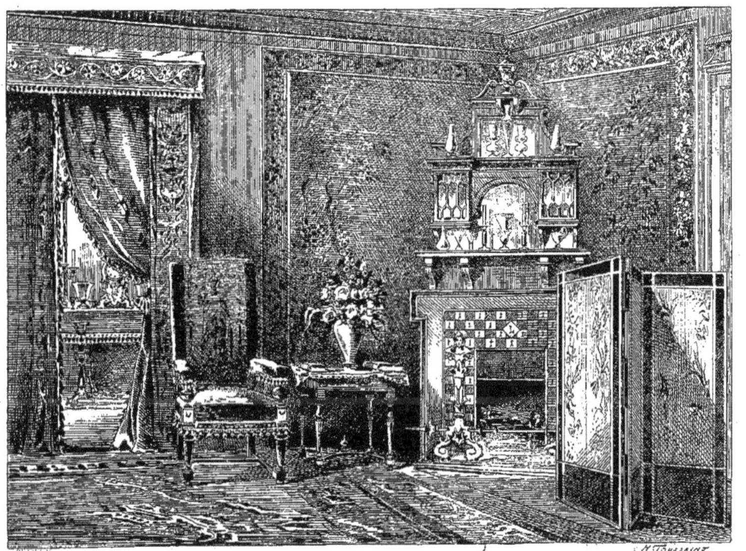

MEUBLES ET TENTURES EN TAPISSERIE

sitions générales de nos appartements le permettent, on peut revenir aux anciens errements, et employer les tapisseries comme tenture. Il n'en est pas de plus magnifique, et j'ajouterai que, pourvu qu'elles soient vieilles, il n'en est pas non plus, auxquelles on attache plus d'importance et plus de valeur. Mais encore faut-il, si on les prend anciennes, qu'elles soient choisies avec goût; car rien n'est plus ridicule que d'encadrer prétentieusement, dans les lambris dorés d'un salon, des ouvrages vulgaires, qui n'avaient été conçus et exécutés jadis que pour des antichambres.

De même, si l'on commande une tapisserie, on doit bien prendre garde non seulement à la finesse de l'exécution, mais au choix du sujet, et à la façon dont le comprendra l'artiste chargé de l'exécution du carton ou du modèle. Tout d'abord, il faut bien se pénétrer de cette vérité, que les idées relevant de la haute philosophie n'ont rien à voir dans un genre de décoration essentiellement somptuaire, destiné à charmer les regards, à distraire et à éblouir, bien plus qu'à instruire ou à émouvoir. La soie et la laine transformées par les mille ressources de la teinture, les fils d'argent et d'or, sont mal à leur place pour exprimer des idées austères ou pénibles. Donc, on devra se garder des sujets tristes. Dans les paysages, on répudiera les scènes d'hiver et les effets de neige, qui sont toujours absurdes et malséants dans un appartement, dont la température est constamment moyenne. On exigera que la nature ainsi traduite soit partout en fête. On évitera avec soin de donner aux personnages un modelé trop accentué, et on fera en sorte que l'intérêt ne se concentre pas sur un petit nombre de figures.

Sans que la pondération soit pour cela détruite, car elle est toujours nécessaire dans la décoration, exigez que l'éparpillement des acteurs et l'abondance des détails soient suffisants pour disperser l'attention; de cette façon votre tapisserie conservera sa véritable qualité de tenture. Enfin, le plus souvent qu'il vous sera possible, faites prédominer la partie purement ornementale. Accordez aux bordures toute l'importance dont elles sont susceptibles, et chaque fois que cela vous sera permis, préférez une composition fantaisiste, dans le genre de Bérain, à une réunion de personnages figés dans une immobilité, qui finit toujours par devenir agaçante. — Surtout, gardez-vous des tapisseries qui singent les tableaux.

Si, maintenant, de la muraille nous passons aux sièges, nous dirons : évitez avec soin tout ce qui sent de près ou de loin le *sujet*, ou le paysage. Rien n'est plus ridicule que de s'asseoir sur un moulin, ou de poser gravement les basques de son habit au milieu d'un torrent. Si vous faites intervenir la figure humaine, qu'elle soit toujours de très petite dimension, et que son caractère décoratif soit bien accentué par un encadrement de fleurs, de feuillages ou de rinceaux. Mais préférez, en tout cas, les attributs conventionnels, les guirlandes, les trophées, les cartouches qui se prêtent si bien à la décoration des petits espaces, qui accompagnent la forme et savent, en la parant, faire valoir le contour.

Avant d'en terminer avec les tapis et tapisseries, il nous faut encore parler d'une étoffe de laine tissée, croisée et coupée comme le velours, fort employée de nos jours pour tapis, quelquefois même pour meubles et pour tentures, et qui, comme apparence, présente de grandes analogies avec les tapis et la tapisserie. La MOQUETTE, c'est ainsi qu'on la nomme, doit l'importance qu'elle a prise dans l'habitation moderne à deux raisons : d'abord sa fabrication est mécanique ce qui permet de l'établir à bon marché; ensuite, étant divisée par bandes qui se raccordent, elle est plus facile à employer. En raison de la largeur des lés, dont on peut à volonté augmenter ou diminuer le nombre, elle offre, en effet, une élasticité de dimensions qu'on chercherait vainement dans les tapis ou tapisseries, qui, fabriqués d'un seul morceau et proportionnés à la grandeur de la pièce à laquelle ils sont destinés, conviennent assez mal aux habitudes vagabondes de notre temps.

On fait des moquettes de deux sortes, l'une épinglée, l'autre veloutée ; cette dernière est la plus répandue. On l'emploie, par bandes unies dans les escaliers, avec des dispositions plus ou moins riches dans les appartements. Décorée de dessins persans ou orientaux, la moquette, lorsqu'elle a une hauteur de laine suffisante et un nombre convenable de couleurs variées [1], convient parfaitement pour garnir une chambre et au besoin un salon. Elle présente même cet avantage sur le tapis de haute ou basse lisse que, composant par sa nature même un dessin courant, elle fait valoir les meubles à quelque place qu'ils se trouvent, tandis que la disposition rayonnante, qu'affectent la plupart des tapis à dimensions fixes, oblige presque toujours à une certaine symétrie dans la disposition des gros meubles et des sièges. Depuis quelques années, on a pris l'habitude d'encadrer les belles moquettes veloutées avec des bandes s'ajustant aux angles de la pièce, ce qui en relève encore l'éclat.

Il y a deux siècles, bien que les procédés de Jacquard fussent alors ignorés, et que les métiers qui la fabriquent actuellement ne fussent pas encore inventés, la moquette servait également de tenture. Mmes de Rohan, au commencement du règne de Louis XIV, avaient « un cabinet tout tapissé par haut et bas de moquette ». C'était là, ajoute Tallemant des Réaux, à qui nous devons ce détail, que « la haute société faisait ses conversations [2] ». De nos jours, on a essayé de ressusciter cet emploi, et l'on a produit, dans ce but, des spécimens d'une réelle beauté et d'un magnifique aspect. Mais le public, prévenu ou inattentif à ces essais, ne les a point encouragés, et cette tentative fort intéressante n'a pas eu les suites qu'on aurait pu en at-

1. On en fabrique qui comptent jusqu'à quatorze couleurs.
2. *Historiettes*, tome III, page 69.

tendre[1]. Le fait est d'autant moins explicable, qu'à trois pas ces belles moquettes simulent, à s'y méprendre, la plus riche et la plus somptueuse tapisserie.

Le Velours, dont le nom vient, au dire des étymologistes, du mot velu, est une étoffe tissée sur métier. Cette étoffe comporte deux chaînes. L'une de ces chaînes, appelée *chaîne de pièce*, forme le bâti ou corps de l'étoffe; l'autre, nommée *poil*, sert à lier le velouté avec la trame. On fabrique des velours d'ameublement en soie, en laine, en jute, en coton, ou en poil de chèvre. Cette dernière sorte, qui se confectionnait jadis à Utrecht, a conservé le nom de sa ville d'origine, de là son nom de *velours d'Utrecht*[2]. On donne aussi parfois aux velours de laine les noms de *pannes* et de *tripes*.

Le velours est l'un des plus anciens tissus qu'on ait fabriqués spécialement en vue de l'ameublement. « Belle, bonne, solide et honorable étoffe », comme le qualifiait une femme d'infiniment d'esprit[3], le velours a toujours joui d'une estime particulière. Dans les palais royaux, il a constamment eu sa place marquée autour du trône, en contact direct avec la personne du souverain. Teint en cramoisi, son emploi était jadis considéré comme un privilège princier. Tallemant raconte qu'une simple présidente, Mme de Toré, devint le scandale de Paris, pour s'être permis un pareil luxe. Tout le monde, nous dit-il,

1. On aurait dû cependant se laisser au moins intéresser par le bon marché de ces tentures. Les plus belles, en effet, ne dépassent pas cinquante à soixante francs le mètre carré, alors que les tapisseries ordinaires coûtent quatre fois davantage.

2. Des recherches fort curieuses faites dans les archives de l'Église wallonne, et qui me sont communiquées par un de mes amis de Hollande, tendraient à établir que le velours d'Utrecht est une importation française transplantée dans les Provinces-Unies par un de nos compatriotes, nommé Daniel Havart, réfugié en Hollande pour cause de religion. Ce fait, assez intéressant en lui-même, mériterait d'être éclairci.

3. « Feu Mme de Frène, célèbre par son bon esprit, disoit de ces sortes de familles que c'étoit du *velours rouge cramoisi*, c'est-à-dire une belle, bonne, solide et honorable étoffe. » (*Lettres de Mme de Sévigné*, tome X, page 67.)

fut chez elle « pour se moquer de sa tapisserie de velours cramoisi à crépines d'or[1] ». A Versailles, au temps de Louis XIV, le *grand appartement*, depuis la galerie jusqu'à la tribune, était meublé de velours cramoisi avec crépines et franges d'or[2]. Enfin, écoutons Mme de Sévigné : « Je suis logée comme une vraie princesse de Tarente, écrit-elle, dans une belle chambre meublée de velours cramoisi[3]. »

Pour enlever au velours son apparence trop solennelle et ses majestueuses prétentions, en même temps que pour varier son aspect, on lui a fait subir certaines façons qui facilitent son emploi, et lui ouvrent à deux battants les portes de nos habitations privées. Le velours, ainsi traité, prend le nom de velours frappé, ou ciselé, de velours cannelé, ou encore épinglé.

On donne le nom de VELOURS FRAPPÉ ou CISELÉ à un velours qu'on a fait passer entre deux rouleaux, l'un en bois, supportant un encollage, l'autre en cuivre, qui frappe et forme le dessin. Par cette impression, le velours reçoit une décoration plus ou moins compliquée formée de rinceaux ou de fleurs.

Le nom de VELOURS CANNELÉ est donné à un velours qui présente deux raies parallèles, l'une en velours plein, l'autre en velours ras ; et le velours est dit ÉPINGLÉ ou BOUCLÉ lorsque totalité ou partie des laines ou des soies tissées n'ont pas été coupées et sont demeurées à l'état de boucles.

Le velours de soie est le plus beau des velours, mais son prix relativement très élevé lui fait forcément préférer des qualités plus communes[4]. On fabrique cependant, sous le nom de

1. Tallemant des Réaux, *Historiettes*, tome III, page 123.
2. Franges et crépines qui, en 1699, furent volées d'une façon bien singulière et restituées d'une façon plus singulière encore. (Voir dans Saint-Simon, tome II, page 311, le récit de ce vol et de cette restitution.)
3. *Lettres de Mme de Sévigné*, tome VII, page 266.
4. C'est le haut prix du velours de soie qui explique et excuse la nature singu-

Velours de Gênes, une étoffe qui est entièrement de soie, dont le fond est satiné, et dont le dessin ou ramage est épinglé ou velouté. Il est peu de tissus d'ameublement qui soient plus magnifiques que cette étoffe. Suivant une expression du siècle dernier, quand ils représentent de beaux et riches bouquets, on appelle ces velours de Gênes « Velours a parterre ». A Choisy, écrit le duc de Luynes[1], le cabinet de la reine « étoit de velours à parterre assorti autant que possible au meuble de la chambre ».

Quand ils sont dessinés avec goût et fabriqués avec soin, les velours à parterre peuvent compter parmi les étoffes les plus superbement décoratives qu'on puisse imaginer. Mais, comme le prix de ces velours de Gênes s'élève souvent jusqu'à 80 ou 100 francs le mètre, il arrive qu'on les contrefait, et qu'au lieu de les tisser entièrement en soie, on fait la chaîne ou la trame (suivant les circonstances) en fil de coton ou de lin, et le fond en chape, c'est-à-dire en soie légère, dite de fantaisie. Inutile d'ajouter que l'étoffe ainsi contrefaite perd le meilleur de sa beauté et le plus pur de son éclat. La même observation s'applique au Velours de coton qu'on substitue parfois au velours de soie et qui, malgré l'habileté du fabricant, ne saurait avoir ni le toucher ni la finesse de son magnifique rival.

Les Peluches, dont on a singulièrement abusé dans ces années dernières, appartiennent aussi à la famille des velours. Étoffe souple, séduisante, chatoyante, la peluche est d'un emploi généralement brillant quand elle est utilisée en draperies, d'un usage déplorable quand on en veut garnir des sièges, des coussins, des tapis. Cette étoffe, en outre, manque de tenue et de sérieux. Se rapprochant trop des tissus d'habille-

---

lière de ce cadeau annuel de deux aunes de velours, que Mme de Tencin offrait comme étrennes, et pour se faire des culottes, aux hommes de lettres admis chez elle. (Voir *Notice sur Mme de Tencin*, en tête de ses œuvres publiées par M. Auger. Paris, 1820.)

1. *Mémoires*, tome VII, page 129.

ment, elle semble déplacée au milieu des tapisseries et des
velours, dont le premier mérite est d'être non seulement magnifiques, mais encore robustes et durables. On fera bien de
n'employer la peluche que très accidentellement, et seulement
comme rideaux, comme portières et comme fond, comme re-

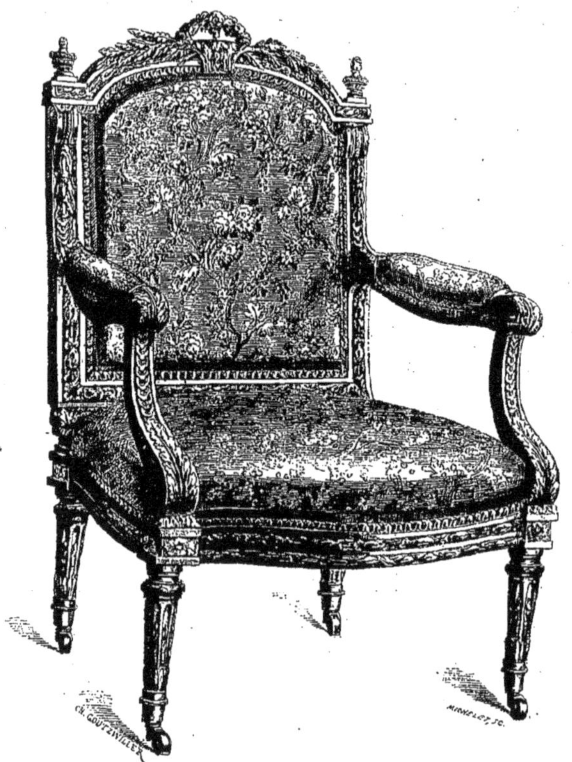

Fig. 128. — Fauteuil Louis XVI, à bois doré, couvert en brocatelle.

poussoir pour garnir des vitrines ou pour faire saillir des
objets d'art.

Étoffes de soie. — On comprend, sous ce nom, un certain nombre de tissus fabriqués de soie pure ou de soie mé-

langée de fil, de coton et quelquefois de laine. Les étoffes de soie usitées dans l'ameublement se divisent en DAMAS, en LAMPAS, en BROCARTS, en SATINS, en BROCATELLES, en REPS de soie, en TAFFETAS ou DAMAS DE LYON, en MARCELINES et FOULARDS.

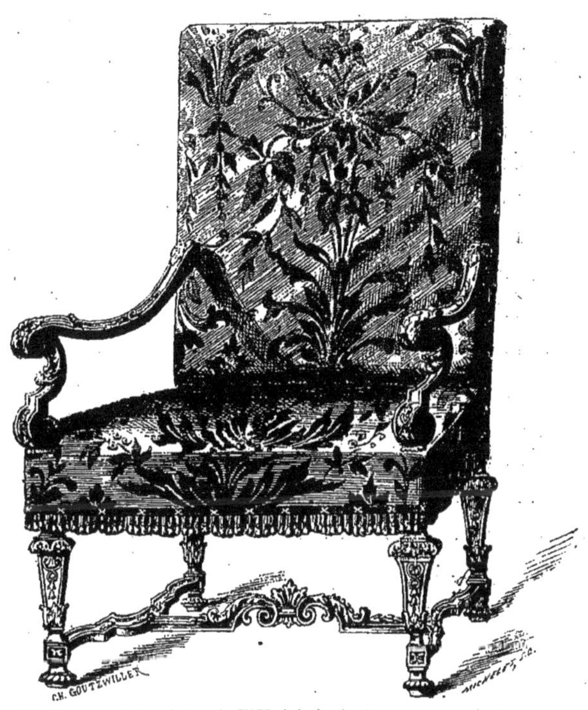

Fig. 129. — Fauteuil Louis XIV, à bois doré, couvert en damas de Lyon.

Le DAMAS DE SOIE, ou DAMAS DE LYON, est entièrement en soie; il est livré à l'acheteur sans apprêt, et sa solidité le fait rechercher pour les sièges, les rideaux, les tentures. Il possède un éclat que les autres étoffes de soie n'ont pas au même degré. Lorsqu'il est épais, ses fleurs ou rinceaux se détachent très crânement. Il est enfin à double face, et quand il est enfumé ou lorsqu'il est devenu gras, ce qui lui arrive presque toujours à la longue, non seulement on peut le nettoyer, mais encore le retourner, et il fait de nouveau un assez bon usage.

Sous le nom de DAMAS DES INDES, on fabrique un damas également de soie, mais plus large et plus léger que le damas de Lyon, et ne convenant guère que pour les rideaux et les tentures.

Les LAMPAS, ayant un fond satiné, sont encore plus chatoyants que les damas de Lyon. Les reflets de ce fond satiné, jouant entre les fleurs ou rinceaux du dessin, produisent des effets d'une richesse incomparable. Malheureusement, ces tissus ont un envers très prononcé qui ne permet pas qu'on les retourne. Les lampas sont composés comme le damas de Lyon, d'une chaîne et d'une trame de soie, mais ils comportent une seconde chaîne qui sert à rallier la trame, et la chaîne, qui sert à faire le fond de l'étoffe, est liée par une trame qu'on appelle *coup de fond*. Ce *coup de fond* doit être toujours en soie. Toutefois, il arrive que le fabricant, pour diminuer son prix de revient, l'établit en coton, ce qui altère souvent la beauté de l'étoffe et en réduit toujours la durée.

Les lampas se divisent à l'infini. On en fait en ton sur ton, et alors ils prennent le nom de DAMAS SERGÉ. On les fabrique également à plusieurs couleurs. On en produit de BROCHÉS, c'est-à-dire avec des fleurs ou des ornements tissés au moyen d'une navette spéciale, ou *lancés* avec une navette marchant dans toute la largeur de l'étoffe. Les lampas, employant un poids plus considérable de soie, et exigeant une façon plus coûteuse que les damas, sont naturellement plus chers.

On donne le nom de BROCART à des lampas fort riches, où l'or et l'argent se mêlent souvent à la soie.

La BROCATELLE présente de nombreux rapports avec le lampas. Chez elle aussi apparaît une double chaîne, mais le *coup de fond* est en fil de lin. Employant pour cette raison moins de soie que le lampas, la brocatelle coûte moins cher; mais, étoffe comprise d'une façon fort intelligente, elle n'est cependant inférieure ni comme qualité ni comme aspect, et peut rendre des services inappréciables. De même que le lampas, elle se fabrique en ton sur ton, ou à plusieurs couleurs tissées ou lancées. Dans certaines brocatelles, le décor se modèle en saillie, et rappelle de loin les beaux velours de Gênes.

Le Reps de soie, étoffe d'invention nouvelle, qui a remplacé la Popeline ou Côteline, ne s'emploie guère que pour rideaux. A l'inconvénient d'être raide il joint celui de se graisser facilement, son côtelé produit en outre des tons mats qui le rapprochent, comme aspect, des tissus de laine; toutefois, en raison même de ses effets éteints il peut avoir sa place indiquée dans certains ameublements.

Le Taffetas de soie, étoffe bien connue, est employé dans l'ameublement sous ses quatre formes principales, uni, sergé, broché, chenillé. Le taffetas, qu'on appelait autrefois Gros de Tours, ou Quinze-seize, parce que sa largeur était des quinze seizièmes d'une aune, est également tout soie. Fort usité sous le premier Empire et la Restauration, le quinze-seize a été à peu près abandonné depuis cette époque et n'est plus guère en usage.

On n'en peut pas dire autant du Satin. Qu'il soit tout soie ou mélangé, la richesse chatoyante de ses reflets séduit l'œil, et lui fait accorder, par les dames, une préférence que bien souvent ses qualités ne justifient guère. Étoffe essentiellement attrayante, lorsqu'elle est sur le comptoir du marchand, le satin abdique son éclat dans les plis réguliers d'un rideau ou d'une portière, et devient presque toujours fade lorsque, formant tenture, il s'étale sur la surface d'une muraille.

Pour le remettre en valeur, il faut l'entourer de broderies ou le soutacher de passementeries riches et voyantes, c'est-à-dire le pourvoir d'un encadrement délicat et coûteux, qui risque de se trouver promptement sacrifié, car le satin est peut-être l'étoffe la plus susceptible de toutes celles qu'on emploie dans l'ameublement. Le seul moyen de lui conserver sa brillante saveur est de le faire jouer dans les plis complexes et habilement cassés d'un capitonnage rehaussé de boutons voyants. Employé ainsi, le satin reprend en partie son aspect séduisant, et, tout en gardant une apparence un peu féminine, il peut être utilisé, mais seulement à petites doses, et simplement pour égayer l'appartement.

La MARCELINE et le FOULARD sont recherchés pour doubler les rideaux. Depuis l'introduction des couleurs minérales dans le commerce, il importe de bien s'assurer de la teinture de ces étoffes, car le plus souvent elles n'offrent que ce qu'on appelle fort pittoresquement un « déjeuner de soleil ».

ETOFFES DE LAINE. Par suite de l'abondance de fabrication des étoffes de soie, les étoffes de laine ont été singulièrement négligées depuis un demi-siècle, et on ne les admet plus guère qu'à l'état d'exception, dans les mobiliers qui ont une prétention artistique plus ou moins fondée. Seul, le DRAP a gardé tout son prestige, et les façons que réclame sa surface unie pour perdre un peu de son austère monotonie, les applications, les broderies, la soutache, travaux exécutés à la main, et qui dès lors peuvent, en variant à l'infini, se proportionner et se conformer à son emploi, lui conserveront longtemps encore, selon toute apparence, et son cachet et la faveur légitime qu'on lui accorde.

Il y a trente ans, le SATIN DE LAINE, le LASTING, ou satin de laine apprêté, la SERGE qui présente avec ces deux étoffes des analogies très grandes, le CAMELOT, la MOIRE DE LAINE ou MOHAIR, garnissaient les antichambres, les chambres à coucher, et même les petits salons.

Ces étoffes, relevées par des *crêtes* ouvrées ou encadrées par des bandes de velours, étaient alors jugées comme formant de confortables rideaux et des sièges très convenables. Aujourd'hui, à l'exception du SATIN DE LAINE, qui sert encore à doubler les rideaux, elles ont presque disparu de l'ameublement, et les DAMAS DE LAINE, les REPS et les SATINS FRANÇAIS sont à peu près les seules étoffes qu'on rencontre couramment.

Le DAMAS DE LAINE, lui-même, a commencé dans ces derniers temps à céder la place au reps qui tend à tout envahir, et cela est fâcheux, car on rencontre peu d'étoffes plus solides et plus faciles à employer que le damas de laine. Comme le damas de soie, il est à double face, il se nettoie comme du linge, se teint, se retourne au besoin, et fait généralement un excellent usage.

Le REPS est cette étoffe côtelée, que tout le monde connaît. On le fabrique généralement en laine et coton. Le REPS TOUT LAINE est cependant préférable. Il présente cet avantage d'être à double face, ce qui permet de le retourner. Une troisième sorte de reps nommé REPS GOBELIN, composé de deux chaînes au lieu d'une, offre une solidité encore plus grande.

On façonne le reps et on le broche; s'il est décoré avec goût de fleurs, de guirlandes, d'attributs, le reps broché ou façonné peut, à trois pas et pour des yeux inexpérimentés, jouer assez bien la tapisserie. Le nombre des couleurs employées pour façonner et brocher le reps est en quelque sorte illimité. On n'est arrêté que par l'épaisseur de l'étoffe, car, parmi les couleurs mises en œuvre, il en est qui ne paraissent à l'endroit que sur de très petits espaces, et qui, cependant, restent *lancées* à l'envers dans toute la largeur du tissu.

On donne le nom de VÉNITIENNE à une étoffe inusitée aujourd'hui, mais qui a eu son heure d'engouement et qui présente la plus grande analogie avec le reps façonné. Ce tissu étant tout laine est plus souple que le reps, rendu toujours un peu raide par l'emploi du coton.

Le Satin français est une étoffe également tout laine, dont l'emploi, nous l'avons dit, s'est conservé pour rideaux, et surtout pour doublures. L'Imberline est une ancienne étoffe, pareillement en laine, et qui offre une grande ressemblance avec le satin français. Ces deux tissus sont employés, parfois, relevés ou encadrés par des bandes d'étoffes plus distinguées, et produisent ainsi un bon effet et un solide usage.

Les Damas, les Satins et les Lampas se fabriquent encore en laine et soie, c'est-à-dire avec la trame en laine et la chaîne en soie. L'aspect des satins ainsi obtenus est assez séduisant, quoique un peu froid. Le damas semble légèrement plus chaud de ton, mais les deux matières qui le composent devant être teintes séparément et avant le tissage, l'étoffe perd ses qualités de nettoyage facile, et diminue par conséquent de durée. Quant au lampas, on le fabrique généralement à trois couleurs, deux de trame en laine, une de chaîne en soie. Quand il est tissé avec de bonnes et franches couleurs, le lampas laine et soie présente de sérieux avantages et peut faire un usage excellent ; malheureusement, le goût des couleurs tendres et passées qui prévaut depuis quelque temps en fait une étoffe de médiocre valeur, comme durée et comme aspect.

Étoffes imprimées. — L'impression, qui devait au siècle dernier produire dans le domaine des étoffes une tapageuse et désastreuse révolution, est encore employée de nos jours pour un certain nombre de tissus d'ameublement. Parmi les étoffes de soie, on imprime le Foulard ; parmi les étoffes de laine, le Satin et le Reps, ce dernier le plus souvent pour imiter les vieilles tapisseries. Mais l'impression réussit principalement sur les tissus de coton ; et de toutes les étoffes imprimées, les Perses, aussi bien que les Cretonnes, dont quelques-unes ont un cachet très artistique, sont de beaucoup les plus en usage et les mieux appréciées.

Il n'est pas besoin, croyons-nous, de parler longuement de ces derniers tissus, leurs qualités, aussi bien que leurs défauts, sont suffisamment connus. Ils ont surtout le mérite d'être frais à l'œil et au toucher. Ce sont des étoffes d'été par excellence.

Depuis quelques années, on a encore produit, sous les noms à effet de SULTANE, de PERSANE, d'ORIENTALE, etc., et sous le nom générique de BOURRETTES, des tissus brochés à grands ramages très décoratifs, dont le fond est en coton et les dessins en bourre de soie. Ce genre d'étoffe, que son bas prix a mis rapidement à la mode, est d'un très médiocre usage pour les sièges. Employée comme tenture et comme rideaux, la bourrette fait généralement un assez bon effet, et simule parfois assez bien les vieux tissus d'Orient. On désigne aussi, sous le nom de BOURRE DE SOIE, une étoffe de coton pelucheuse, qui reçoit une impression analogue à celles des cretonnes. Lorsque cette impression est bien adaptée à la nature de l'étoffe, le pelucheux, qui en couvre la surface, rend assez exactement l'aspect des tissus orientaux.

On se sert encore, pour la tenture des grandes pièces, de TOILES PEINTES. Ces toiles, qu'il ne faut pas confondre avec les fameuses toiles peintes de Jouy, imprimées au siècle dernier par Oberkampf, lesquelles, ainsi que la SIAMOISE, ont malheureusement cessé d'être fabriquées, ces toiles, disons-nous, consistent en des tissus grossiers, couverts d'un enduit sur lequel on peint ou on imprime des dessins plus ou moins compliqués, formant des ornements plus ou moins riches.

Enfin, comme nous l'avons dit en commençant, il n'est pas jusqu'au moindre treillis, qui, convenablement employé, ne trouve sa place dans l'habitation, et qui ne fasse un bon effet.

Bien mieux, par le secours de la broderie, les plus modestes étoffes peuvent s'élever jusqu'à compter au nombre des plus précieuses. Des tentures, des sièges, des lits en toile

écrue brodée de laine ou de soie, ont figuré avec succès dans
les plus beaux ameublements du dix-huitième siècle et montrent quel heureux parti un artiste ingénieux et bien inspiré
peut tirer de ces deux modestes éléments, la toile et la laine.
Tant il est vrai que l'art ennoblit tout ce qu'il touche.

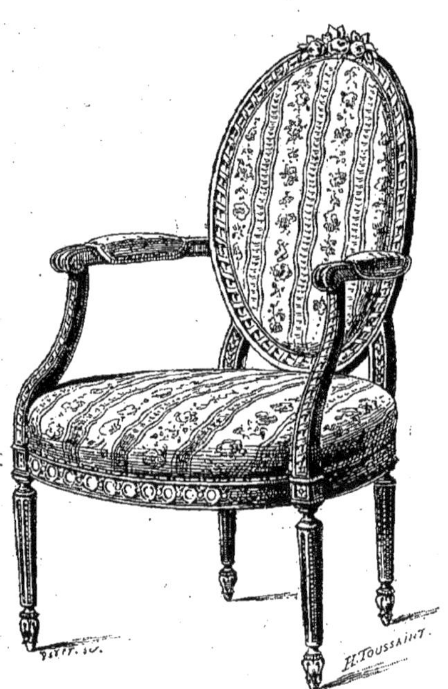

Fig. 130.
Petit fauteuil en bois laqué (style Louis XVI),
couvert en cretonne imprimée.

Avant de terminer ce chapitre par la définition d'un certain nombre de termes usités dans la passementerie, et qui rentrent dans les usages courants de la mise en œuvre des étoffes, il nous faut soumettre à nos lecteurs quelques observations conseillées par le bon goût, recommandées par l'hygiène, et relatives aux précautions qui doivent toujours présider au choix des divers tissus destinés à l'ameublement et à leur emploi.

Tout d'abord, il faut bien nous mettre en garde contre cette passion déréglée du pittoresque, qui a provoqué depuis quelques années un entassement exagéré, dans nos chambres et nos salons, des étoffes les plus disparates. Cet étalage désordonné de tissus, sinon sans valeur, du moins sans utilité, est condamnable, non seulement au point de vue de la saine raison, car celle-ci exige que la présence de chaque morceau d'étoffe soit motivée par son application à un usage plus ou moins déterminé, mais encore au point de vue de l'hygiène;

car ce débordement de matières spongieuses devient un danger permanent, à cause des miasmes dont elles se pénètrent, des gaz délétères dont elles s'imprègnent et des germes qui s'y logent.

L'entassement incohérent des étoffes n'est pas le seul inconvénient produit par la manie du pittoresque. Ce besoin de copie et d'illusion, cette passion de ce que Fournier appelait si spirituellement le *vieux-neuf*, ont conduit les fabricants — ce sont les tapissiers eux-mêmes qui l'avouent[1] — à tremper du velours de Gênes et des satins neufs dans des caisses de lie de vin, pour leur enlever toute fraîcheur. Ils ont amené, en outre, les fabricants d'Aubusson et de Felletin à fabriquer des tapisseries déteintes, pour imiter les vieilles tapisseries. Cette double contrefaçon est non seulement ridicule, elle est déplorable. En aucun cas, on ne doit admettre dans son intérieur des étoffes sophistiquées. Ce maquillage malfaisant est aussi répugnant qu'un mensonge. Il est clair, en effet, que des tissus traités de la sorte ne peuvent avoir ni durée ni tenue, et, sans durée, il n'est pas de beau mobilier possible.

Enfin, on devra se persuader que, pour la bonne harmonie d'un appartement, il n'est rien de plus délicat ni qui réclame plus de précautions que le choix des étoffes, et cependant presque toujours ce choix est un peu abandonné au hasard. Qu'arrive-t-il, en effet, le plus souvent? Les velours, damas, lampas, brocatelles, sont choisis chez le marchand, ou commandés sur la maquette d'un architecte, sur le dessin d'un décorateur, sans se préoccuper autrement de la lumière plus ou moins intense, du jour plus ou moins cru, des reflets plus ou moins faux, de l'exposition, ni du mode d'éclairage auxquels ces étoffes seront soumises. — C'est un tort, un très grand tort.

Le premier soin, le premier devoir, dirons-nous, de celui

1. Voir l'ouvrage de M. J. Deville, déjà cité.

qui meuble un appartement doit être de faire présenter, dans chacune de ses pièces, les tissus qui doivent y figurer, et cela non pas isolément, mais simultanément. C'est-à-dire que le tapis ne doit être jugé que lorsque les rideaux sont en place, et l'étoffe du meuble seulement lorsque les tapis sont à terre et les tentures posées.

A défaut des coupons définitifs, on peut faire des essais avec des échantillons similaires ; mais il ne faut jamais manquer d'user de ces précautions ; car si, lorsqu'on y a recours, on risque encore de se heurter à des difficultés imprévues, en les négligeant on n'a plus aucun guide certain et on marche complètement à l'aventure. Bien mieux, si la pièce que vous meublez est un appartement de réception, ne manquez jamais de renouveler vos expériences à la lueur des lumières.

ANNEXE AUX ÉTOFFES ET TISSUS

De quelques termes, employés usuellement dans la PASSEMENTERIE, *et qui ont un rapport direct avec l'ameublement.*

AGRÉMENT. Nom générique, usité pour désigner tout objet de passementerie, s'appliquant au vêtement aussi bien qu'au mobilier.

BOURRELET. Petit moule de bois rond, recouvert de soie, qui se pose au coin d'un oreiller ou à l'accotoir d'un siège à bois recouvert.

CABLÉ. Grosse corde de laine, de coton ou de soie, servant à former les cordons de sonnette, les embrasses de rideaux, et à garnir les meubles et tentures.

CARTISANE. Parchemin ou papier très résistant, coupé en bandelettes étroites, et recouvert de soie perpendiculairement à sa longueur.

Cordelière. Morceau de câblé ou de ganse, terminé à ses deux extrémités par un gland.

Chardon, Chenille. Petites cordes veloutées obtenues par la torsion d'étoffes spéciales de laine ou de soie.

Crépine. On désignait autrefois sous ce nom, peu usité de nos jours, des franges très courtes à brins fins, très rapprochés. Au siècle dernier, on employait, surtout pour les ameublements royaux, beaucoup de crépines d'or.

Crête. Nom générique, désignant toutes sortes de passementeries raides faites au métier. Les crêtes sont employées surtout pour border les rideaux, et à plat sur les courtepointes et garnitures de lit.

Dent de rat. Terme de métier désignant une passementerie étroite, dont le dessin forme des petites dents fort rapprochées. Ce genre de passementerie est généralement employé dans les garnitures de sièges.

Effilé, Frange. L'effilé se distingue de la frange, non seulement par la finesse du brin, mais encore parce que l'extrémité inférieure de ce brin est coupée, tandis que dans la frange elle est bouclée.

Embrasse. On donne ce nom au câblé ou à la cordelière chargé de retenir des rideaux.

Galon. On désigne, sous cette appellation générique, tous les tissus étroits fabriqués par le passementier. On fait des galons *luisants*, *sergés*, *épinglés*. Ces derniers sont une sorte de réduction du velours de Gênes.

Gland. Tout le monde sait ce qu'en passementerie on désigne par ce mot.

Guipure. Terme de métier employé pour désigner un assemblage de plusieurs fils enroulés au moyen d'une torsion momentanée. On fait la guipure raide, quand on la destine à la confection de la crête ; on la fabrique molle, quand elle doit former de la frange.

Houppe, Houppette. Fils de soie ou de laine assemblés par une ligature et faisant touffe.

Lézarde. Nom donné à une sorte de galon étroit, qui sert, dans la garniture des sièges, à recouvrir les jointures des étoffes avec le bois.

Macaron. On appelle ainsi les ornèments ronds qui se posent au coin d'un oreiller, ou à la crosse d'un fauteuil à bois recouvert.

Marabout. Gros chardon (voir à ce mot) produisant l'effet d'une chenille épaisse et demi-ronde.

Milanaise ou Napolitaine. Petit agrément formé de deux guipures roulées en spirale l'une autour de l'autre.

Pompon. On donne ce nom à un macaron formé par du chardon cousu en spirale et tondu.

Soutache. Petite tresse à deux côtés, on s'en sert comme de cache-point.

Torsade. Sorte de gros brin de frange, assez analogue à ce que, dans la passementerie militaire, on appelle la graine d'épinards.

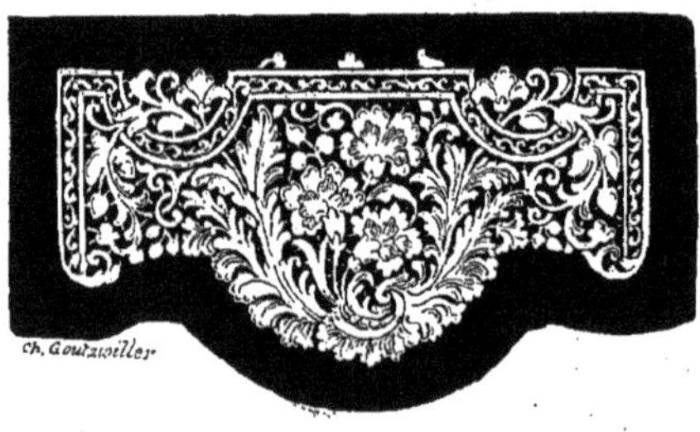

Fig. 131. — Appuie-tête en guipure, exécuté par M. Lefébure.

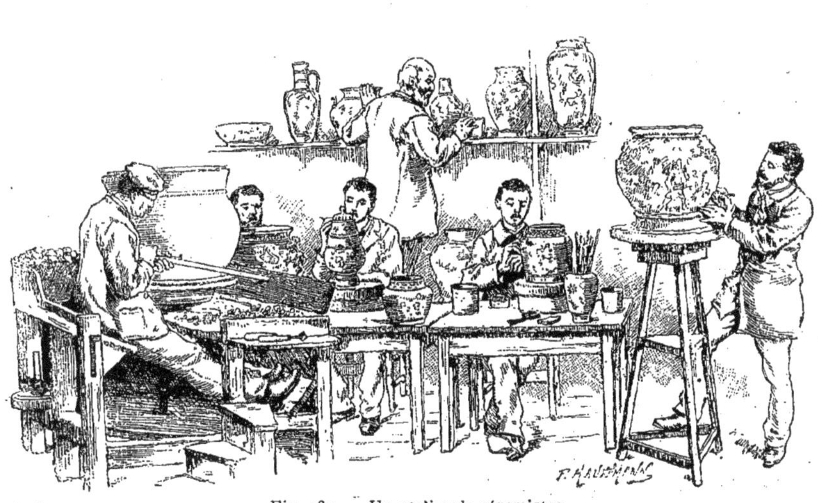

Fig. 132. — Un atelier de céramistes.

VI

LA CÉRAMIQUE

PRÈS le bois, les métaux et les tissus, c'est la céramique assurément qui, dans l'habitation contemporaine, tient la place la plus importante, moins toutefois par la fréquence de ses emplois, que par le nombre et la variété des adaptations auxquelles elle se prête.

Comme le bois, en effet, elle peut garnir le sol, et de ses dallages variés égayer nos vestibules et les allées de nos maisons; comme l'étoffe, elle habille galamment la muraille, qu'elle dissimule sous ses carrelages polychromes; comme le métal enfin, elle se prête à la confection de mille objets d'art, vases, coupes, statuettes, etc., qui sont, pour le logis, une parure toujours aimable et pittoresque, et jettent dans l'ameublement une note vive et brillante, que les métaux eux-mêmes ne sauraient fournir.

La place que nous ferons à la céramique dans notre intérieur, luxueux ou modeste, sera donc aussi large que possible, et en agissant ainsi nous nous conformerons à de pieuses et très anciennes traditions; car la céramique a toujours été traitée en enfant gâté par tous les peuples soucieux d'art, et par tous les princes jaloux de transmettre leur nom à la postérité.

En Grèce, au plus beau temps de cette production merveilleuse, que nous considérons comme classique, les céramistes comptaient au premier rang des ouvriers d'art. De simples coroplastes signaient leurs œuvres, alors que beaucoup de peintres et de sculpteurs n'osaient le faire. A Rome, il en était de même, et tandis que les signatures des artistes antiques sont demeurées excessivement rares, nous possédons par milliers les sigles tracés par des potiers romains.

Quant à ces vases murrhins, dont la renommée est transmise jusqu'à nous, sans que leur nature et leur composition nous soient exactement connues, mais dans lesquels l'érudition moderne croit découvrir des porcelaines de Chine, dérobées à grands frais au Céleste Empire, l'engouement dont ils furent l'objet dépasse tout ce que nous pouvons imaginer. Les amateurs de la vieille Rome donnèrent, pour eux, des prix cent fois, mille fois plus élevés, que ceux payés de nos jours pour les plus belles pièces de Sèvres.

« On voit sous l'Empire, écrit M. Baudrillart [1], payer 427,000 de nos francs (soixante-dix talents) un de ces vases myrrhins *(sic)* que Rome estimait si précieux ! Il y avait chez Néron une coupe de cette matière payée, dit-on, trois cents talents (1,830,000 fr.) Il paye cent talents une seule tasse à deux anses. Des vases payés assez souvent cent, deux cent, trois cent mille francs de notre monnaie, cela se voit assez

---

1. H. Baudrillart, *Histoire du luxe public et privé*. Paris, 1878, tome II, page 257.

fréquemment. On ne peut guère que croire ici encore Pline et, avant lui, Sénèque. Ils écrivent pour les contemporains, qui n'auraient pas supporté qu'on leur présentât des chiffres de fantaisie. »

Sans tomber dans de pareils excès, la Renaissance ne pouvait, elle non plus, manquer de se passionner pour la céramique. On sait quelles merveilles elle a enfantées. En Italie, les chefs-d'œuvre des della Robbia, les admirables productions de Faenza, d'Urbino, de Gubio, de Pezzaro, de Castel Durante, etc.; en France, les céramiques de Bernard Palissy et les mystérieuses faïences d'Oiron, — ces vases murrhins de notre temps, qui atteignent, eux aussi, dans les ventes, des prix fabuleux, — marquent une ère de prospérité nouvelle pour la céramique. Prospérité d'autant plus glorieuse, que les productions les plus rares et les plus précieuses de cette époque voient le jour grâce à la collaboration directe de généreux seigneurs, de princes et de rois. C'est dans son palais du Casino que François de Médicis installe la fabrique des porcelaines qui doit porter son nom [1]. C'est dans le jardin même des Tuileries que Catherine de Médicis permet à Bernard Palissy de modeler ses *rustiques figulines*, et c'est dans son château d'Oiron que la gracieuse Hélène de Hangest fait fabriquer ces pièces si particulières, que s'arrachent nos plus ardents collectionneurs [2].

Au siècle dernier, l'électeur de Saxe renfermant ses ouvriers dans une citadelle, de peur que le secret de la fabrique de Meissen ne fût violé, la duchesse du Maine présidant ellemême à l'installation de la fabrique de Sceaux, les sommes énormes que la porcelainerie de Vincennes coûta aux fermiers généraux, et celles que Sèvres coûta à Mme de Pompa-

---

1. Voir sur *La porcelaine des Médicis* la savante monographie du baron Davillier.

2. Voir les *Œuvres de Bernard Palissy*; — *L'Art de terre chez les Poitevins*, par Benjamin Fillon, Niort, 1864, pages 70 et suivantes.

dour, c'est-à-dire à la France, démontrent suffisamment que
le bel art de la céramique n'avait rien perdu de son prestige.

La passion de la porcelaine, comme objet d'ameublement,
atteignait son apogée vers cette même époque. « Il prit un
jour fantaisie à Mme de Parabère d'avoir des porcelaines blanches dans son appartement, écrit le duc de Luynes[1], M. le
duc d'Orléans en fit chercher de tous les côtés à quelque prix
que ce fût. Ce goût des porcelaines ayant duré quelque temps,
on prétendit que M. le duc d'Orléans lui en avoit donné pour
1,800,000 livres. » Louis XV aimait, lui aussi, à faire et à
recevoir des cadeaux de cette sorte. « Il y a quelques années,
écrit un contemporain de ce galant monarque[2], Mme de Ven-
tadour fit présent au roi d'un cabaret de porcelaine garni
d'or. » — Lorsqu'en 1768, le roi de Danemark vint en France,
Louis le Bien-Aimé lui offrit un service complet de Sèvres,
d'une valeur de cent mille écus[3], et, dans une note plus modeste : « Toujours au jour de l'an, dit Mme du Hausset[4], le
roi me donnoit pour vingt louis de porcelaines. » Enfin,
Mme de Pompadour en possédait, au moment où elle dressa
son inventaire, pour 150,000 francs rien que d'anciennes et
sans compter celle de Sèvres[5]. Dès 1760, au reste, la porcelaine était devenue tellement à la mode que les gens du bel
air la préféraient à la vaisselle plate[6] : « Quant à nos quatre

1. *Mémoires*, tome VII, page 304.
2. Duc de Luynes, *Mémoires*, tome IV, page 105.
3. Bachaumont, *Mémoires secrets*, tome IV, page 156.
4. *Mémoires de Mme du Hausset, femme de chambre de Mme de Pompadour.*
Paris, 1824, page 84.
5. *Histoire des plus célèbres amateurs français*, Paris, 1856, tome Ier, page 165.
6. En 1759, on s'en souvient, le roi avait provoqué une refonte générale de
l'argenterie, et il était alors du bel air de prétendre dédaigner la vaisselle plate.
« Il y a, depuis dix ou douze jours, écrit Barbier (*Mémoires*, tome V, page 201),
un grand concours de carrosses à un grand magasin de faïences plus ou moins
recherchées, sur le quay de la porte Saint-Bernard, au-dessus des Miramiones.
J'y allai le 30 octobre (1759) acheter des plats, et assiettes, et jattes comme les

services de vermeil, je m'en déferai, cela n'est plus de mode,
et je veux que nous mangions dans des assiettes de Chine. »
Ainsi s'exprime le marquis, petit-maître, courtisan, talon
rouge, homme de belles manières et de grand ton, dans cette
amusante comédie de Néricault Destouches, qui a nom *le
Tambour nocturne* [1].

Notre intention, on le comprendra,
n'est pas d'esquisser ici une histoire
de la céramique ni même de donner
un aperçu de sa fabrication ; une pareille
étude, quelque rapide qu'elle puisse
être, nous entraînerait trop loin. Au
reste, cette fabrication très compliquée
échappe au contrôle immédiat de l'acheteur. Si parfois il nous est permis de
commander à un fabricant un revêtement pour une pièce spéciale de notre
logis, ou quelque vase dont la forme
doit s'accommoder avec une destination
précise, encore, pour les ouvrages qui
sortent du courant, les surprises de la
fabrication sont-elles assez grandes pour
que, le plus souvent, il faille s'accommoder des pièces fabriquées, et, en tout
cas, ne jamais s'attendre à pouvoir
exiger, en céramique, exactement la
teinte et la forme qu'on désire.

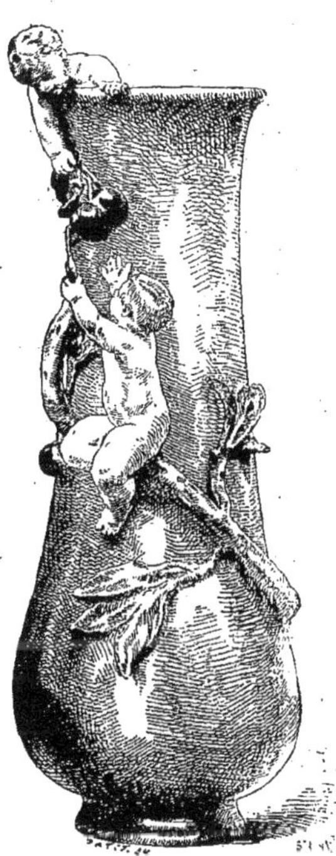

Fig. 133. — Cornet en faïence,
exécuté par M. Haviland.

Nous nous bornerons donc à passer en revue les diverses
applications que comporte l' « Art de terre », comme on l'appelait jadis, en indiquant rapidement quelles sortes peuvent

autres. Le ministre Paris y étoit avec M. Bertin de Jumillac, et tous les jours, à
toute heure, c'est la même chose. »

1. Représentée pour la première fois à Paris en 1762.

s’adapter plus spécialement à chacun de ces emplois, et en présentant quelques observations sur la façon, dont ces sortes doivent être mises en place ou en œuvre.

PAVEMENTS. Les pavements en céramique conviennent particulièrement pour les pièces d’une médiocre étendue. Leurs dessins plus ou moins compliqués, étant choisis soigneusement et de façon à s’harmoniser avec les dimensions du vestibule ou du couloir à paver, avec son caractère et sa destination, peuvent constituer une base intéressante de décoration.

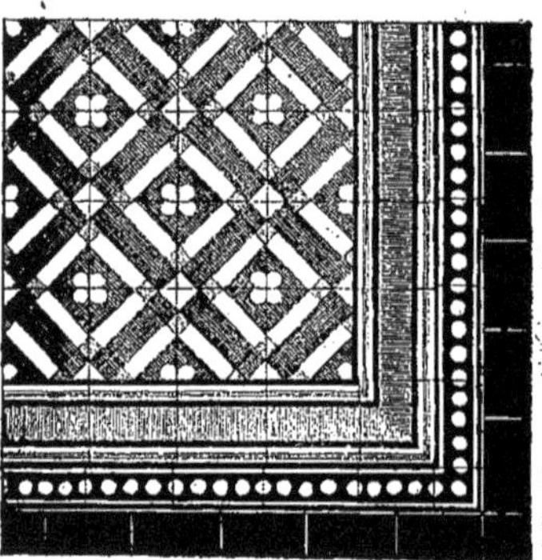

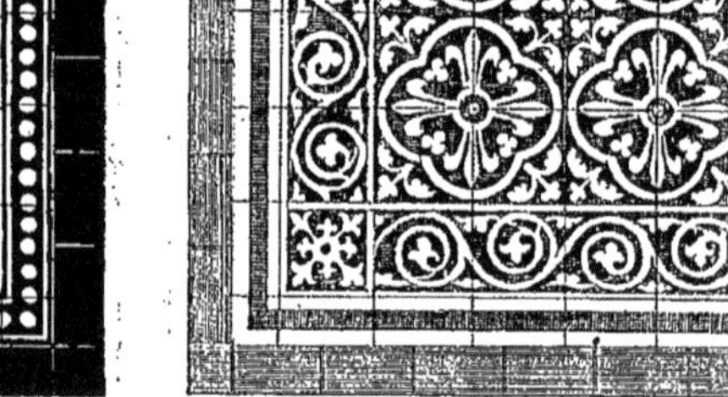

Fig. 134. — Pavement céramique en camaïeu.   Fig. 135. — Pavement céramique polychrome.

Pour les grandes pièces, pour les vestibules très vastes, et qui trouvent dans leurs dimensions un de leurs éléments de beauté, — leur étendue réclamant un pavement d’une relative simplicité, — les dalles de marbre ou de pierre, alternées noir et blanc, ont généralement plus de caractère. Pour les pièces de médiocre importance, au contraire, un dessin peu touffu, empêchant que le nombre de dalles employées en largeur ou en longueur ne saute immédiatement aux yeux, est essentiellement préférable.

Toutefois l’enchevrêtement du dessin n’entraîne pas forcément sa complication comme lignes ni comme couleurs. Il est même à remarquer que ce sont souvent les motifs les plus lisibles et les moins chargés de nuances qui font le meilleur effet. En outre, à moins que par sa destination même, le couloir, l'antichambre, le vestibule, ne soit approprié à un style bien défini, et en quelque sorte immuable, il faudra s'efforcer de choisir un pavement qui ne porte pas l'empreinte trop accentuée d'un pays particulier ou d'une époque spéciale.

De cette façon, on évitera, lorsqu'on voudra changer la décoration de ce couloir, de cette antichambre, de ce vestibule, d'être forcé de renouveler le dallage, opération toujours coûteuse et surtout désagréable. Ces mêmes observations peuvent s'appliquer aux couleurs choisies. Ces couleurs devront être, autant que possible, éteintes, assoupies et très sobres d'effet, de façon à ne pas s'imposer à l'œil et à ne pas commander la décoration murale.

Enfin, le bon sens exige que le dessin soit plan, c'est-à-dire

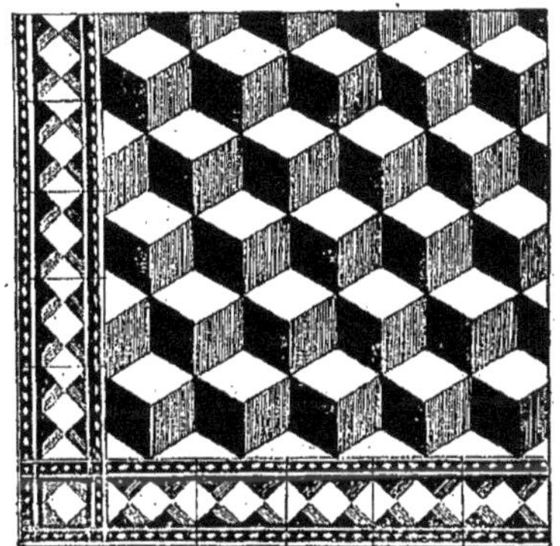

Fig. 136. — Pavement figurant des bossages (exemple condamnable).

qu'il présente une surface unie, et non pas qu'il simule, comme cela arrive quelquefois, des cubes ou des bossages. Rien n'est plus désagréable, en effet, que de poser le pied sur une série d'aspérités apparentes, qui vous blesseraient et risqueraient de vous faire tomber, si elles n'étaient un mensonge malséant et ridicule.

Les espèces céramiques les plus communément usitées pour les dallages sont les GRÈS-CÉRAMES et les CIMENTS RECUITS. On devra choisir, parmi les sortes offertes, celle qui présente le plus de cohésion et de dureté. On s'assurera, en outre, que la colora-

tion en est solide, et qu'à l'usage, elle peut résister assez longtemps. Dans le cas où les dessins seraient produits par incrustation, il faudra s'enquérir si les diverses substances céramiques,
employées pour ces incrustations, offrent la même résistance.
Sans quoi il serait à redouter que certaines couleurs, s'usant
plus vite que le fond, les dalles, situées dans des lieux de grand
passage, ne présentassent rapidement des cavités qui pourraient
devenir dangereuses.

On aura soin également que les carrelages employés soient,
autant que possible, de petites dimensions. Leur taille réduite
accroîtra leur solidité, et, en cas d'accident, les réparations seront plus faciles. Enfin tous les pavements devront être mats
et grenus ; car tout poli qui leur serait donné, tout émail déposé
à leur surface, les rendraient, non seulement alarmants à l'œil,
mais encore glissants et dangereux.

REVÊTEMENTS. — Les conditions que doit remplir un beau
revêtement céramique sont, sauf une, juste l'opposé de celles
qu'on exige d'un dallage. La seule condition qui leur soit commune, c'est qu'ils doivent éviter les différences de niveau, et
présenter au regard une surface exactement plane. Toutefois
cette réserve, absolue pour le pavement, n'est que relative pour
le revêtement, car, il est interdit à ce dernier de simuler une
profondeur, de figurer une perspective, contre laquelle viendraient s'inscrire en faux les jointoiements des carreaux juxta-
posés, encore ne lui est-il pas défendu d'accentuer, par un
modelé délicat, et même par une saillie légère, les oiseaux, les
feuillages, les palmes, les rinceaux, les fleurs ou ornements, qui
composent sa décoration.

Pour le reste, contradiction complète. Autant il est indispensable que les dalles composant le pavement soient de petites
dimensions, autant il est souhaitable que les carrelages qui
garnissent la muraille soient aussi larges que possible ; car il

importe d'éviter les raccords et les jointoiements qui laissent toujours une trace. Autant nous avons recommandé, pour le sol, des nuances sobres, des teintes assoupies, autant, pour les revêtements, nous réclamons des tons vifs, des couleurs éclatantes, tapageuses même. Autant nous avons proscrit l'émail en bas, autant il est nécessaire en haut, car non seulement il cesse d'être dangereux, quand il est employé sur une surface verticale, mais, sans lui, notre muraille serait sombre et triste.

Malgré les couleurs éclatantes dont se parent les revêtements céramiques, le nombre des pièces auxquelles ils s'adaptent utilement est cependant assez restreint. Dans l'intérieur de la maison, les cabinets de toilette, les salles

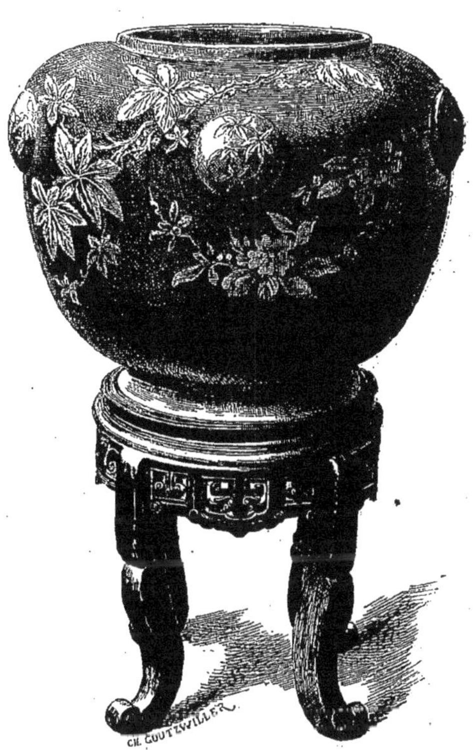

Fig. 137.
Grande potiche en faïence décorée au grand feu, exécutée par M. Haviland.

de bain, certains couloirs, les fumoirs d'été ; à l'extérieur, les vérandas : telles sont les parties du logis où les revêtements trouvent un agréable emploi.

On fabrique généralement en FAÏENCE les carrelages dont ils sont formés. La faïence, avec sa palette brillante et variée, avec l'éclat de son émail, ses colorations chaudes et vibrantes et la largeur d'exécution qu'elle comporte, convient admirablement à cet emploi.

Depuis quelques années, on est arrivé, grâce à elle, à exécuter des revêtements fort remarquables et, qui mieux est, excessivement artistiques. Notez que ce caractère d'art s'applique aussi bien à des carrelages relativement simples, qu'à des compositions mouvementées et touffues. Ces dernières même présentent cette particularité de ne conserver tout leur cachet qu'à la condition de demeurer cantonnées dans un parti pris décoratif bien arrêté. Il faut donc éviter avec soin tous les sujets, tous les motifs, qui cherchent à faire illusion, ou qui s'efforcent de serrer de trop près l'imitation de la nature. La figure humaine, surtout, doit être généralement bannie de ce genre de décoration, à moins que, comme dans les anciens carrelages de faïence, le céramiste ne se borne à des dessins en camaïeu.

Autrefois les revêtements de faïence étaient peints sur engobe et sous couverte, c'est-à-dire que le carreau, déjà cuit une première fois, recevait une couche de substance blanche et opaque, sur laquelle le peintre exécutait son décor; après quoi le carreau, saupoudré d'un émail translucide, était soumis à une seconde cuisson et prenait son aspect définitif.

Aujourd'hui, quand la terre employée devient rouge à l'état de *biscuit*, c'est-à-dire après sa première cuisson, on a encore recours à cette double main-d'œuvre de l'engobe et de la couverte. Mais le plus souvent, on choisit une terre presque blanche, et alors on couvre directement la pièce d'un émail stannifère suffisamment opaque, sur lequel on trace le décor avec des couleurs spécialement préparées et mélangées elles-mêmes d'émail. Une seconde cuisson dans le four amalgame toutes ces substances et achève de donner au carreau son décor et son aspect brillant.

C'est ce qu'on appelle décorer sur le *cru*, ou décorer au

grand feu, par opposition au décor au *petit feu*, qui s'obtient de la façon suivante.

Le carreau en cours de fabrication étant enduit d'émail opaque et recuit au grand feu du four, sur cet émail cuit et avec des couleurs analogues à celles employées pour la peinture sur porcelaine on exécute le décor que l'on veut produire. Puis au lieu de présenter de nouveau à l'énorme chaleur du four ces couleurs, qui se volatiliseraient à une aussi haute température, on enferme la pièce décorée dans un moufle, on la soumet à un feu relativement très doux, qui fait entrer en légère fusion la surface de l'émail, et fixe ainsi les couleurs superposées, en leur permettant de s'incorporer avec la partie supérieure de la couche émaillée.

On saisit sans peine les avantages et les inconvénients que présente chacun de ces deux procédés. Dans le premier, la décoration faisant corps avec l'émail offre une solidité et un éclat incomparables. Dans le second, les couleurs n'étant pas

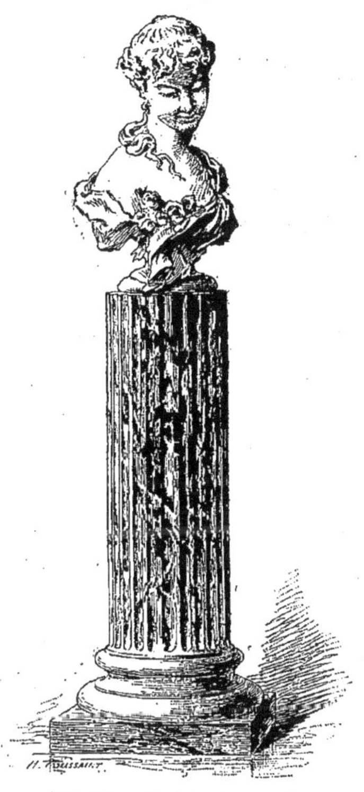

Fig. 138. — Buste en terre cuite, monté sur un piédestal de stuc.

exposées à une haute température peuvent prêter par leur nombre, par leur variété, par leur choix, à des effets plus délicats, plus fins, plus fondus.

Dans ces derniers temps, toutefois, on a tellement enrichi la palette du grand feu, que les avantages offerts par son rival se sont singulièment atténués; et, pour le cas spécial qui nous occupe, ils sont sans valeur. Nous venons, en effet, de proscrire cette recherche, cette délicatesse, cette finesse d'exécution, et de recommander un grand parti pris de décor hardi, puissant, voulu. Nous n'admettrons donc, pour la confection de nos revêtements, que des faïences peintes sur le *cru* et décorées au grand feu. Ajoutons encore que depuis quelques années on est arrivé, par l'emploi de la *barbotine* [1], à produire des empâtements qui ajoutent un relief, une puissance, une vigueur superbe aux peintures exécutées sur le cru.

Enfin, quelques fabricants ont imaginé de supprimer le fond coloré ou blanc, produit par l'application préalable de l'émail stannifère. Pour cela on peint directement, avec des couleurs mélangées d'émail et pouvant supporter le grand feu, sur le *biscuit*, c'est-à-dire sur la terre ayant reçu une première cuisson. Puis, le décor exécuté, on saupoudre la plaque avec de l'émail translucide, on la soumet une seconde fois au feu du four, et l'on obtient de la sorte des carrelages, don le fond jaune, rouge ou brun est formé par la terre elle-même, sur laquelle se détachent les palmes, rinceaux, fleurs ou feuillages qui composent le décor.

Selon nous, ce dernier procédé est celui qui fournit les effets les plus artistiques. Les tons vibrants et profonds de la terre simplement émaillée donnent plus de saillie et plus de légèreté au décor, que ne saurait le faire un fond coloré artificiellement, ce dernier présentant toujours une surface froide, unie et mettant tout au même plan. En outre, la terre rendue ainsi visible offre ce charme qu'ont toujours, dans l'art comme dans toutes choses, la franchise et la vérité. Elle nous revèle la matière avec lequel la muraille est construite, elle nous dénonce, sans détour et sans déguisement, la nature même de la subs-

---

1. On donne le nom de *barbotine* au mélange d'une petite quantité de pâte céramique rendue liquide avec de l'émail coloré.

tance qui recouvre cette muraille, et, instinctivement, nous lui savons gré de sa sincérité.

La céramique, dans sa troisième adaptation, c'est-à-dire

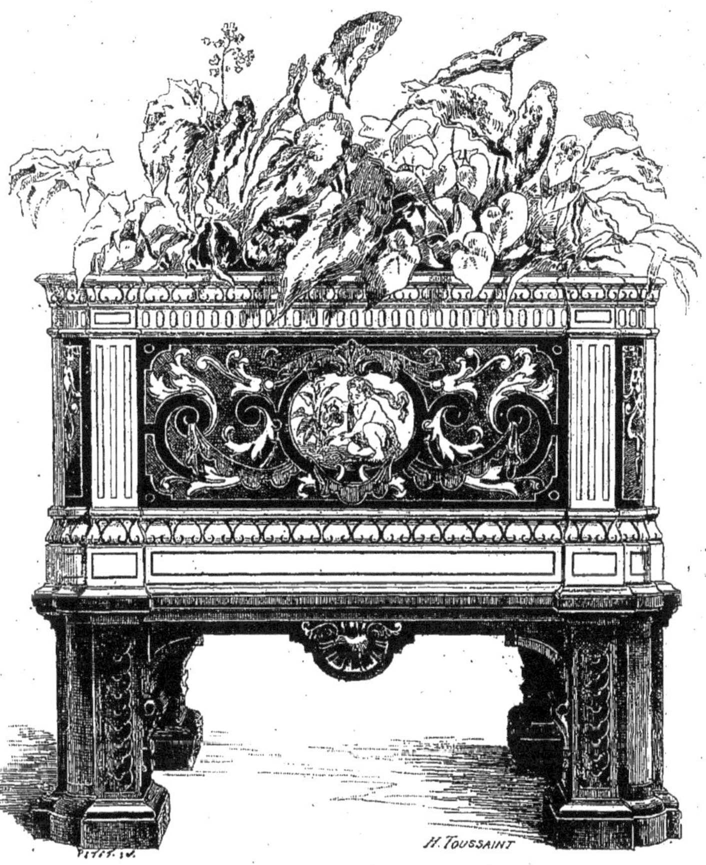

Fig. 139. — Jardinière en faïence, grand feu, exécutée par M. Lœbnitz.

apparaissant sous forme d'objets d'art, de vases, de plats, de jardinières, tient une place très large dans nos habitations, et se prête non seulement à des usages nombreux, mais encore à des effets décoratifs très heureux. Elle s'y manifeste, en outre, sous tous les aspects que revêt sa fabrication si complexe, — à l'état de simple TERRE CUITE, à l'état de BISCUIT de porcelaine, de poterie opaque émaillée, c'est-à-dire de FAÏENCE, de poterie translucide, c'est-à-dire de PORCELAINE, de TERRE simplement VERNISSÉE, de GRÈS CÉRAME, etc.

En tant que TERRE CUITE, elle est plus spécialement chargée d'exprimer une note artistique très relevée. Statue, statuettes, bustes, groupes, tels sont les objets le plus particulièrement exécutés de cette façon. Il semble, en effet, que pour se faire ouvrir les portes de notre logis, plus une matière est commune, plus l'objet qu'elle figure doit avoir un caractère distingué comme conception, élevé comme sujet.

La statuaire, en outre, s'accommode parfaitement bien des tons chauds et puissants de la terre cuite. Les dégradations des ombres y sont à la fois fines et généreuses, moins froides et moins diluées, si je puis dire ainsi, que dans le marbre, moins sèches et plus fondues que dans le bronze.

Le BISCUIT, très à la mode au siècle dernier, et qui, en perdant beaucoup de sa finesse délicate et de son artistique élégance, a singulièrement perdu de son prestige, participe de ces mêmes propriétés d'unité de ton et de fabrication, en apparence, non terminée. Il ne faut donc pas être surpris, si ses applications se rapprochent de celles que nous venons d'énumérer. On a fait jadis en biscuit des bustes très remarquables, des groupes tout à fait charmants, et, dans ses petites proportions, le biscuit a joué un rôle qui n'est pas sans analogie avec celui de la terre cuite; mais alors que celle-ci réclame nos gros meubles pour lui servir de piédestaux, son petit rival toujours délicat et qui craint le grand air se réfugie de préférence sous des globes de verre, ou remplit nos vitrines.

C'est aussi dans les vitrines qu'il faut abriter soigneusement ces petits personnages exquis, ces petits groupes amoureusement modelés, qui firent au dix-huitième siècle donner au royaume de Saxe le nom « de royaume de Porcelaine [1] ».

Par la délicatesse de son grain, par la fragilité de sa pâte, par la finesse de son décor, par son apparence unie et lisse, qui devient froide dès qu'elle s'applique à de grands surfaces, la Porcelaine semble du reste n'être guère appelée à sortir de ces menues adaptations. Les adorables pâtes tendres de Sceaux-Penthièvre, de Chantilly, de Saint-Cloud, de Choisy-le-Roi, de Mennecy, ont leur place tout indiquée sur les étagères d'un boudoir, ou dans les vitrines capitonnées d'un petit salon. Ces vases, précieux par le goût qui a présidé à leur fabrication,

> . . . où les plus belles fleurs
> Au blanc émaillé de Vincennes
> Opposent leurs vives couleurs,

demandent à être vus de près, à être contemplés à petite distance. Par contre, dans les grandes pièces, les formes plus amples de la faïence, ses oppositions plus robustes, son décor plus large, conviennent beaucoup mieux et ont plus grand air.

Les porcelaines orientales, il est vrai, participent dans une certaine mesure de ces qualités d'ampleur. Sous forme de grands vases, de cornets, de potiches, elles peuvent fournir une note gaie, tapageuse, pittoresque. Leurs nuances éclatantes, leur décor étrange, leurs formes spéciales, détonnent joyeusement au milieu des profils plus réservés et des tonalités plus sages, qui constituent généralement la note dominante de nos ameublements ; toutefois, elles n'atteignent point encore à la liberté de facture, au modelé gras et puissant de la belle et vaillante faïence, telle qu'on sait la fabriquer de nos jours.

Nous demandons pardon d'insister sur cette remarque, mais, au point de vue décoratif, elle a une importance extrême.

---

1. Voyez Barbier, *Journal*, tome III, page 59. Lorsque Marie-Josèphe de Saxe vint en France pour épouser le Dauphin, on la trouva si mignonne, si charmante, que tout le monde prétendit qu'on ne devait plus chercher que des « fiancées en porcelaine », par allusion à son pays d'origine.

A la fin du siècle dernier, c'est-à-dire à une époque que nous considérons volontiers comme classique, on mit fort maladroitement la porcelaine à toutes sauces. On alla jusqu'à en orner des meubles, témoin ce petit « secrétaire de porcelaine » de la reine Marie-Antoinette, qui joua son rôle dans la fameuse *Affaire du Collier* [1]. On poussa même la folie jusqu'à faire des « carrosses de porcelaine », comme celui dans lequel Mme de Valentinois parut au Longchamps de 1780, et celui dans lequel la Beaupré fit ses débuts fameux dans le domaine de la galanterie [2]. Aujourd'hui il s'agit de ne plus retomber dans de tels excès. La porcelaine qui, par le poli de sa surface, se prête aux décors fondus et soignés, est peu susceptible d'une ornementation large et vaillamment exécutée. Les règles harmoniques, qui s'établissent forcément entre le décor et la chose décorée, lui imposent en quelque sorte un caractère d'une inévitable froideur peu choquante assurément dans les petits objets, mais qui blesse toujours dans les grandes pièces. Le baguier, la petite corbeille, le petit groupe en porcelaine, sont parfaits, la lampe est encore très tolérable, il est rare qu'une énorme potiche, ou une vasque de grandes dimensions, alors même qu'elle serait en porcelaine de Chine, n'ait pas un aspect légèrement froid, et qui détonne au milieu d'étoffes veloutées et de chaudes dorures.

Les GRÈS CÉRAMES, après avoir joué un rôle très important au seizième et au dix-septième siècle, ont presque disparu de la circulation. On fait en ce moment de grands et louables efforts pour leur rendre leur ancienne importance et leur prestige évanoui, et l'on a pu juger, par les spécimens qui ont figuré aux dernières expositions, des curieux résultats qui ont été déjà obtenus dans ce sens. La matière même, par sa rudesse, par sa dureté, se prête à des effets tout particuliers. Elle pré-

---

1. *Mémoires de Mme Campan*, édition Barrière, page 212.
2. Bachaumont, *Mémoires secrets*, tome XV, page 106.

sente un aspect robuste, énergique, que les autres produits céramiques n'ont pas à beaucoup près au même degré. Les grès
cérames, ressuscités et restitués par des fabricants intelligents,
peuvent fournir dans notre ameublement une note intéressante
à tous égards.

Les terres vernissées, les petites statuettes en terre de

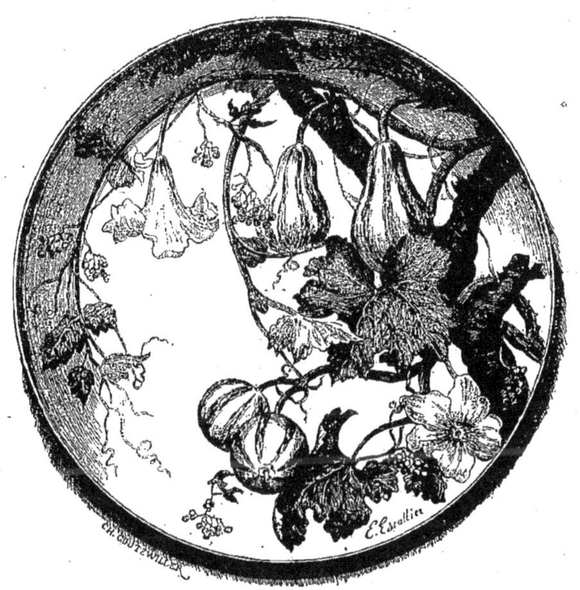

Fig. 140. — Plat en faïence, décoré au grand feu, par M. Deck.

pipe, n'ont guère, dans l'habitation, qu'un caractère épisodique,
nous n'en parlerons donc que pour recommander de ne les
point prodiguer. On doit être en garde contre leur abus, et
exiger qu'elles présentent, prises chacune individuellement, un
intérêt d'art ou de curiosité suffisant pour légitimer leur admis-
sion dans notre logis.

Nous en dirons autant des plats et des assiettes. Si quelques échantillons, d'une grande valeur ou d'une haute rareté,

peuvent meubler agréablement un panneau et ajouter un grain
de pittoresque à l'ameublement d'une salle à manger, encore
faut-il se garder de prodiguer partout ces ustensiles de ménage, qui semblent n'avoir point été faits pour décorer la muraille. Le changement de destination ne peut, dans ce cas, être
légitimé que par une valeur artistique tout à fait exceptionnelle, et par de grandes qualités décoratives. Et particulière-
rement pour ce qui regarde la faïence ou la porcelaine anciennes il ne faut jamais oublier que nos ancêtres riraient
bien s'ils voyaient certains de leurs descendants étaler pom-
peusement, sur des tapisseries de prix, une douzaine d'assiettes
vulgaires, dont ils auraient à peine voulu pour leurs domestiques.

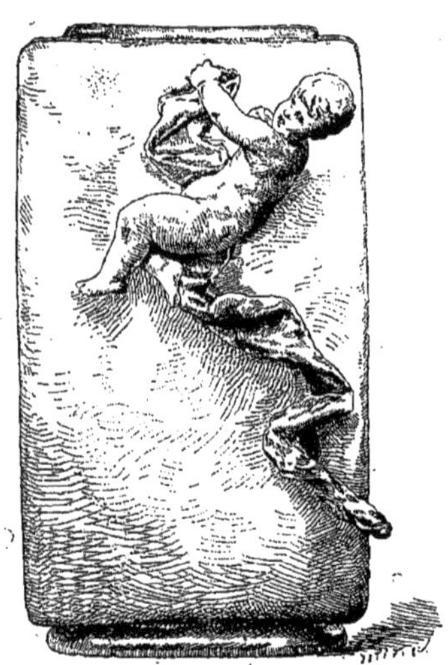

Fig. 141. — Porte-bouquet en faïen
exécuté par M. Haviland.

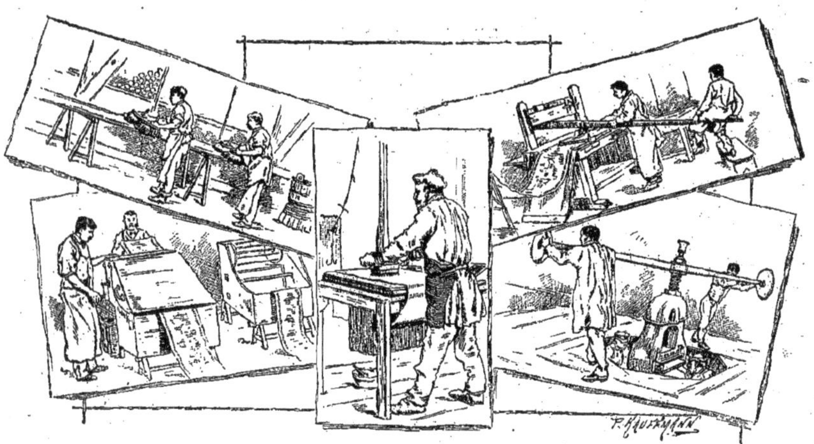

Fig. 142. — La fabrication du papier peint.

VII

LE PAPIER PEINT

E papier peint, à proprement parler, ne nous oblige pas à faire d'excursion dans le domaine du passé. Ces superbes tentures, qui couvrent nos murailles, sont une conquête toute moderne, et l'industrie à laquelle elles doivent le jour aura, en moins d'un siècle, enfanté ses premiers essais et atteint le point culminant auquel il lui aura été donné de parvenir. Quelques perfectionnements que nos arrière-neveux parviennent à introduire dans la fabrication du papier peint, il n'est pas supposable, en effet, qu'ils puissent, sinon comme prix, du moins comme beauté, surpasser de beaucoup les produits de notre époque.

Est-ce à dire, toutefois, que, en raison même de sa courte existence, l'industrie du papier peint n'ait point d'histoire? Assurément pareille assertion serait téméraire; et cette histoire s'est même trouvée très clairement mise en action dans une solennité récente. En 1882, à l'exposition de l'*Union centrale des Arts décoratifs*, les fabricants de papier peint eurent l'heureuse idée de ne pas borner leurs envois à des ouvrages contemporains. Pour bien faire saisir les transformations qui, depuis son origine, s'étaient accomplies, comme fabrication et comme goût, dans leur jeune industrie, ils réunirent dans le pourtour du Palais des Champs-Élysées un vaste échantillonnage de leurs produits, commençant à la fin du siècle dernier pour aller jusqu'à nos jours.

Tout d'abord, cette exhibition d'un genre spécial nous faisait assister à la figuration de l'Olympe antique et de l'histoire ancienne. Les aventures de *Psyché*, *Diane et Vénus*, la *Terre*, les *Saisons*, les ingénieuses allégories de l'*Amour qui fait passer le Temps* et du *Temps qui fait passer l'Amour*, alternaient avec *la Paix et la Guerre*, avec *Homère aveugle*, et *Bélisaire mendiant*, le tout transformé en grisailles d'une monochromie écœurante.

Puis, avec le romantisme naissant, on s'embarquait pour aller contempler, au delà des mers, sous un ciel aveuglant et au milieu d'un désert semé de palmiers d'un beau vert épinard, des *gentlemen* aux sombreros hauts de forme s'élançant à la poursuite de sauvages emplumés. D'autres fois, les honneurs du spectacle étaient pour un planteur (l'inévitable planteur de ces temps primitifs), gravement assis au bord de l'océan bleu et surveillant des nègres demi-nus, qui embarquaient des colis de formes variées sur une chaloupe en partance.

Enfin, après avoir martyrisé la géographie, en plaçant l'arc de Titus auprès des cascades de Tivoli, et en transportant le tout au pied de l'Etna en feu; après avoir illustré la *Jérusalem délivrée*, en nous montrant, au milieu des rutilances du carmin et des flamboiements de la gomme gutte, un Renaud costumé en troubadour s'abandonnant aux étreintes d'une Armide peu vêtue, ou encore la chaste Clorinde livrant à Tancrède les plus rudes combats, le papier peint faisait retour vers son vrai but, qui n'est pas de simuler les bas-reliefs ou la peinture, mais simplement de constituer un fond de décoration.

Ce retour, toutefois, ne s'opérait point aussi calme ni aussi rapide qu'on aurait pu l'espérer. Pendant vingt ans, le pauvre égaré faisait encore l'école buissonnière. Ayant renoncé à représenter des sculptures ou des tableaux, il s'efforçait de figurer des boiseries, d'exprimer des plinthes, des lambris, des pilastres, des frises, des corniches. S'emparant de tout ce qui sort de son domaine, il abusait des cadres, des médaillons, des vases, des bouquets, des fleurs surtout, qu'il prodiguait alors à pleines corbeilles. En dernier lieu, et après bien des hésitations et des tâtonnements, le calme succédait à la tempête, les saillies et les reliefs disparaissaient, les ramages incohérents faisaient place à une agréable symétrie, les couleurs tapageuses à une simplicité tranquille. Telle était l'histoire racontée par l'exposition du Palais de l'Industrie.

Aujourd'hui, le papier peint est enfin devenu ce qu'il aurait dû toujours être, il a renoncé à la prétention de simuler des reliefs et de raconter des aventures, pour former une tenture plus ou moins riche, qui recouvre un mur plan. Disons vite, toutefois, que ces excursions en terrain défendu ne furent pas sans profiter à ce brillant vagabond.

En même temps qu'il parcourait ces étapes successives, le papier peint voyait, en effet, son outillage s'améliorer et ses moyens de production atteindre à une perfection rare; si bien qu'au point où nous le trouvons parvenu, il n'est pas d'étoffes, pas de tissus, pas de cuir repoussé, pas de matière, en un mot, qu'il ne puisse contrefaire à s'y méprendre, et dans ce genre d'imitation qui semble être sa vraie voie, on peut dire qu'il ne lui reste plus guère de progrès à accomplir. Voyons donc par quel ensemble de procédés ingénieux on est parvenu à ces brillants résultats.

La fabrication du papier peint, quoique réduite par ses progrès mêmes à une simplicité aussi grande que possible, ne laisse pas, cependant, que d'exiger encore un nombre d'opérations assez considérables, fort délicates, et qui réclament beaucoup de soin et d'habileté.

Le papier, matière première, est livré le plus souvent, au fabricant, sous forme de rouleaux de 5o centimètres de hauteur sur 8^m,5o de long, et dans des qualités et épaisseurs qui se proportionnent à la beauté et au prix que doit atteindre le produit terminé. La première opération que le fabricant fait subir à son papier est de le *foncer*, c'est-à-dire de le couvrir, sur toute son étendue, d'une teinte parfaitement uniforme. Ce premier fond doit être posé d'un seul coup, à l'aide d'une brosse et sans que le *fonceur* se reprenne, car chaque reprise risquerait de produire une inégalité de tons. Le rouleau étant foncé, on le place sur un étendoir, où il sèche. Lorsqu'il est sec, la teinte qui le recouvre est mate. Veut-on qu'elle soit brillante, c'est-à-dire que le papier soit *satiné*, on lustre ce fond, en le frottant avec une brosse dure, montée sur un sabot et reliée au plafond par une tige de bois, que l'on nomme *flèche*, et qui opère sur le papier une énergique pression. Ce frottement fait reluire la couleur, et après cette opération le papier est dit *satiné*.

Les couleurs dont on peut couvrir le papier par cette première opération sont variées à l'infini. Elles vont de l'azur le plus vaporeux au vert le plus intense, des tons crème les plus délicats aux sombres reluisances des vieux cuirs, du rose le plus tendre au grenat le plus soutenu, en passant par toute la gamme des rouges, des jaunes, des bleus, des violets et des verts.

Le papier, ainsi mis en couleur, mat ou satiné, peut être appliqué sur la muraille, et, si le ton est bien choisi, si le panneau qu'il recouvre est encadré par une bordure bien appropriée, on est déjà en droit d'en attendre des effets très satisfaisants. Mais généralement on est plus exigeant et, sur ce premier fond, on applique un dessin plus ou moins riche, plus ou moins voyant, plus ou moins compliqué.

Ce dessin est obtenu à l'aide d'une impression, produite par l'application de planches gravées en relief. Lorsque le dessin qu'on imprime ainsi est en camaïeu, c'est-à-dire conçu dans une même couleur, en ton sur ton, les planches sont relativement peu nombreuses. Souvent elles ne dépassent pas le chiffre de trois ou quatre; car chaque planche ne peut imprimer qu'un ton. Mais lorsque le nombre des couleurs est considérable, alors ce n'est plus quatre, c'est dix, c'est quinze, c'est vingt impressions successives que doit subir le papier, et l'on se rend compte des précautions infinies, du soin extrême, de la précision que réclament ces quinze, ces vingt repérages successifs, lesquels doivent se reproduire jusqu'à seize fois chacun, pour arriver à couvrir un rouleau de 8 mètres de longueur.

Une opération de cette sorte ne laisse pas que d'être fort compliquée et très longue. Elle exige, en outre, chez ceux qui s'y livrent, un difficile apprentissage. Les très bons ouvriers sont donc relativement assez rares, et comme leurs salaires sont naturellement en proportion de l'habileté acquise et de l'intelligence déployée, il en résulte que les façons subies par un papier chargé d'un nombre considérable de couleurs rendent celui-ci d'un prix forcément élevé. Or, nous aurons bientôt l'occasion de le constater, l'industrie du papier peint est une industrie essentiellement démocratique, il était donc tout naturel qu'elle s'efforçât de remédier à un inconvénient majeur qui rendait ses produits difficilement accessibles aux petites bourses. De là sont nées de très curieuses recherches, pour arriver à substituer l'outil à l'homme, recherches qui ont amené la création et la mise en pratique d'une série de machines qu'on peut, sans hésitation, qualifier de merveilleuses.

La première de ces machines, dite *machine à foncer*, saisit une bande de papier de la longueur de cent rouleaux ordinaires (85o mètres); elle la couvre, au moyen de brosses rotatives, d'un fond de couleur uniforme, l'enlève sur des barres, la promène dans un séchoir, et porte, soit à la *machine à imprimer*, soit au coupage, ce gigantesque, cet immense ruban qui, à peine séché, peut se trouver ainsi divisé en cent fragments d'égale étendue.

La seconde machine, dite *machine à imprimer,* composée d'une série de cylindres gravés, portant chacun une couleur, reçoit le rouleau foncé, mais sans être coupé, le conduit à travers ses nombreux cylindres qui sont parfois au nombre de vingt, le met en contact successivement avec chacun d'eux, et de chaque contact naît l'application d'une couleur, d'une nuance, d'un ton, qui, venant se fixer juste au point qui lui est assigné par le dessin général, concourt, dans la mesure exacte de ses moyens, à la formation du décor. Ainsi, en moins de vingt minutes, par ces procédés remarquables, on peut produire et livrer au commerce cent rouleaux de papier imprimé de vingt couleurs.

Mais ce n'est pas tout. Non contents de produire des imitations de tissus unis, les fabricants ont eu l'heureuse idée de contrefaire des étoffes veloutées et dorées. Pour fabriquer le velouté, ils ont recours à un procédé aussi simple qu'ingénieux, et dont voici les étapes principales. On prend une certaine quantité de déchets de laine convenablement teinte, et réduite, à l'aide d'un moulin, en poussière impalpable. On place cette laine dans une très longue caisse, dont le fond est formé par une peau tendue comme celle d'un tambour. Le papier qu'on veut velouter reçoit sur toute sa longueur, ou sur des parties spéciales, — bandes ou fragments de dessins, etc., — l'application d'un mordant, puis il est couché dans cette caisse, et un enfant frappant le dessous du tambour fait voler la poussière qui, retombant sur les parties mordancées, s'y attache fortement et donne aux parties où elle se fixe l'apparence d'un velours. Cette opération s'appelle *draper* le papier, et la caisse dans laquelle on l'étend *tambour à draper* ou *drapoir*. Le dessin exige-t-il plusieurs nuances de veloutés, ou des veloutés de diverses épaisseurs, on recommence l'opération autant de fois qu'il est nécessaire, et c'est ainsi que s'obtiennent ces merveilleux velours de Gênes, ces étonnantes tapisseries, et ces *cheviottes*, qui, à deux pas, simulent à s'y méprendre les *velours à parterre* ou les tapis d'Orient.

Pour la dorure, on agit absolument de la même façon, avec cette différence qu'au lieu de déchets de laine, c'est une poudre de cuivre que l'on place dans le tambour. Le rouleau, recouvert d'une impression au mordant, est *passé*. Au *passage*, il se couvre de poussière brillante, que le mordant fixe sur certaines parties, et plus tard, pour enlever à cet or son mat, on fait courir sur la dorure une roulette cylindrique de métal, qui la brunit et lui donne son éclat.

Il fallait s'attendre qu'une fois en si bon chemin l'intelligente initiative des fabricants de papier peint ne s'arrêterait pas à moitié route. Aussi, non contents d'avoir donné à leur produit l'aspect général de l'étoffe, s'efforcent-ils encore de copier son fil, son relief et son grain. Cette nouvelle transformation s'obtient soit par le cylindrage, soit par l'estampage au balancier. Le cylindrage s'opère au moyen de deux cylindres, l'un en métal, formant matrice, c'est-à-dire portant en creux les reliefs dont on veut couvrir le papier; l'autre en papier formant tampon, qui épouse exactement les creux du cylindre métallique. Pris entre ces deux cylindres et soumis à une pression considérable, le papier contracte ainsi une empreinte qu'on pourra, dans la suite, difficilement effacer [1]. Le cylin-

---

1. Parfois le cylindrage s'opère avec un seul cylindre, courant sur le rouleau de papier et l'écrasant de son poids.

drage convient particulièrement pour donner au papier l'apprêt de la moire, les cannelures du reps, le gonflement de la brocatelle, le *gobeliné* de la tapisserie.

Lorsqu'il s'agit, non pas de contrefaire des étoffes d'un grain plus ou moins fin, mais les généreuses saillies d'un cuir gaufré, ou les puissants reliefs d'une guipure se détachant sur un fond uni ou moiré, c'est au balancier qu'on a recours. Là encore, la matrice est en métal et sa contre-partie en papier, et l'énorme pression du balancier communique au rouleau qu'il comprime un estampage dont les ondulations rendent l'illusion complète [1].

Enfin, pour les sortes de grand prix, on a encore recours à mille raffinements, qui achèvent de faire du papier peint un vrai trompe-l'œil. Trouvant que le satinage, obtenu avec une brosse dure frottant sur le fond, ne produisait pas des reflets assez brillants, on a substitué à la couleur ordinaire des poudres de bronze de toutes nuances, qui donnent au papier l'éclat vibrant de la soie. Le rouleau foncé et gaufré est parfois repris au pinceau et réchampi à la main, ce qui lui communique, par les hésitations du travail individuel, une saveur qu'une machine, quelque perfectionnée qu'elle puisse être, ne saurait comporter. D'autres fois, à l'aide de planches de poirier piquées de lamelles de cuivre, enfoncées au marteau, on arrive à simuler à s'y méprendre les piqûres de l'aiguille, les coutures, les croisements de la chaîne et de la trame, et les inégalités produites par le maniement de la navette ou du crochet.

On peut dire, au reste, qu'il n'est pas de subterfuges intelligents, pas de procédés subtils, pas de ressources ingénieuses, auxquels les fabricants n'aient eu recours dans ces dernières

---

1. On est également parvenu à produire à la machine ces diverses opérations, dorure, cylindrage, gaufrage. Il en est de même pour les veloutés. Les baguettes qui frappent le tambour, au nombre de soixante, sont mises en mouvement par une machine à spirale.

années. Si bien que, désormais, tous les obstacles semblent aplanis et que leur production ne connaît d'autres limites que celles à eux imposées par la nature même du produit qu'ils mettent en œuvre[1].

Après avoir résumé, en quelques lignes, les prodiges accomplis par cette remarquable industrie, il nous faut maintenant examiner, aussi rapidement que possible, les conditions particulières qui doivent présider au choix et à la mise en place du papier peint. Le papier peint est aujourd'hui universellement employé comme tenture. Pour expliquer son surprenant succès, une femme de mérite, qui ne connut que les premiers bégayements de cette industrie, alors dans sa toute première enfance, Mme de Genlis, croit utile de faire intervenir cette mode singulière, qui régnait déjà de son temps, sous le nom d'anglomanie[2].

M. Charles Blanc, dans un livre plus récent[3], prétend légitimer la prise de possession de nos murailles par le papier peint, à l'aide d'un prétendu axiome qui ne nous paraît guère mieux choisi. « Le papier peint, dit-il, convient à l'ornement de nos murs, parce que l'apparence suffit pour ce qu'on ne doit pas toucher. » Mais voilà une prétention, à tout le moins singulière, qui s'applique encore mieux aux tableaux et aux statues qu'à la tenture de nos murailles, et certes on irait loin si on généralisait un pareil précepte.

Nous laisserons donc, s'il vous plaît, Mme de Genlis avec son anglomanie, M. Charles Blanc avec son étrange excuse, et,

1. Jadis le papier peint était fabriqué à l'aide de feuilles obtenues à la main et collées bout à bout. Aujourd'hui, non seulement le fabricant de papier livre (nous l'avons vu) des bandes de 850 mètres de long, mais on est parvenu à foncer et à draper des rouleaux comportant 1 m. 50 de largeur. Enfin, on a peu à peu proscrit l'emploi des couleurs nuisibles, et les papiers peints mis dans le commerce, même les veloutés, ne contiennent aucune matière toxique et n'offrent aucun danger pour la santé de ceux qui en font usage.

2. *Dictionnaire critique et raisonné des étiquettes de la cour*, tome Ier, page 37.

3. *Grammaire des Arts décoratifs*, page 59.

reprenant une des remarques faites dans le premier chapitre de ce livre, nous constaterons simplement que, par suite de l'incertitude de nos destinées, de l'état précaire de nos installations, du renouvellement constant du mobilier, renouvellement qui s'opère presqu'à échéance fixe dans la plupart de nos habitations, la nécessité des tentures à bas prix s'est imposée à la généralité des citoyens français, et que l'industrie du papier peint, en réalisant les merveilles que nous venons d'indiquer, n'a fait que se conformer à un besoin social, à une nécesité dérivant en quelque sorte de nos mœurs.

Cela étant admis, deux manières se présentent de comprendre l'application du papier peint sur nos murs, et les devoirs décoratifs qui découlent de cette application : ou bien poussant la logique jusqu'au bout, et obéissant à cette loi moderne qui nous force à des installations précaires, nous ferons consister la décoration de notre muraille surtout en objets mobiliers, tels que tableaux, gravures, médaillons, miroirs, statuettes, panoplies, etc., que nous pouvons apporter et accrocher, décrocher et emporter avec nous, et dans ce cas, notre tenture ne sera qu'une sorte de repoussoir chargé de mettre en valeur les objets qui couvrent la muraille ; — ou bien, ne possédant point cette parure mobilière, ou la dédaignant, nous demandons au papier de former lui-même la parure de notre logis, et, dans ce cas, du bon choix de sa couleur et de son dessin dépendront la bonne ou mauvaise décoration de la pièce que nous prétendons tapisser. — Pour bien nous faire comprendre, nous ajouterons que, dans le premier cas, la tenture doit avant tout s'harmoniser avec l'ensemble des objets qui décorent la muraille ; et que, dans le second, au contraire, elle doit s'harmoniser plus généralement avec tout le mobilier, et cela comme tonalité, comme couleur, comme dessin, comme style, comme esprit. Prenons un exemple.

Supposons que nous ayons à tapisser une chambre de

jeune fille. Mobilier simple, presque réduit à sa plus modeste expression, point de tableaux aux murailles, à peine un ou deux portraits, ici nous sommes en plein dans notre second cas. Le papier doit former lui-même la parure de la muraille. Il doit en outre exprimer des idées de jeunesse, de pureté, de fraîcheur. Point de tonalités sombres, les jeunes filles n'ont pas d'idées de cette couleur ; point d'or non plus, il tient trop rarement compagnie à la modestie. De quelle couleur est le mobilier ? — Le lit est d'un bleu clair, tempéré encore, intérieurement, par des rideaux de mousseline. — De quelle nature est le bois de ce lit ? — Il est laqué blanc et réchampi d'un liséré bleu, légèrement plus foncé que l'étoffe. — Eh bien ! voilà notre tenture toute trouvée. Nous commanderons au fabricant de papier peint un papier bleu de même ton que le tissu des rideaux, mais tempéré par une application en relief de mousseline ou de guipure, et nous encadrerons cette fraîche tapisserie avec des baguettes laquées du ton du bois et réchampies de bleu, ou, ce qui sera mieux encore, avec un simple câblé en coton, semblable aux embrasses de la fenêtre.

Maintenant, prenons un autre exemple dans l'ordre d'idées complètement opposé. Nous avons à tapisser le cabinet d'un jeune homme amateur d'objets d'art. Tableaux, armes, faïences, doivent garnir la muraille. Irons-nous prendre un papier ramagé, quelque chose comme un *velours à parterre ?* En aucune façon, car les ramages de notre papier viendraient contrarier les formes des objets plaqués contre le mur, ou tout au moins tendraient à les rendre confus. Prendrons-nous, de préférence, un papier multicolore et à larges dispositions symétriques ? — Pas davantage, car la variété des couleurs, outre qu'elle risquerait de produire le même effet que nos ramages de tout à l'heure, pourrait s'harmoniser assez mal avec le coloris de nos faïences, de nos émaux, de nos peintures, et éteindrait certainement leur éclat.

i. — 32

Nous réserverons ces brillantes tentures pour les pièces où elles forment elles-mêmes la décoration ; et nous choisirons pour notre cabinet un papier velouté ou foncé mat, uni, ou avec de tout petits dessins en camaïeu si l'uni vous déplaît ; nous assortirons ce papier, qui sera toujours d'une teinte sombre, d'une coloration un peu éteinte, allant du ton vieux chêne au brun Van Dyck, ou du vert mousse au grenat foncé, nous assortirons, dis-je, ce papier à nos rideaux et à l'étoffe de nos sièges, de façon qu'il ne jure point avec eux, et nous pouvons être certains que nos bronzes, nos armes, nos faïences, nos tableaux, disposés avec art sur un fond pareil, prendront une puissance, une valeur, un accent, qui leur feront honneur.

Dernière recommandation. Évitons à tout prix de subordonner le choix de notre papier peint aux préférences du marchand. Gardons-nous surtout de ces définitions toutes faites : « Ceci est un papier de salon, » ou bien : « Ceci est un papier de chambre à coucher. » Les propriétaires de maisons de rapport, étant obligés d'accommoder leurs appartements en vue d'un locataire inconnu et d'un mobilier éventuel, ont été contraints d'avoir recours à ces classifications qui facilitent leur besogne ; et comme conséquence, ils exigent le plus souvent de leurs fournisseurs attitrés des tentures d'une banalité radicale, pouvant convenir à tous les ameublements, et formant une sorte de cadre omnibus. Nous nous défendrons, comme de la peste, de ces errements vulgaires. A nos yeux, il ne doit y avoir que deux sortes de papier, celui qui met en relief nos meubles, nos objets d'art, qui s'accorde avec notre mobilier, et répond à la disposition de notre esprit, en un mot celui qui convient à la pièce par nous meublée, et celui qui ne convient pas.

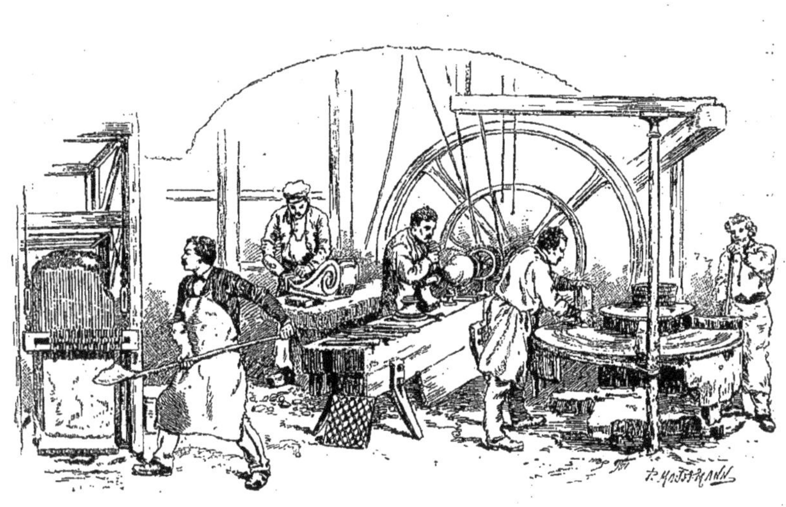

Fig. 143. — Un atelier de marbrerie.

VIII

LE MARBRE

IEN que par sa dureté naturelle, par le poli qu'il acquiert facilement, par la netteté de ses profils, par la variété de sa couleur, par l'éclat et le brillant qui lui ont valu son nom [1], le marbre a droit à une place d'honneur dans notre habitation. Sa nature calcaire lui assigne même la propriété exclusive de certains emplois, alors que la finesse du travail dont il est susceptible le met au premier rang des matériaux auxquels l'artiste réserve ses justes préférences.

Employé comme pavement ou comme revêtement de muraille, il communique tout de suite aux pièces où il est mis en œuvre un caractère tout particulier de grandeur et de somptuosité. Il entre utilement dans la confection de certains meu-

1. Ce nom vient du grec μαρμαιρω : je brille.

bles, et s'allie avec bonheur aux métaux pour composer des objets d'art brillants et riches. Enfin, c'est à lui qu'est presque exclusivement réservée la confection de nos cheminées. Certes, voilà bien des titres, et de fort sérieux, à notre attention et à nos études.

Ajoutons encore que, grâce à la facilité des transports qui nous permet aujourd'hui d'emprunter des matériaux aux massifs montagneux les plus éloignés, le nombre et la variété des marbres mis à la disposition du constructeur s'augmentent chaque jour; pendant que la mécanique, en progressant avec une rapidité jadis inconnue, fait réaliser dans la main-d'œuvre des économies qui permettent d'appliquer cette précieuse matière à une infinité d'usages, pour lesquels elle eût été autrefois d'un prix trop élevé. Mais, avant de jeter un coup d'œil sur les différentes opérations par lesquelles passe le marbre, peut-être n'est-il pas inutile d'énumérer les principales sortes, dont l'emploi est le plus généralement usité dans l'habitation.

On divise les marbres en trois grandes classes : la première comprend les marbres unis, qui sont uniformément d'une seule couleur; la seconde, les marbres tachés, tachetés, veinés, jaspés; la troisième, les brèches, sorte de calcaire formé de fragments différemment colorés, de pierrettes naturellement juxtaposées, collées et cimentées entre elles, et qui constituent ainsi une espèce de mosaïque.

Le MARBRE MONOCHROME ne se rencontre qu'en blanc et en noir. En BLANC, il est particulièrement recherché par les artistes, et, quand il répond aux qualités exigées pour les applications d'un ordre supérieur, il prend le nom de *marbre statuaire*. Le marbre statuaire est la matière la plus belle, la plus artistique, la plus noble, qu'on ait rencontrée jusqu'à présent, pour exprimer dans le domaine de la plastique les harmonies de la forme humaine. On distingue deux sortes de marbre statuaire, l'une est lamellaire, l'autre est saccharoïde.

Les marbres les plus estimés chez les anciens, ceux de Paros, par exemple, appartenaient à la première espèce. Les plus beaux marbres employés par les modernes, ceux de Carrare entre autres, sont saccharoïdes. On nomme *marbres antiques* ceux dont les carrières ne sont plus exploitées[1].

Le haut prix du marbre statuaire ne permet qu'exceptionnellement son emploi dans l'habitation. Généralement on se sert de sortes moins belles, moins pures, légèrement veinées,

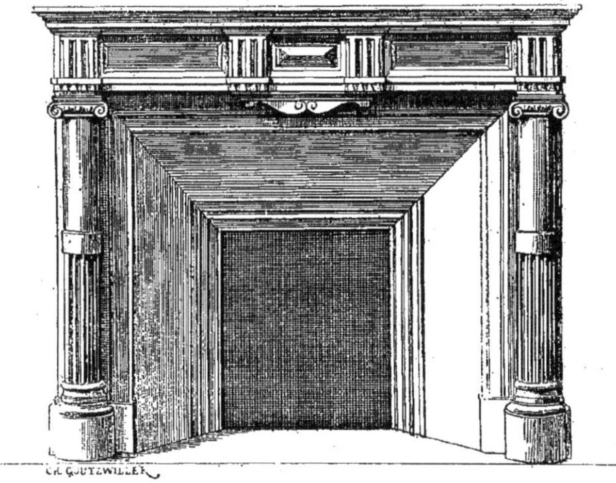

Fig. 144. — Petite cheminée en marbre monochrome (style Renaissance), exécutée par M. Parfonry.

mais qui se prêtent encore volontiers aux caprices du sculpteur, et répondent aux effort de son talent. Toutefois, par la dureté même de la matière, par les surprises qu'elle réserve, par les difficultés que son travail présente, par la patience qu'il nécessite, les objets exécutés dans ce marbre secondaire ne laissent pas que d'atteindre, quand ils sont chargés de

1. Les principales carrières de la Grèce étaient celles de Paros, de Naxos, de Tenos, Thasos, Lesbos, Chio, et du mont Pentélès près d'Athènes, dont le marbre portait le nom de *Pentélique*.

détails finement exécutés, un prix relativement élevé. Et lorsqu'on veut, parmi les éléments de la décoration, faire figurer la forme humaine, soit en bas-relief, soit en ronde bosse, on ne doit pas marchander le salaire du sculpteur, car le marbre n'est pas seulement une matière exceptionnellement ingrate, c'est encore celle où la médiocrité se supporte le moins.

Les MARBRES NOIRS, eux non plus, ne s'emploient pas d'une façon très courante dans l'habitation. Leur couleur lugubre, l'aspect triste qu'ils présentent, la ressemblance qu'on leur trouve, quand ils sont polis, avec le graphite ou le bois durci, leur font préférer les marbres mouchetés, jaspés ou veinés, dont l'aspect chatoyant est toujours plus séduisant et plus agréable. Généralement, on les réserve pour les cheminées d'études ou de cabinets, c'est-à-dire pour des pièces austères par destination, et aussi pour les pavements, où on les fait alterner avec des losanges de marbre blanc commun.

Sous le nom de MARBRE DE COULEUR OU DE DÉCORATION, on comprend toutes les sortes qui sont mélangées. Les marbres de décoration sont d'autant plus estimés, qu'ils offrent des couleurs plus vives et une pâte plus homogène[1]. Voici, du reste, quels sont ceux d'entre ces marbres qui sont le plus communément usités.

LE GRAND ANTIQUE, d'un beau noir jaspé de blanc et strié de même couleur.

LE PORTOR, d'un beau noir veiné de gris et de blanc et jaspé de jaune orange assez éclatant, — ce qui lui vaut son nom.

LE SAINTE-ANNE français, gris noir, jaspé de même nuance en plus clair. LE SAINTE-ANNE belge de même couleur, mais

---

1. Quelle que soit l'homogénéité de cette pâte, qui forme un lien naturel entre les diverses fractions colorées dont se composent la plupart des marbres de décoration, encore est-il nécessaire, le plus souvent, de la consolider à l'aide d'agrafes et d'un masticage qui lie davantage entre elles les parties tendres et dures dont est constitué le veinage.

avec des jaspures blanches plus franches et le fond plus noir.

Le bleu fleuri d'italie, gris bleu, veiné de noir, avec des veines très écrites, et formant une infinité de petites lignes brisées.

Le bleu turquin d'italie, gris bleu, ondé, avec des stries blanches et noires.

Le vert de mer, noir, jaspé de vert foncé et de gris, avec des veines qui ont l'air de petites vagues.

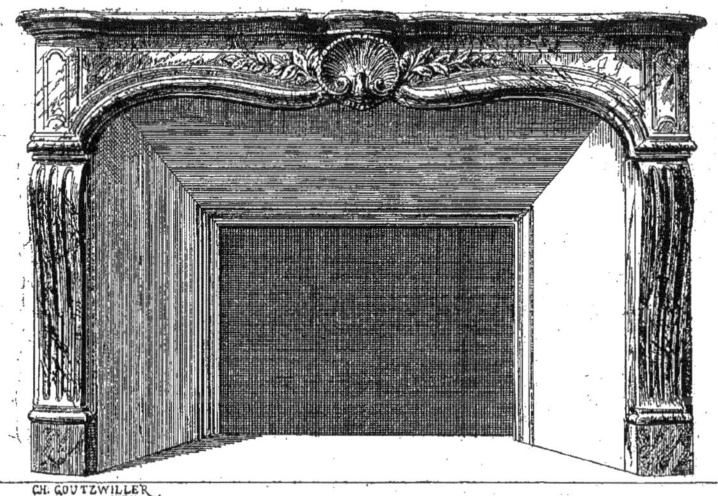

Fig. 145. — Cheminée en griotte de Flandre (style Louis XV),
exécutée par M. Parfonry.

Le vert campan, vert clair, avec des marbrures de vert foncé coupées de traits gris.

Le campan-mélangé, à fond rose, avec de grosses veines rouges, et comme un réseau de petites mailles d'un beau vert tendre.

Le lancquedocque, incarnat fouetté et jaspé de veines grises et blanches.

La griotte de flandre, rouge sombre, avec un jaspé gris très mouvementé de blanc.

La griotte dite d'Italie, rouge, avec des marbrures noires et des petites taches blanches, appelées œils de perdrix.

Le rouge royal, rouge déteint, avec des marbrures grises, noires et violacées.

Le levento, rouge très sombre, légèrement veiné de noir et de blanc.

Le sarancolin, jadis appelé *marbre d'Antin*, formé de coulées jaunes, rouges, grises et violacées (considéré comme le plus décoratif).

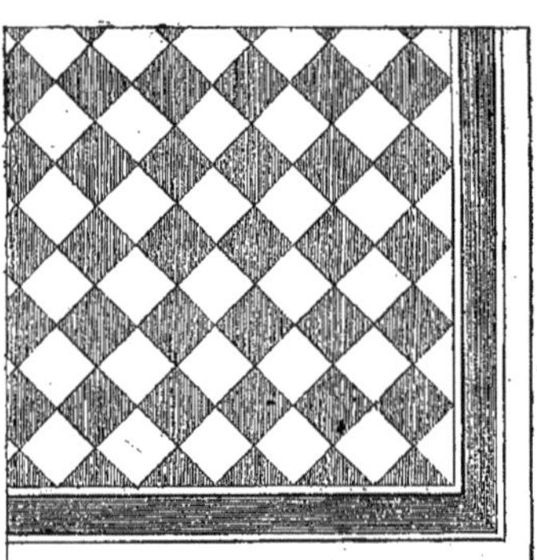

Fig. 146.
Pavement en marbre, à surfaces égales
et à couleurs alternées.

Le jaune fleuri, jaune bouton d'or, coupé de stries et de petites veines rouges.

La brocatelle violette, d'un rouge vineux, jaspé d'une multitude de petites taches jaunes, gris jaunâtre et blanc cristallin.

La brèche d'alep, formée par un amas de fragments gris, bruns, noirâtres, mais où le jaune domine.

La brèche violette, ou les fragments gris, blancs et rouge sombre sont reliés par une pâte violacée, tirant légèrement sur la lie de vin.

Et enfin le marbre onyx.

Tous ces marbres, quelles que soient leur provenance et leur valeur, sont livrés au fabricant à l'état brut, c'est-à-dire en blocs pesant de mille à six mille kilog., et dans la forme qu'ils affectent au sortir de la carrière. On débite ces masses énormes à la scie, soit en bloquins d'une épaisseur plus ou moins considérable, soit en tranches plus ou moins minces. Les outils, à l'aide desquels s'opèrent ces divisions, sont mis en action par la vapeur, et l'on peut voir, dans les grandes marbreries, des châssis armés parfois de quarante, cinquante et soixante scies, s'attaquer à un bloc de marbre de 1 mètre à 1^m,30 de côté, et le diviser en quarante, cinquante ou soixante tranches de 2 centimètres d'épaisseur chacune.

Une fois que le marbre est débité, il passe entre les mains des marbriers ou praticiens, qui le dégrossissent, le découpent, le taillent et exécutent les parties architecturales. Le sculpteur, s'il y a lieu, s'en empare ensuite, et achève de lui donner son ornementation définitive. Après quoi, le marbre est poli à la

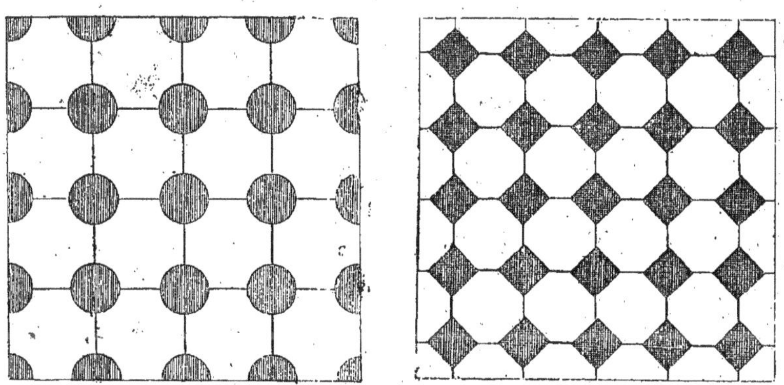

Fig. 147. Fig. 148.
Pavements en marbre, à couleurs alternées et surfaces inégales.

meule ou à l'aide de poudres diverses, telles que le grès, le rabat-doux, la pierre ponce, l'émeri, la potée de plomb, etc., et livré au commerce ou aux particuliers.

C'est dans ce que la statuaire comporte de plus beau, de plus noble, de plus relevé, que le marbre trouve son expression la plus haute ; sa note la plus modeste est fournie par les PAVEMENTS. Généralement, les pavements de marbre sont à deux couleurs, blanc et noir, alternant par surfaces égales ou inégales. M. Charles Blanc, dans sa *Grammaire des arts décoratifs*, pose en axiome qu'une des deux couleurs doit prédominer sur l'autre, et que l'inégalité réelle ou apparente des matériaux employés est une condition essentielle de beauté. Selon nous, c'est une grosse erreur.

L'égalité des surfaces exprime certaines idées d'ordre, de méthode, de régularité, qui conviennent à certains cas. Prenons une vaste pièce, une salle à manger, un salon d'été par exemple; eh bien! par son caractère méthodique, sévère, apprêté, un pavement à dalles de mêmes dimensions communiquera à cette pièce un air de cérémonie, que ne comporterait pas un pavement à surfaces inégales, lequel, quoi qu'on en ait, sent toujours la fantaisie, et par conséquent le négligé.

On fera donc bien de choisir de préférence, pour une salle à manger d'été, pour une salle de réception, pour un lieu vaste et bien décoré, un pavement fait de losanges de même taille alternant de couleurs, et de réserver, pour les couloirs, pour les antichambres et les vestibules de peu d'étendue, les pavements formés de petits losanges intercalés entre des dalles octogones ou combinés de toute autre façon.

Plus encore que dans le pavement, le marbre a sa place marquée dans la construction de la cheminée. Ses contours nets, ses profils certains, encadrent parfaitement le foyer, en lui assignant une limite précise. Son aspect brillant s'harmonise avec la flamme qui scintille dans l'âtre, et son incombustibilité notoire éloigne toute idée de conflagration, et par conséquent de danger.

On ne peut guère se dispenser de remarquer que, dans la plupart des salons, les cheminées sont faites de marbre blanc. Cette préférence, toutefois, résulte beaucoup moins des qualités plastiques présentées par ce genre de marbre, que de la nécessité où se trouvent la plupart des constructeurs de choisir, pour les maisons de rapport, une nuance banale, sans caractère accentué, s'harmonisant avec toutes les tentures, et incapable de produire aucune discordance avec le mobilier

inconnu, qui plus tard occupera la pièce. C'est cette même
raison qui fait choisir de préférence des teintes neutres, grises
ou noires, pour la plupart des cheminées de chambres ou de
cabinets.

Pour nous, qui n'avons pas de ces préoccupations, rien ne
nous empêche de chercher, au contraire, dans un marbre de couleur, une note riche et brillante, capable de mettre en valeur

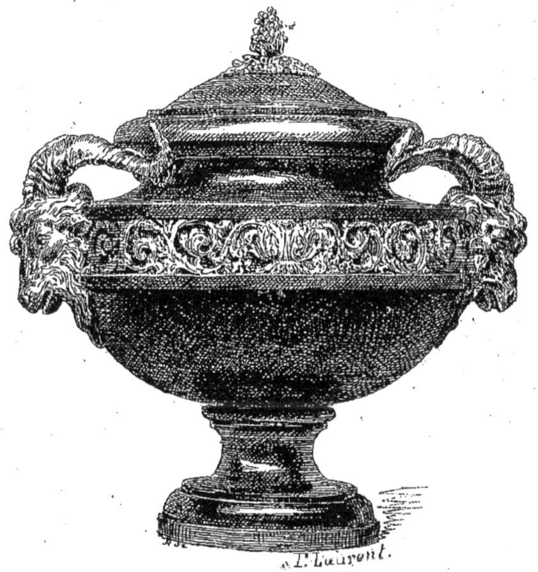

Fig. 149. — Vase en marbre, décoré de bronze ciselé et doré (Mobilier national).

notre mobilier. Une belle cheminée en marbre sarancolin,
campan ou en griotte, est, en effet, tout aussi bien à sa place
dans un salon ou dans une chambre à coucher, qu'une cheminée en marbre blanc.

Toutefois, il faut remarquer que plus le marbre employé
comporte de couleurs et montre de veines, de marbrures, de
jaspures, plus le travail dont il est susceptible doit être
simplifié. Toutes les sculptures fines, les fleurs, les guirlandes,

les frises délicates, les menus cartouches, etc., disparaissent, en quelque sorte, et se perdent au milieu de ces combinaisons, de ces entrelacements de tons souvent très tranchés. De même qu'il ne nous viendrait pas à l'idée de sculpter une mosaïque, de même pour les marbres de couleur, on doit réduire le travail du marbrier aux simples profils nécessités par la forme générale de l'ouvrage.

On fera donc bien de se borner, pour la plupart des marbres colorés, à de riches et puissantes moulures accompagnant l'architecture de la cheminée. Un lambrequin très simple, sculpté sur chaque pied-droit, un cartouche, une coquille, un motif au centre de la traverse, pour former un repos, tels sont les ornements permis. Si l'ornementation de la pièce exige une décoration plus riche, plus abondante, plus fouillée, on pourra avoir recours au bronze doré qui s'harmonise admirablement avec les marbres colorés, surtout avec le bleu turquin, la griotte d'Italie et la brèche violette.

Le marbre et le bronze, — nous l'avons déjà dit, du reste, en parlant des métaux, — sont deux matières qui sympathisent admirablement dans le mobilier. Rien n'est plus magnifique qu'un beau vase de marbre richement veiné, largement assis sur un pied de bronze doré, et serti dans une monture élégante et finement ciselée.

Outre les emplois que nous venons d'énumérer, le marbre a sa place marquée dans notre logis, sur un certain nombre de meubles, tels que tables, consoles, guéridons, commodes, etc. Dans ces nouvelles applications, il ne faut jamais oublier la recommandation que nous avons déjà faite, à savoir que les parties les plus résistantes doivent supporter les parties les plus légères. Comme le plus souvent c'est en bois que sont faits les pieds des tables, consoles, etc., c'est-à-dire les masses portantes, il convient que la tablette de marbre soit visiblement mince pour ne pas alourdir outre mesure le meuble qu'elle surmonte, ou, ce qui serait pis encore, pour ne pas paraître l'écraser.

Il arrive parfois que, pour les dessus de tables, consoles ou guéridons, au lieu d'employer du marbre, en plaque ou en tablette, on l'emploie en Mosaïque. C'est là un usage auquel on fera bien de ne sacrifier qu'avec une modération extrême. La mosaïque, en effet, ne supporte pas la médiocrité, et il est rare, à moins d'atteindre à des prix relativement très élevés, qu'elle soit d'une correction parfaite. Généralement ses colorations, n'étant pas ménagées avec une précaution suffisante, paraissent sèches, dures, et comme elles n'ont aucune chance de s'assoupir avec le temps, leur « heureux » possesseur se trouve condamné à un supplice perpétuel.

Enfin, il est, dans notre habitation modèle, deux pièces où le marbre peut être employé par grandes surfaces, c'est le cabinet de toilette et la salle de bain. Les ablutions et leurs conséquences, c'est-à-dire l'eau vivement projetée et abondamment répandue, nécessitent, pour ces deux pièces, un pavement d'un ordre spécial, et de grandes dalles de marbre blanc, recouvertes de peaux ou de fourrures, forment le sol le mieux

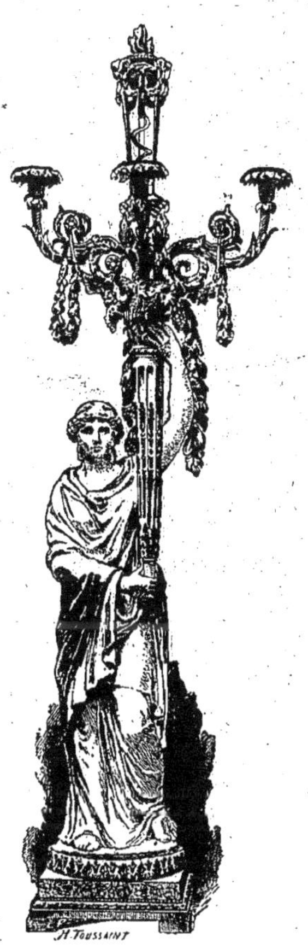

Fig. 150
Candélabre en marbre blanc
et bronze doré
(Mobilier national).

compris et le mieux approprié aux exigences de nos ablutions. Dans la salle de bains, le marbre peut encore habiller la muraille et fournir le meuble principal, c'est-à-dire la baignoire ;

de même dans le cabinet de toilette, c’est à lui qu’on demande
le plus ordinairement la partie supérieure de la table de toilette. Rien de plus convenable, à tous égards, pour placer sa
cuvette, un pot à eau, des flacons pleins d’huile ou d’eau de
senteur, qu’une tablette de marbre blanc. Rien de plus somptueux, en outre, qu’une baignoire en onyx. Toutefois, pour
ce dernier emploi, comme le marbre est toujours très long à
s’échauffer, on fera bien de doubler l’intérieur de cette baignoire d’une garniture en métal argenté ; de cette façon, on
aura un meuble à la fois somptueux et pratique.

Le marbre, dernière adaptation, est parfois employé comme
marches d’escalier, mais c’est là une application rare et coûteuse. Certes, c’est une chose magnifique qu’un bel escalier
en marbre précieux, mais il s’en faut de beaucoup que la
pratique en soit aussi agréable que l’aspect. Généralement, à
cause de son poli glissant, le marbre doit être rejeté d’une
destination qui rend toujours son emploi dangereux, à moins
qu’on ne le recouvre de tapis qui dès lors le rendent invi-
sible.

Il arrive encore que, dans les escaliers, on emploie le marbre
aux revêtements de la muraille. Mais le plus souvent, on a,
par économie, recours à des procédés ingénieux qui simulent
plus ou moins heureusement le marbre. Tels sont la peinture,
usitée dans les maisons ordinaires, et le stuc, plus spécialement
réservé pour les palais, les châteaux, les hôtels, en un mot
pour les habitations d’un ordre relevé.

Le stuc se fabrique à Paris [1], soit en mélangeant du plâtre
bien cuit, tamisé bien fin, avec de la poudre de marbre et de
la colle forte ; soit en mélangeant du plâtre, également de belle
qualité, avec de l’alun, cette dernière substance entrant dans le
mélange pour 2 pour 100 environ. Quand on veut imiter les

1. A l’étranger, où le plâtre manque, on emploie de la chaux. En Italie, les
beaux stucs sont faits avec du marbre brûlé et réduit en poudre.

marbres de décoration, brèches, granits, porphyres, etc., on emploie des couleurs minérales qui, habilement mêlées à la pâte, produisent la teinte et l'aspect qu'on désire obtenir.

Suivant la variété de stuc qu'on emploie, l'application se fait à la brosse ou en ravalement. Quand les applications sont terminées et parfaitement sèches, on polit le stuc avec du grès pilé ; puis, quand il se produit des petits trous ou de menues cavités, on les bouche ; après quoi, on procède à un nouveau polissage, et finalement on lustre la surface, — comme on fait du reste de celle du marbre, — avec des chiffons de laine graissés d'encaustique.

Le stuc, quand il est savamment traité, imite le marbre à s'y méprendre. Toutefois, on agira sagement en n'en usant qu'avec précaution, et seulement pour les lieux de passage. Employés par trop grande quantité, le marbre et ses imitations produisent, en effet, une impression glaciale, que justifie du reste leur toucher, et qui convient médiocrement aux pièces où l'on doit faire un séjour prolongé. Le marbre n'est pas hospitalier, et ce n'est pas sans raison qu'on dit, en manière de proverbe, « dur et froid comme le marbre ». Ce dicton est parfaitement justifié.

En outre, dans les revêtements de muraille, on fera bien d'avoir égard, comme dans le mobilier, à la résistance et à la pesanteur spécifique de ces lourdes matières. Il arrive trop souvent, notamment dans la peinture des escaliers, qu'on représente une énorme paroi de marbre suspendue au-dessus d'un lambris d'appui en délicate marqueterie de bois ; c'est là un contresens ridicule, car la raison indique qu'on doit toujours observer une progression logique dans la disposition des matériaux employés.

*
* *

Avec le marbre se termine la série des matériaux les plus usités dans la décoration de nos habitations, matériaux dont nous nous étions promis de passer la revue. Il nous faut maintenant commencer un autre genre d'études, nous permettant de mettre à profit les connaissances techniques que nous venons d'acquérir. Cette mission incombe plus spécialement aux deux divisions suivantes, qui constituent le second volume de *l'Art dans la maison.*

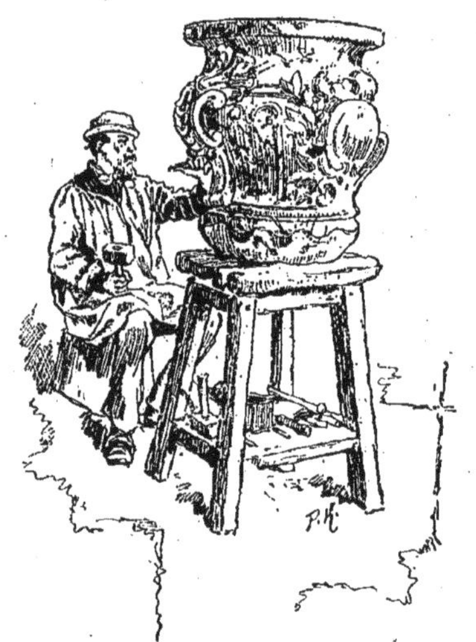

Fig. 151. — Sculpteur achevant un vase de marbre.

TABLE DES MATIÈRES

DU TOME PREMIER

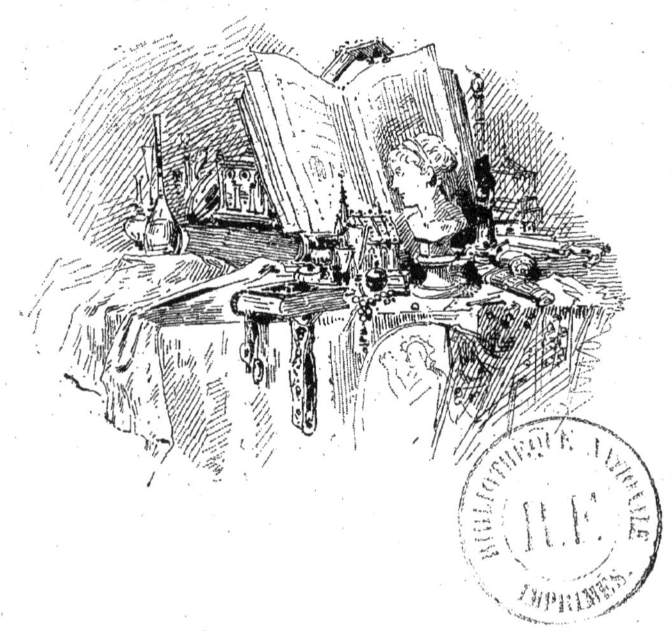

IMPRIMERIE D. DUMOULIN ET Cie

rue des Grands-Augustins, 5, Paris.

9 782019 726041